古代歷史文化研究輯刊

二 編

王 明 蓀 主編

第 26 冊

明臣仕清及其對清初建國的影響

唐 啟 華 著

清代前期湖北的人口、商業化與農業經濟變遷

謝 美 娥 著

國家圖書館出版品預行編目資料

明臣仕清及其對清初建國的影響　唐啓華著／清代前期湖北
的人口、商業化與農業經濟變遷　謝美娥著 — 初版 — 台北縣
永和市：花木蘭文化出版社，2009〔民 98〕
目 2+92／目 2+126 面；19×26 公分
（古代歷史文化研究輯刊　二編：第 26 冊）
ISBN：978-986-254-003-9（精裝）
1. 經濟地理　2. 人口　3. 清史　4. 湖北省
552.29　　　　　　　　　　　　　　　　　98014318

ISBN - 978-986-254-003-9

9 789862 540039

古代歷史文化研究輯刊
二　編　第二六冊　　　　　　ISBN：978-986-254-003-9

明臣仕清及其對清初建國的影響
清代前期湖北的人口、商業化與農業經濟變遷

作　　者　唐啟華／謝美娥
主　　編　王明蓀
總 編 輯　杜潔祥
出　　版　花木蘭文化出版社
發 行 所　花木蘭文化出版社
發 行 人　高小娟
聯絡地址　台北縣永和市中正路五九五號七樓之三
　　　　　電話：02-2923-1455／傳真：02-2923-1452
網　　址　http://www.huamulan.tw 信箱 sut81518@ms59.hinet.net
印　　刷　普羅文化出版廣告事業
初　　版　2009 年 9 月
定　　價　二編 30 冊（精裝）新台幣 46,000 元
　　　　　　　　　　　　　　　　　　　版權所有·請勿翻印

明臣仕清及其對清初建國的影響

唐啟華　著

作者簡介

唐啟華，1955 年出生於台灣基隆，1977 年東海大學歷史系畢業，1982 年東海大學歷史研究所碩士班畢業，任高雄工專講師四年，1986-1991 年在英國倫敦政經學院國際關係史系深造，研究中英關係史，獲博士學位。回國後歷任中興大學歷史系副教授、教授，政治大學歷史系教授、特聘教授。並曾任政治大學歷史系主任、中國近代史學會理事長等職。專攻領域為近代中國外交史，著有《北京政府與國際聯盟（1919-1928）》、《中華民國外交史（初稿）》（部分章節）等專書，及論文數十篇。現正致力於北洋外交研究。

提　要

　　本書探討明清易代之際，北京官僚組織之表現。第一編探討明臣在 1644 年歷經明、順、清三朝之代興，又面臨順、清與南明三個政權間的抉擇，飽受身心煎熬之後，最後大多入仕清朝，從亡國之臣到開國佐命之臣的歷程。指出李自成入主北京後，對明臣拷掠誅戮，使明臣對順朝失望，並影響到吳三桂的抉擇，不能擴大統治基礎，是李自成失敗的原因之一。南明囿於黨爭也排斥明臣，他們別無選擇只有死心塌地與清朝合作。清朝利用李自成攻陷北京崇禎自殺的機會，以弔民伐罪仁義之師的姿態入關，對明臣採寬大收用政策，得以將八旗武力與官僚組織結合。

　　第二編探討仕清明臣對清朝一統天下成功治漢之助益。仕清明臣雖因名節不全，被視為「貳臣」或漢奸，在歷史中常遭唾棄，但是他們在順治初年對清朝建國產生了很大的影響。本書分：幫助清朝消滅反對力量，順利統一中國；建立與運作統治中國所必須的龐大行政組織；以及作為傳統中國統治方式與邊疆少數民族的媒介，幫助清朝統治漢人等三方面論述之。本書最後指出，邊疆少數民族入主中原時，與前朝的官僚組織結合的成功與否，往往是一個關鍵因素，清朝是一個成功的例子。

目
次

前　言

　　明、清之際，在中國政治史上爲一變化甚大的時期，流寇與邊族逐鹿中原，先後入主北京，在南京也成立了繼明統的偏安朝廷，一個正統皇朝崩潰後，可能發生的變化，多在崇禎十七年（1644，亦清順治元年、李自成大順永昌元年，南京福王也於同年即位，改明年爲弘光元年）中出現了。

　　在清朝、僞順〔註1〕及南明競爭時，並無任何一方居於明顯的優勢，最後由邊族建立的清朝，得故明臣僚之助，削平對手，統一天下，建立一個合於儒家傳統的中國式皇朝。〔註2〕同時，在崇禎十七年，北京城中連換三個朝代，而朝中臣僚却大致不變；這種前朝官僚組織〔註3〕與爭奪帝位者之間的分合，與新朝成敗的關係，及官僚組織幫助邊族成功的建立征服王朝，〔註4〕實爲值得注意的現象；在其間居於關鍵地位者，即本文所謂的「仕清明臣」，仕清明臣指曾仕於明朝，後來又入仕清朝的文臣，他們在傳統漢族本位的觀念中，因爲入仕邊族朝廷，並壓制漢人恢復明朝的努力，被視爲「漢奸」；而清朝也因他們曾仕於明朝，「雖皆臣事興朝，究有虧於大節」，歸之於「貳臣傳」〔註5〕中；

〔註1〕　僞順，指李自成入據北京後一度稱帝，建號大順永昌元年。

〔註2〕　參見呂士朋師「清代的崇儒與漢化」，載於「國際漢學會議論文集」（民國71年）。

〔註3〕　官僚組織（Bureaucracy）各家所用名稱不同，有官僚體系、官僚機構、官僚制度……等，本文用官僚組織，指中國傳統皇朝中與君權相對的臣僚組織與其成員。

〔註4〕　征服王朝（Dynasty of Conquest）爲魏復古（Karl A. Wittfogel）先生對亞洲史上與中國王朝抗爭、而屢經加以征服支配的北方民族所建的諸王朝，所給予的名稱；參見「征服王朝」一文，食貨月刊復刊第十卷八、九期。

〔註5〕　《乾隆朝東華錄》，卷三二，葉30下。

因此這些在明、清之際及清初扮演過重要角色的仕清明臣，多由於道德上的缺失為人鄙視，而掩蓋了他們在許多方面的重要影響。

本文以仕清明臣為中心，分兩編五章探討他們在明、清之際的遭遇、影響，及清初的重要性，第一編兩章，述明臣在明朝覆亡後，與偽順、清朝及南明間的分合關係，討論前朝官僚組織與爭奪帝位者之間的相互影響，解釋明臣為何捨漢族的偽順、南明，而與邊族的清朝結合；成為仕清明臣；第二編三章，述明臣仕清之後，對清初建國所發生的種種影響，討論官僚組織對征服王朝入主中國時，在統一天下、建立制度及統治漢人三方面的幫助。

本文的取材，第一編以明清之際各私家記載與筆記為主，第二編則以仕清明臣的章奏及實錄記載為主；因為作者學識淺陋，在討論這個大問題時，不得不在範圍上作一些限制，首先在討論的對象 —— 仕清明臣的定義，僅限於曾仕於明朝又入仕清朝的文臣，武將則不予討論，主要原因為降清明將如吳三桂、尚可喜……等角色較單純，且其助清征戰之功，前人已多所討論。其次在時間上，限定於順治元年到三年（1644～1646），這除了個人時間與能力的限制外，也因為在順治三年清廷第一次殿試任官前，朝中漢臣皆曾仕於明朝，討論較為方便。最後本文所論只限於仕清明臣與清廷合作的部份，其他清廷對仕清明臣的控制、利用與衝突，及仕清明臣本身的心態與黨爭留待且後討論。雖然在研究範圍上做了這麼多的限制，本文所論仍嫌太廣泛，因此許多章節顯瑣亂，內容也有待充實，以後若有機會，當做更進一步的探討，並祈方家不吝指正。

本文撰寫期間，承陳捷先教授的教誨提示，得到很多觀念上的啟發；又承呂士朋教授的愛護，得以有安定的研究環境，在此謹致上最高的謝意。

第一編　明臣入仕清朝

　　明朝亡於崇禎十七年（1644）三月十九日，明思宗自殺殉國，結束了明朝二百七十四年的國祚；當天流寇首領李自成打著大順永昌的年號進入北京，並在四月廿九日即帝位於武英殿，但次日即退出北京；五月二日清攝政和碩睿親王率軍入北京，清世祖於九月到達，十月一日告祭天地，即皇帝位，開始清朝定鼎北京，對中國二百六十八年的統治。

　　北京城在這一年中，連換了三個朝代、三個皇帝及三個年號，政治上變化很大，但是朝中的臣子，並沒有很大的改變，這些臣子，既是明思宗的「亡國之臣」，在偽順四十二天的統治中，有許多也入仕偽順朝廷，到了清朝，他們又成了開國佐命之臣，這些舊明文臣在這混亂的一年中，不僅歷經變故，而且他們與偽順、清朝及南明的關係，對清朝的入主中國有很大的影響。

第一章　明臣與僞順的合分

　　流寇李自成入主北京，明朝覆亡，當時明朝中央政府官員，除了極少部份自殺殉國外，大都落入李自成的掌握中；這些亡國之臣對僞順的態度，隨著僞順對他們處置政策的改變而轉變，在短短四十二天中，對僞順由恐懼而入仕而失望，終於與僞順分離。

第一節　僞順對明臣的吸收

　　僞順是由流寇李自成建立的，流寇出自低層社會，〔註1〕和士大夫階級本不相容，也無政治理想，只知到處寇掠；到後來規模漸大，慢慢有少數士大夫加入，〔註2〕也漸知據地自雄，建立政府組織，並主動的吸收士大夫。

　　李自成第一次建立政府組織是在崇禎十五年冬攻下襄陽之後，〔註3〕第二年冬天攻下西安，十七年正月乃大事建制，以西安爲西京，國號大順，改元永昌，設大學士及六政府尙書等官，〔註4〕規模漸備，開始有稱帝的野心，積極謀取京師；當時明朝處於滿洲及流寇的內外交迫之中，本身又積弊重重，人民生活困苦，李自成假行仁義爭取民心，〔註5〕很快就由西安攻到北京，覆滅明朝，建立僞順。

　　李自成在取得北京之後，以在襄陽及西安的基礎，改定官制，設置官吏，

〔註1〕　李光濤：明季流寇始末，頁1。
〔註2〕　參見 J. B. Parsons: Peasants Rebellions of the late Ming Dynast, pp.206～216.
〔註3〕　李文治：晚明民變，頁118～120。
〔註4〕　同上，頁127～128。
〔註5〕　《明季北略》卷二三「李岩說自成假行仁義」條，頁1568～1569。

用北京城中明朝留下來的中央政府官員；三月十九日進入北京當天，就諭令前朝百官向偽順內閣及各政府報名，「不願仕者，聽其自便，願仕者，照前擢用，如抗違不出者，大辟處治，藏匿之家，一併連坐。」〔註6〕並且「先差人到五府六部并各衙門，令長班俱將本官報名。」〔註7〕這樣恩威併施之下，京中明臣無可避匿，只有出來報名，於是「廿一日文武官儀入朝者三千餘人。」〔註8〕

對這些入朝報名的明臣，偽順加以選用，天祐殿大學士牛金星「執縉紳點名，不用者發權將軍制將軍處分，用者送吏部。」〔註9〕當天就選用了許多官員，或云九十二人，〔註10〕或云受中央官者二百餘人，受地方官者四百餘人；〔註11〕其後又陸續選了幾次官，〔註12〕大致六政府的尚書、侍郎二職，在三月廿四日選定，其餘諸職，多係三月廿六日選定，〔註13〕被選用的明臣「送吏部，即受職，止給小票，向禮政府領契，刻期赴任；外選者，限到任三月後，來取家屬。」；〔註14〕偽順除了用舊明在朝官員外，並且放出原被明朝囚繫獄中的罪臣，「召見錄用」，〔註15〕到了四月十一日，將原來未被選用而被囚禁的明臣，也放出來受官職，〔註16〕於是「凡在京舊官，除拷掠追贓者，率多被用」。〔註17〕

偽順除了收用許多明臣之外，尚實施一些有助於拉攏明臣之心的措施，在崇禎帝的遺體被發現之後，李自成順應明臣的請求，答應以對待皇帝之禮葬祭之，並待皇子以杞宋之禮；〔註18〕三月二十三日，改殯崇禎帝，「設祭一壇，自成亦出，四拜垂淚」；〔註19〕四月三日，自成命偽禮政府尚書鞏焴，

〔註6〕《平寇志》卷九，頁448；《明季北略》卷二〇，頁1111。
〔註7〕《明季北略》卷二〇，頁1111。
〔註8〕《甲申傳信錄》卷五，頁74。
〔註9〕同上。
〔註10〕同上，卷六，頁116。
〔註11〕《啓禎記聞錄》卷四，葉五上。
〔註12〕《國榷》卷一〇〇，頁6060。
〔註13〕李文治：晚明民變，頁210～216；《啓禎記聞錄》卷四，葉五上。
〔註14〕《甲申傳信錄》卷五，頁74。
〔註15〕《甲申傳信錄》卷五，頁91；《平寇志》卷九，頁451。
〔註16〕《甲申傳信錄》卷五，頁79。
〔註17〕同上，卷六，頁116。
〔註18〕《甲申紀變錄》，葉二下。
〔註19〕《明季北略》卷二〇，頁1118。

致祭崇禎帝，「奉帝后梓宮同葬西山田貴妃塋中」；〔註20〕對殉國的明臣很尊重，並保護他們的家屬，「標忠臣二字於門，不犯妻女，不掠財物」，〔註21〕即使在後來大肆淫掠時，對「死難諸臣家眷，賊兵絕不敢犯」；〔註22〕李自成對一些有名的儒臣如梁兆陽、楊觀光等，也都很禮遇。〔註23〕

此外僞順又開科取士，「先是，賊入秦、晉，孝廉子衿悉行考試授官，（入北京後）旬內，都下諸生求試者比比」，〔註24〕於是僞順在四月初，命順天府尹考宛平、大興二縣生童；〔註25〕又命政府考選舉人，量才授官，〔註26〕「檄北直、山西舉人，入京聽選」；〔註27〕並應諸生之請，定於中秋舉行各省鄉試。〔註28〕

李自成在初入北京時，尚能維持秩序，傳諭吏書班皂參謁，令榜示民間照常營業，罷市者斬，同時令兵政府出榜安民，約束軍隊，於是民間大喜，安堵如故；〔註29〕諸如此類的措施，使明臣感到入仕僞順，仍能保有舊有的利益，於是在僞順吸收明臣的各種措施之後，大部份明臣都投入僞順，並有許多人被選受官職，一時僞順朝廷中冠蓋雲集，人才濟濟。

但在僞順選用明臣之初，就有不少缺點存在；首先，僞順所用的明臣，都是四品以下的中下級官員，〔註30〕及崇禎十六年癸未科的庶吉士，〔註31〕甚少收用三品以上的大臣，李自成認爲這些大臣們，應爲明朝的覆亡負責，不肯收用，且加以責辱拘繫，並痛加拷掠。〔註32〕其次，也因爲僞順原有在西安建立的政府班底，較早投靠李自成的士大夫，自然不願用舊朝的大臣；這樣使得僞順表面上是選用了許多明臣，但在事實上根本進入不了僞順的決策層中，完全任憑李自成左右親信的喜怒而擺佈；而且僞順的選用明臣，漫

〔註20〕《平寇志》卷一〇，頁494。
〔註21〕《啓禎記聞錄》卷四，葉五上。
〔註22〕《甲申紀變錄》，葉三上；《平寇志》卷一〇，頁482。
〔註23〕《甲申傳信錄》卷五，頁73。
〔註24〕《遇變紀略》，葉七下；《平寇志》卷一〇，頁495。
〔註25〕《平寇志》卷一〇，頁495。
〔註26〕《甲申傳信錄》卷六，頁118。
〔註27〕同上。
〔註28〕同上。
〔註29〕李文治：晚明民變，頁135。
〔註30〕《小腆紀年》卷四，頁257。
〔註31〕《平寇志》卷一〇，頁475；《明季北略》卷二二，頁1498。
〔註32〕《國榷》卷一〇〇，頁6054，《平寇志》卷一〇，頁470。

無標準，常只憑個人的好惡加以選擇，「諸縉紳先生見用於闖者，或憑官閥，或憑儀采，非盡出於德望，而皆以牛金星目矚之力爲衡」，〔註33〕因此有許多明臣爲求仕進，賄賂請託「沛然幾乎明季之風焉。」〔註34〕

由此可知，僞順的吸收明臣，並無一定的計劃和標準，對明臣也無敬意，這些明臣雖入仕僞順，但並無眞正的影響力和保障，不能增強僞順的力量，故這種表面上的吸收明臣，不能結合僞順與明臣，也未改變僞順出身流寇的本性。

第二節　明臣仕順時的態度

流寇進入北京，明崇禎帝殉國，北京成了大順李自成的天下，當時城中的明朝臣子們，面對此君死國亡，改朝換代的劇變，有的自殺殉君，有的想利用此機會求取富貴，大部份則是惶恐不安，不知新朝對他們將會如何處置，待李自成出諭收用明臣後，他們對僞順又表現出種種不同的態度。

在北京陷落，有少數的明臣表現出傳統士大夫的氣節，殉君而死，例如大學士范景文在城陷時，「聞賊已入宮，或言先帝駕崩，或言南巡，歎曰：『不知聖駕所在，惟有一死以報陛下。』步至夾巷後，投井死。」〔註35〕都察院左副都御史施邦曜，作絕命詩云「慚無半策匡時難，惟有微軀報主恩」自縊死。〔註36〕右春坊右諭德劉順理，書絕命辭「成仁取義，孔孟所傳，文山踐之，吾何不然。」遂命其家人云：「勿使我得見賊，亦勿使賊見我，我死可速掘地埋我。」，〔註37〕而後自殺，像這類殉君全節的明臣有二、三十名。〔註38〕有少部份明臣欲利用改朝換代之際，求取富貴，如兵部職方司主事秦汧，在李自成入城時，跪迎道側曰：「兵部職方司主事秦汧恭迎聖駕。」，〔註39〕欲博得李自成的歡心，但未成功。

而大部份的明臣，在此變局中，都面臨忠君殉節與苟全性命以保身家之

〔註33〕《甲申傳信錄》卷五，頁73。
〔註34〕同上。
〔註35〕《甲申傳信錄》卷三，頁39。
〔註36〕同上，頁43。
〔註37〕同上，頁41。
〔註38〕《甲申傳信錄》卷三「大行駿乘」列文臣二十九人，《明季北略》卷二一列殉難文臣二十一人。
〔註39〕《甲申傳信錄》卷五，頁96。

間的衝突，欲效法死節諸臣之義，却不能死，欲保全身家，又受到良心的譴責。〈遇變紀略〉中記載著御史凃必宏與其清客之間的對話：

> 十九日……賊兵已入，……隨報御史王章爲賊所殺，總憲李邦華、副憲施邦曜、戶部尚書倪元璐、掌科吳甘來、韓林、馬世奇俱投繯自盡。凃公謂予曰：「何如？」予曰：「以義，食祿者死固當。」
>
> 公曰：「死不惜，此呶呶者安以置！」蓋指內人及子。且謂：「熊吏部、朱刑科俱無捐軀意。」
>
> 予曰：「然則從眾耳。」

然心怦怦，泣下不可禁，因轉身入內。〔註40〕就像這樣大部份的明臣既不能死，又「恐以衣冠賈禍，悉毀其進賢冠」，換上破衣破帽，使得「是時破衣破帽，重價求之不得。」，〔註41〕然後「百計竄匿，垢面衣乞丐衣，蹩躠于道」，〔註42〕在身心上都狼狽不堪。

待看到李自成諭前朝百官朝見的告示後，願仕者「變愁爲喜，從梨園中覓冠，冠價踰三四金，得者以爲幸。」〔註43〕不願仕者也因「聞進退自便，紛紛因服趨朝矣。」〔註44〕至於那些利祿心重一心求仕者，更視此爲大好機會；甲申傳信錄記載：

> 翰林院檢討趙玉森至王孫蕙（待授知縣）寓，涕泣自言：「受崇禎深恩，然國破家亡，實（崇禎）自作之孽，予捐性命以殉之，理既不必，將逃富貴以酬之，情又不堪，奈何？」
>
> 孫蕙曰：「方今開國之初，吾輩須爭先著。」
>
> 玉森言：「甚合我意。」

同詣報名，途遇秦汧，握手大笑，揚揚而前。〔註45〕表現出明臣或是爲了身家，或是爲求富貴，多不肯殉君，故不論是否願意仕順，都紛紛入朝報名。

向僞順報名後的明臣，有著種種不同的表現；一些大臣爲求仕而表現得毫無品格，如大學士魏藻德，甚得崇禎寵信，予以不次擢用，在報名後覥覥求用，被李自成叱責，幽于權將軍劉宗敏所時，「猶于窗隙語之曰：『如用我

〔註40〕《遇變紀略》，葉四上。
〔註41〕《啓禎記聞錄》卷四「國難觀記」，葉四上；五上。
〔註42〕《平寇志》卷九，頁448。
〔註43〕同上。
〔註44〕同上。
〔註45〕《甲申傳信錄》卷五，頁96。

也，無論何官，而乃圍我乎。』」〔註46〕總督京營襄城伯李國楨，深受崇禎信任，入見時也為李自成呵責：「既未堅守，又不死節，靦然以進，何也？」他答以：「陛下應運而生，願留餘生以事陛下。」雖如此卑屈，仍被囚禁拷掠。〔註47〕

許多明臣則詔媚李自成等賊首，以求授官，如在朝見時，庶吉士周鐘上表獻諛云：「比堯舜而多武功，邁湯武而無慚德，獨夫授首，四海歸心。」王孫蕙上表云：「燕北既降，已拱河山而膺籙，江南一下，尚羅子女以承恩。」俱為牛金星稱賞而得授美官。〔註48〕又如原禮部侍郎楊枝起獻下江南策云：「伏念臣汝成，衰殘無力，願為放牧之牛，摩頂無知，甘效識途之馬。」〔註49〕翰林院編修梁兆陽在三月二十日首揭助餉，與同志求仕者各寫五千金，託宋企郊投揭，二十三日為李自成召見於文華殿，他歌功頌德云：「陛下救民水火，自秦入晉，歷境抵都，兵不血刃，百姓皆簞食壺漿以迎，真神而不殺，直可比隆唐虞，湯武不足道也，今逢聖主，敢不精白一心，以答知遇恩哉。」〔註50〕李自成大喜，留坐飲茶，辭甚款曲，禮之甚隆。

尚有部份明臣，為自己之仕兩朝找各種藉口，如原少詹事侍讀學士項煜夤緣求進，倡言于眾曰：「大丈夫名節既不全，當立蓋世功名，如管仲、魏徵可也。」〔註51〕原翰林院侍講孫之獬「降李自成，起官翰林院，胥吏竊語；孫厲聲曰：『我親未葬，子又穉，不得已為此，我獨不能為倪鴻寶（倪元璐，殉節明臣）乎？』」〔註52〕原兵科給事中光時亨，在得李自成召見獎諭，授以原官後，寄書其子云：「諸葛兄弟，分仕三國，伍員父子，亦事兩朝，我已受恩大順，汝等可改姓走肖，仍當力詩書，以無負南朝科第也。」〔註53〕

還有部份的明臣，對偽順抱有期望，希望李自成能一統天下；如庶吉士張家玉上薦人才書，希望李自成能用仁人，收拾天下人心，以成大業。〔註54〕庶吉士魏學濂，聞變旁皇，夜觀天象，退入於室，繞床行竟夕，頓足曰：

〔註46〕《國榷》卷一〇〇，頁 6054。
〔註47〕同上。
〔註48〕《遇變紀略》，葉六下。
〔註49〕同上。
〔註50〕《甲申傳信錄》卷五，頁 83。
〔註51〕《國變難臣鈔》，頁 185。
〔註52〕《北游錄》，紀聞上，頁 325。
〔註53〕《甲申傳信錄》卷五，頁 87。
〔註54〕《明季北略》卷二二，頁 1495。

「一統定矣」，〔註55〕而入仕於順；少詹事掌坊楊觀光，於李自成召對時，也以儒家學說對談，「闖稱善」；〔註56〕周鐘在別人告訴他：「流賊殘殺太甚，萬難成事」時說：「太祖初起亦然。」又常說：「江南不難平也。」〔註57〕

不論如何，明臣得仕者，多洋洋得意，「皆繡衣、紅刺，謁客交錯于途」，〔註58〕「高冠鮮服，揚揚長安道上」，〔註59〕只顧個人利祿，很快的忘了舊朝，效忠新朝。「是時凡授僞職者，門上貼欽授某官，每日碌碌習儀」，〔註60〕等著李自成登極。對於停於東華門外的崇禎帝后梓宮，「各官既受僞職，往來過此，但以扇掩面，無下馬哭臨者。」〔註61〕

綜上所述，明臣在明亡順興之際，經歷了心理的掙扎，終因偷生畏死，以個人及家庭的利益超過君臣之義，不肯殉節，只求苟免避禍，在僞順收用明臣時，大多出而求仕。〔註62〕在那時，大部份的明臣，都視僞順為代明而興的新朝，上焉者，懷著理想欲助李自成成大業；下焉者就表現出許多諂媚阿諛的舉動，而不以為恥。

第三節　僞順對明臣的拷掠與誅戮

流寇初入北京時，公開榜示收用明臣，待明臣入朝報名後，也確實數次點名選用，授與官職，使明臣對僞順產生了期望，以為李自成可成大業，但不久僞順就對明臣展開拷掠和誅戮；僞順的拷掠和誅戮明臣，主要原因有二：一是財政困難，二是對明臣的不滿；加上李自成的部屬多為流寇出身，並無大志，一入北京首善繁華之區，很快就耽於求取財物與享樂，軍紀和秩序無法控制，更助長了對明臣的拷掠。

李自成一直未曾建立固定的財政制度，在得北京以前，以擄掠明朝藩王和士紳富戶的財產為財源。入主北京後，原想接收明朝大內的庫藏來維持龐

〔註55〕《平寇志》卷九，頁450。
〔註56〕《甲申傳信錄》卷五，頁81。
〔註57〕同上，頁76。
〔註58〕《平寇志》卷一〇，頁470。
〔註59〕《明季北略》卷二〇，頁1138。
〔註60〕《啟禎記聞錄》卷四，葉五下。
〔註61〕同上，葉四上。
〔註62〕明臣仕順者參見李文治：晚明民變，頁210～216，附表八。

大的軍餉〔註63〕和政府的支出，但是大失所望，甲申傳信錄記載：

> 闖投宮，而大內黃金止十七萬兩，銀止十三萬兩，皆因魏璫與客氏
> 偷空至此；闖見之，大爲駭異，甚失所望，計登極時，賞賜不敷，
> 夾官搜銀之令，由是酷矣。〔註64〕

而且李自成對明臣本就有惡感，在進攻北京時的檄文中，有「君非甚闇，孤立而煬蔽恆多，臣盡行私，比黨而公忠絕少。賄通官府，朝端之威福日移；利擅宗紳，閭左之脂膏殆盡」〔註65〕之句，認爲明臣多蒙蔽君主，貪贓枉法。待入北京後，又認爲明臣要負亡國的責任，〔註66〕見明臣既不殉國，又無氣節的入朝，感歎的說：「此輩不義如此，天下安得不亂？」于是始動殺戮之念，〔註67〕命權將軍曰：「罪者殺之，貪鄙多贓者刑之」。〔註68〕

在財政問題嚴重，加上對明臣的深惡，入京後不久，就以追贓比餉等名目，對明臣加以拷掠。三月二十一日，舊明百官朝見報名，除了被選用者由東華門送吏政府外，「不用者從西華門出，賊兵露刃排馬五隊，押至李、劉諸僞將署中」〔註69〕羈繫，「沿途兵四人馳馬騰踐，若蹴羊豕，行少遲，鞭梃雨下。」〔註70〕對未報名的明臣則「搜索士大夫拘繫，路斷行人」，〔註71〕「自二十三日至二十六日，滿街遍捉士大夫」，〔註72〕於是明臣除殉節、逃遁者外，全部落入僞順掌握之中。後來在其中陸續選授了幾次官員，而未被收用者，都被視爲「前朝犯官」，羈在營中，加以嚴刑拷訊，以次論贓，於是「用者高冠鮮服，揚揚長安道上，不用者夾逼金錢，號哭之聲，慘徹街坊」。〔註73〕

自二十五日起拷夾百官，「共綁八百餘員，五人一連，俱送田皇親府中，著劉宗敏用夾棍拷打，招認贓銀凡十晝夜。」〔註74〕二十八日「悉派各官，概入餉銀，內閣十萬，部院京堂錦衣七萬、五萬、三萬，科道吏部五萬、三

〔註63〕劉宗敏曾言「軍兵日費萬金」，見《國榷》卷一〇一，頁6071。
〔註64〕《甲申傳信錄》卷六，頁115。
〔註65〕《平寇志》卷九，頁429。
〔註66〕《明季北略》卷二〇，頁1113。
〔註67〕同上，頁1114。
〔註68〕《甲申傳信錄》卷四，頁56。
〔註69〕同上，卷六，頁116。
〔註70〕同上，卷四，頁55。
〔註71〕同上，卷六，頁116。
〔註72〕《明季北略》卷二〇，頁1138。
〔註73〕同上。
〔註74〕《明季北略》卷二〇，頁1136。

萬，翰林三萬、一萬，部屬以下，各以千計」，〔註75〕逼明臣湊出鉅款，稍不
稱意，就受酷刑。這時被羈繫未用的明臣，陷入了悲慘的拷掠之中，僞順各
營將軍「各加杖刑，桁楊菙楚，無所不至，又有炮烙、炊、棚弦之法，目所
未見」。〔註76〕「大抵賊酷虐，諸刑備具，而夾棒最厲，務以得貨稱意而止」，
〔註77〕其中又以劉宗敏最爲嚴酷，「令置夾棍數十根，皆有棱鐵釘連綴，夾人
無不骨碎而死。」〔註78〕

而分派的銀兩又甚高，「凡拷夾百官，大抵家資萬金者，過追二、三萬，
數稍不滿，再行嚴比，夾打炮烙，備極慘毒，不死不休。」〔註79〕許多明臣
被夾至死，或受不了刑而自殺。〔註80〕被選授爲官者，也被派助餉，但派得
較少，〔註81〕或是聽其自捐。〔註82〕後來拷餉越烈漸無法控制，「即降而授官
者，諸賊將長班審問，如云某官有金，即鎖去拷打，一賊拷過，又被他賊鎖
去，拷打不休。」〔註83〕且及於雜流小吏和民間富戶商人，北京城中成了恐
怖世界。

這種慘狀直到四月初，有些人向李自成反應，〔註84〕李自成親自到劉宗敏
營中，「見廷院榜訊數百人，哀號憤絕」，〔註85〕命劉宗敏酌放之，並傳諭各將
士收拾人心，「贓物已追者造冊解進，在繫犯官，量情釋放，因釋數百人，而繫
者尚眾，仍復追掠。」〔註86〕直到四月初八，才「盡釋羣臣」。〔註87〕經過這
一場十多日的大拷掠，明臣飽受慘刑，以劉宗敏一處爲例，「收拷者縉紳二百餘
人，雜流武弁各衙門辦事員役一二千人，凡釋千餘人，死者過半」。〔註88〕僞順

〔註75〕《甲申傳信錄》卷六，頁117。
〔註76〕同上，卷四，頁55。
〔註77〕《遇變紀略》，葉五下。
〔註78〕《甲申傳信錄》卷六，頁117。
〔註79〕《明季北略》卷二〇，頁1143。
〔註80〕《甲申傳信錄》卷六，頁117。
〔註81〕同上；參見《國榷》卷一〇〇，頁6062。
〔註82〕《國榷》卷一〇〇，頁6064。
〔註83〕《明季北略》卷二〇，頁1140～1141。
〔註84〕如軍師宋獻策奏曰：「天象慘烈，日色無光，亟停刑。」《甲申傳信錄》卷六，
　　　　頁117～118。
〔註85〕《平寇志》卷一〇，頁498。
〔註86〕《甲申傳信錄》卷六，頁118。
〔註87〕《國榷》卷一〇一，頁6070。
〔註88〕《平寇志》卷一〇，頁498。

則得到金銀甚多，諸將追完縉紳富室贓銀解進，共七千萬兩，其中拷自明臣的約佔十分之二。〔註89〕

　　除了拷掠之外，僞順還數次誅戮明臣，三月二十四日，誅勳衛武職數百名。〔註90〕四月十二日，李過盡殺中吉營拷訊各官五十三員，「李自成復發不死諸官赴宗敏所，纍纍坐路旁，按籍次第殺之。」〔註91〕四月十八日，因軍事失利，「闖殺官百數十員于平則門外，輔臣陳演爲首，餘皆勳戚皇親」。〔註92〕另外賊兵軍紀不好，恣行殺掠，尤其在山海關戰敗後，「賊縱其下大肆淫掠，無一家得免。」〔註93〕經過場浩劫，明臣遭到刑戮者很多，入仕僞順者較爲幸運，但也至少被迫助餉，也有被拷掠的。〔註94〕

　　由僞順的拷掠與殺戮明臣，可以看出流寇之無大志，李自成在與士大夫接觸後，「始知收拾人心，至京師，頗嚴軍令，士卒有淫掠者，輒梟斬，或斷臂、割勢懸市，然其下爲賊久，令雖嚴，不能制也。」〔註95〕且李自成並不能絕對控制部將，當時「內官降賊者，自宮中出，皆云李賊雖爲首，然總有二十餘人，俱抗衡不相下，凡事皆眾共謀之。」〔註96〕在部將拷掠太慘、及於無辜，士眾有怨言時，自成謂諸將曰：「何不助孤作好皇帝！」制將軍曰：「皇帝之權歸汝，拷掠之威歸我，無煩言也。」〔註97〕對賊眾的擄掠，也因上行下效，無法約束，「或禁之，輒譁曰：『皇帝讓汝做去，金銀、婦女亦不與我耶』」。〔註98〕於是除了入北京之初一段很短的時間外，僞順的統治是無秩序與暴虐的。

　　在沒有遠見的情況下，對於掌握中的明臣，不能好好利用他們的長處，幫助建立鞏固的統治組織，只想到向這些貪官污吏拷掠財物，而拷掠也沒有一定的標準，李巖曾建議過：

〔註89〕同上；參見《國榷》卷一○一，頁6070。

〔註90〕《遇變紀略》，葉七上；《小腆紀年》卷四，頁284；《明季北略》卷二○，頁1143。

〔註91〕《平寇志》卷一○，頁505～506。

〔註92〕《甲申傳信錄》卷六，頁121。

〔註93〕《明季北略》卷二○，頁1167。

〔註94〕參見李文治：晚明民變，頁216～220，附表九。

〔註95〕《鹿樵紀聞》卷下，頁215。

〔註96〕《明季北略》卷二○，頁1153。

〔註97〕《甲申傳信錄》卷四，頁56。

〔註98〕《甲申紀變錄》，頁15。

> 文官除死難歸降外，宜分三等，貪者發刑官嚴追，儘產入官；抗命
> 不降者，追贓既完，仍定其罪；清廉者免刑，聽其自輸助餉。〔註99〕

但並未被採用，於是幾乎凡官皆被迫助餉，或被拷掠，或被殺戮，故時人批
評李自成無大志，「能盜而有之，不能坐而守之，……淫刑榜掠以徵厚賄，士
大夫之螫毒亦曩古所未聞也，此豈有裂土稱霸之略哉」，〔註100〕只能與赤眉、
黃巢相比。

第四節　明臣與偽順的分離

　　明臣之投降偽順者，除了希望能保全身家利益外，多期望李自成能成大
業，建立新朝，他們可以為新朝立一番功業，以沖淡心中名節不全的內疚。
但是這個期望很快就破滅了，偽順對選用的明臣，既未重用，也不尊敬，對
未用者則大肆拷掠殺戮，使明臣對偽順開始由失望、悔恨而漸離心，紛紛設
法逃離北京，不能逃出去的，也隨時準備反動，明臣與偽順在短暫的結合後，
終於分離了。

　　明臣之中，入朝報名，意圖求仕，却被囚繫在營中拷掠侮辱者，對偽順
自然失望與痛恨；有些人在被責辱之後，就自殺了，如大學士魏藻德「被拷
五日不釋，乘間自勒死」，〔註101〕其他大臣如大學士方岳貢、丘瑜……等也都
自殺。這些人在亡國時不能殉國，冀求苟活，却在被辱之後自殺，背上名節
不全之名，心中之羞憤可想而知。其也有被拷掠而死的，幸而未死者，在被
釋放後，也「多微服遁」。〔註102〕

　　被收用的明臣，在短暫的欣喜得意之後，很快的也對偽順感到失望，先
是見偽順並未重用，也不尊敬他們，後來見賊將大肆拷掠殺戮，不能成事，
自然大失所望。被選用的明臣，許多是乞請授官未獲而失望的，《甲申紀變錄》
記載：

> 諸候選官見偽尚書宋企郊，求選授衙門任事，企郊曰：「諸公職衙俱
> 前朝所授，新主另有一番規模，恐不能盡依舊例。」諸人力懇一體
> 選授；企郊曰：「諸公何不解事，新天子御極，自當另用一番人，前

〔註99〕《平寇志》卷一○，頁500。
〔註100〕《國榷》卷一○○，頁6065，引彭孫貽之言。
〔註101〕《平寇志》卷一○，頁，頁491；493。
〔註102〕《國榷》卷一○一，頁6070。

已考試，不過慰眾人之心耳，以予爲汝諸人謀，不如歸去爲上。」

諸人既絕望，於是漸逃歸。〔註103〕

有些是因爲所授官職不如預期而失望，如原少詹事項煜，期望可被授爲大學士，但只被用爲太常，於是氣沮，利用奉命祀奉泰山的機會，逃回江南。〔註104〕有人因得官不理想，要求改授，被宋企郊怒責：「若亡國之臣，理宜就戮，以主上憐才，故錄授一官，與之更始，若既不以身殉，復欲優游事外，是盛世之傲民也。」要送營中用刑，他叩頭至流血乃免。〔註105〕

諸如此類的受辱與失望，使許多明臣對僞順不滿。賊將大肆殺戮拷掠時，就有人認爲僞順「殘殺太眾，萬難成事」，〔註106〕到後來連仕順的明臣也被強迫派餉，甚至被拷，且在賊兵淫掠時「諸降賊者、妻妾俱不能免」，〔註107〕這些人更加憤怒與後悔，都想逃離北京。

到了三月底，吳三桂拒絕李自成的招降，以爲君父報仇做號召，起義兵，移檄遠近，攻擊李自成「蕩穢神京，殺我帝后、禁我太子、刑我縉紳、淫我子女、掠我財物、戮我士民」〔註108〕並屢敗僞順兵；此時北京城中的明臣，更與僞順離心，除了待機而逃外，漸漸心向義師，準備隨時反正。四月十日，「吳三桂移檄至京，民間相傳平西伯密諭都城士民喪服大袖以別於賊，潛製素巾，布素爲之割盡。」〔註109〕並有許多明臣試圖逃出城，《平寇志》云：

近京一路傳平西伯檄文甚多，賊眾益懼，門守盡弛，南歸各官及避難百姓，鶉衣破衲，爲推車負擔者，或爲乞丐，低頭相續而出；及都門，遇賊逐回亦無算。〔註110〕

而李自成又表示想回西安，說：「富貴必歸故鄉，即十燕京豈易一西安乎。」〔註111〕諸降臣更加沮喪，謀逃遁者更多了。

十九日李自成親率軍東征山海關後，「海岱、齊化二門大開，四方羈旅及

〔註103〕《甲申紀變錄》，葉四下；《國榷》卷一○○，頁6064。

〔註104〕《甲申傳信錄》卷五，頁85；《國變難臣鈔》，頁185。

〔註105〕《國榷》卷一○○，頁6064。

〔註106〕《甲申傳信錄》卷五，頁76。

〔註107〕《甲申紀變錄》，葉三上。

〔註108〕《平寇志》卷一○，頁503。

〔註109〕同上。

〔註110〕同上。

〔註111〕同上，頁504。

賊臣潛遁者，數萬並出，肩摩踵接，相牽而走。」〔註112〕「各官有棄家眷南行者，大僚有偽死蓋棺，竅其下而潛出都城者，或爲僧道乞丐而遁者」，〔註113〕這時牛金星守京師，尚有部份仕順明臣日候閣門，冀望李自成倖勝；北京城中謠言四起，有貼私示於西長安街，曰：「明朝天數未盡，人思效忠，本月二十，立東宮爲帝，改元義興。」這些明臣心中恐懼不安，參謁牛金星，希望能有什麼辦法，結果牛金星只諭以偽言四起，各自謹愼少出門。降臣至此，「皆生悔心，多潛遁，有偽奉差逃去者。」〔註114〕

四月二十二日，李自成爲吳三桂與滿洲聯軍擊敗，消息傳到京師後，沒有潛逃的仕順明臣，更爲驚恐。二十四日，相傳李自成已敗歿，「於是京城從逆諸臣，所粘門衙多滌去」。〔註115〕到二十六日，偽政府示車駕將還，草登極儀注，「滌門者仍署其偽衙如故」，〔註116〕顯示仕順明臣與偽順的貌合神離。

李自成回北京，草草登極，吳三桂及滿洲聯軍已迫北京，同時山東義兵蜂起，〔註117〕到這時「惑于象緯，謂自成英雄，必有天下，思佐勳命」的魏學濂，「觀賊所爲，知必無成，憨恨無極」，〔註118〕自縊而死。他是仕偽順明臣中，最相信偽順會成功而期望最深的，至此也與偽順分離了。三十日，李自成棄北京西走，「舊偽官則賊兵護走，新降則否」。〔註119〕經過四十二天統治，一度掌握明臣的偽順，在離開北京時，未能帶走這些仕順明臣；而明臣早與偽順離心，至此乃完全分離。

李自成從西安出兵，在兩三個月內勢如破竹的攻入北京，覆亡明朝，一時號令所及，徧於整個北方，儼然以繼明而起的新朝姿態出現；當時，他既擁有雄厚的兵力，又佔領首都，掌握了明朝留下的完整中央政府組織和官員，確實是有很好的條件可建立一個新的朝代。但是偽順只統治了北京四十二天，就在吳三桂和滿洲聯軍的壓力下，倉皇退出，遁回陝西。

偽順失敗的原因很多，如內部的分裂，將領的腐化、軍紀的廢弛……等等，而最根本的因素是不能脫離盜賊色彩，沒有政治理想，以致對待明臣的

〔註112〕同上，頁506。
〔註113〕《甲申傳信錄》卷六，頁121。
〔註114〕《平寇志》卷一〇，頁507；《小腆紀年》卷五，頁326～337。
〔註115〕《國榷》卷一〇一，頁6077。
〔註116〕《國榷》卷一〇一，頁6078。
〔註117〕《平寇志》卷一一，頁519～520；《小腆紀年》卷五，頁335～338。
〔註118〕《平寇志》卷一一，頁521。
〔註119〕《國榷》卷一〇一，頁6079～6080。

政策錯誤。僞順在進入北京之初，有很好的機會吸收士大夫來擴大統治基礎，將其軍事力量轉化爲政治權力，建立固定的行政組織；而當時明朝中央政府的官員們，正是僞順所需要各種人才的現成來源。最初僞順也曾吸收了一部份明臣，擔任新建立政府的官員，但是這些明臣並不能進入決策核心，而且也未受到尊敬；不久因財政困難，以及對明臣的厭惡，開始大肆拷掠，漸漸演變成只知掠奪財物，濫及無辜的暴虐統治，充分流露出沒有大志的盜賊本性。

　　這種態度，不僅使明臣對僞順由失望、痛恨而離心，並且影響到吳三桂的抉擇，〔註120〕只增加了反對的力量，而沒有得到任何支持。使僞順仍然限於狹隘的軍力本質，未能透過明臣的政府組織，將其政權生根，因此，僞順的統治基礎十分薄弱，只能靠軍事力量來維持。〔註121〕一旦軍事失利，僞順就無法在北京立足，李自成在離開北京時，本身軍力大爲削弱，而沒有得到一點任何階層的支持，註定了以後一連串失敗的命運。因此，失去明臣的支持，未能建立固定的行政組織，以及吳三桂的拒降，應是僞順失敗的主因之一。

〔註120〕吳三桂拒降僞順而起義兵，不惜降清的原因，前人討論很多，其中僞順對明臣的拷殺，無疑的是一個重要因素，《謏聞續筆》卷一葉六上記載：「賊得京師，召三桂，至永平，聞其父大將軍襄爲所繫，索餉二十萬，乃驚曰：『此誘我，剪所忌耳。』乃率兵還」可爲一證。

〔註121〕參見 Franz Michael "The Origin of Manchu Rule in China "Ch-IX Conclualon 及 James B. Parsons "Peasant Rebellions of the late Ming Dynasty" Ch-VI.p.214.

第二章　明臣與清朝的結合

　　清朝在順治元年（1644）入關前，曾屢次由內蒙古越過長城，攻入北直隸及山東。規模較大的，有天聰三年（明崇禎二年、1629），崇德元年（明崇禎九年、1636），三年（明崇禎十一年，1638）及七年（明崇禎十五年，1642）四次，每次都屢敗明兵，如入無人之境，不僅兵鋒及於北京城外，且數度攻入山東，飽掠而回。當時明兵固非清兵之敵，但清兵也始終只能大肆鈔掠，然後仍退出長城，不能得長城之內寸土而據之，〔註1〕然與流寇相因，破壞明朝的根基，使明朝在內外交迫下，日趨衰亡。

　　到了崇禎末年，明朝積弊日深，國勢日弱，清朝與流寇都虎視眈眈，欲繼明而起，當時清朝大學士范文程曾比較清與流寇的長短，說：「戰必勝、攻必取，賊不如我；順民心，撫百姓，我不如賊。」清朝兵力雖強，但所到之處，燒殺擄掠，只增加明朝軍民的痛恨；故終清太宗之世，似無入主中原之大志，而明臣對清甚為仇視，屢以宋、金故事為戒，不肯與清議和；明朝文臣降清的，只有督師關外，戰敗被俘的洪承疇。

　　相形之下，流寇能假行仁義，收買民心，在攻取北京時，沿途各城，多望風而下；進入北京後，明臣也紛紛投降，在順、清的角逐中，偽順顯然是拔了頭籌。但是經過偽順統治北京四十二天之後，形勢整個扭轉，清軍成了仁義之師，順利入關，並順利吸收明臣，建立清朝；清、順的成敗，與雙方對明臣的政策有很深的關係。

〔註1〕　滿洲於天聰三年入侵後，留兵守北直隸永平、遷安、灤州、遵化四城，旋為
　　　　明軍收復；參見《聖武記》卷一，頁17。

第一節　清朝入關時的定策

　　清太宗皇太極死於崇德八年（明崇禎十六年，1643），其子福臨繼立，是為清世祖，以明年為順治元年，福臨年幼，由於叔父睿親王多爾袞及鄭親王濟爾哈朗輔政，而實權掌握在多爾袞手中。順治元年（1644）四月，多爾袞率師往定中原；這次出師前及行軍途中，多爾袞決定了出師的號召，及對明朝臣民的政策，改變清太宗時期的策略，為清朝成功入關奠定了基礎。

　　清太宗時期伐明的策略並不高明，「累次犯塞，輒挾告天七大恨牓文，向關內軍民布告」，[註2] 似只以虜掠子女玉帛，迫明求和為足。多爾袞主政之初仍只知與流寇勾結，順治元年，曾致書賊帥云：「欲與諸公協謀同力，併取中原，倘混一區宇，富貴共之矣」[註3] 尚未想到要爭取民心。直到順治元年四月四日，大學士范文程在出征前，上攝政王多爾袞的啓本中，談到了這次出師的方略，當時清朝還不知道流寇已攻陷北京，滅亡明朝之事，[註4] 此啓云：

> 今日明朝受病已深，不可復治，河北數省，必屬他人，其土地人民，不患其不得，患我既得而不能有；夫明之勁敵，惟我國與流寇耳，如秦失其鹿，楚漢逐之，是我非與明朝爭，實與流寇爭也。戰必勝，攻必取，賊不如我；順民心，招百姓，我不如賊，為今之計，必任賢撫民，遠過流寇，則近者悅而遠者來，即流寇亦為臣矣。……往者棄遵化而屠永平，我兵兩次深入而返，彼地官民，必以我無大志，所為者金帛女子，縱來歸順，亦不久留，其不服者，容或有之，彼時得其城而屠之，理也，其何敢以諫？但有已服者，亦有未服而宜撫者，當嚴禁士卒，秋毫無犯，又示以昔日得內地而不守之故也，及今日進取中原之意，官仍其官，民仍為民，官之賢能者用之，民之失所者撫之，是撫其近，而遠者聞之自服矣，如此河北數省，可傳檄而定也。[註5]

建議多爾袞此次出師要爭取民心，收用明官，以取中原，不再只是深入作一時的掠奪而已。

〔註2〕　孟森：《清代史》，頁113。

〔註3〕　《明清史料丙編》第一本，葉89。

〔註4〕　此由范文程啓本文中可看出，如「今明朝受病已深」，「夫明之勁敵，惟我國與流寇耳」……等句，均不知明朝已滅亡。

〔註5〕　莊練：《明清史事叢談》，頁197。

四月九日，多爾袞啟行，〔註6〕在行軍途中，得知流寇已攻陷北京，面對這情勢乃於十三日，以軍事諮洪承疇，洪承疇上啟云：

> 我兵之強，天下無敵，將帥同心，步伍整肅，流寇可一戰而除，宇
> 內可計日而定矣；今宜先遣官宣布王令，示以此行特掃除亂逆，期
> 於滅賊；有抗拒者，必加殺戮，不屠人民，不焚廬舍，不掠財物之
> 意；仍布告各府州縣，有開門歸降者，官則加陞，軍民秋毫無犯，
> 若抗拒不服者，城下之日，官吏誅，百姓仍予安全，有首倡內應立
> 大功者，則破格封賞，法在必行，此要務也。〔註7〕

其後並建議馬步分代，行軍之法；此啟主要是建議以「掃除亂逆、期於滅賊」為出師號召，並要安撫百姓，收用明官。

十五日，師次翁後，得明平西伯吳三桂遣將自山海關來致書，請合兵以逐流寇；多爾袞乃召范文程等決策進取，范文程曰：

> 自闖賊猖狂，中原塗炭，近且傾覆京師，戕僇君后，此必討之賊也，
> 雖擁眾百萬，橫行無忌，然揆其敗道有三：逼隕其主：天怒矣；刑
> 僇縉紳，士憤矣；掠民資財，淫人妻女，火人廬舍，民憾矣；備此
> 三敗，行之以驕，可一戰破也；我國家上下同心，兵甲選練，誠聲
> 罪以討之，兵以義動，何功不成。〔註8〕

明確的建議多爾袞以義師之名，聲討流賊；多爾袞於次日報吳三桂書曰：

> 予聞流寇攻陷京師，明主慘亡，不勝髮指，用是率仁義之師，沈舟
> 破釜，誓不返旌，期必滅賊，出民水火；乃伯遣使致書，深為喜悅，……
> 今伯若率眾來歸，必封以故土，晉為藩王，一則國仇得報，一則身
> 家可保，世世子孫，長保富貴，如河山之永。〔註9〕

勸吳三桂歸降。

二十日，吳三桂復遣部將致書，也建議多爾袞行仁義，云：

> 接王來書，知大軍已至寧遠，救民伐暴，扶弱除強，義聲震天地，……
> 又仁義之師，首重安民，所發檄文，最為嚴切，更祈大軍秋毫無犯，
> 則民心服而財土亦得，何事不成哉。〔註10〕

〔註6〕《清世祖實錄》卷四，頁43。
〔註7〕同上，頁44。
〔註8〕蕭一山：《清代通史》，第一冊，頁274。
〔註9〕《清世祖實錄》卷四，頁46。
〔註10〕同上。

至此多爾袞出師的政策，更爲確定，以仁義之師爲名，以討賊報仇爲號召，吸收明臣，安撫百姓，很快就收到效果。

二十二日，師至山海關，吳三桂率眾出迎；清軍以吳三桂關寧兵爲先驅，大敗李自成於山海關，是日即封吳三桂爲平西王，〔註11〕以馬步兵一萬，隸平西王，直趨燕京，追殺流寇；並與諸將誓約後，諭其軍曰：

> 此次出師，所以除暴救民，滅流寇以安天下也，今入關西征，勿殺
>
> 無辜，勿掠財物，勿焚廬舍，不如約者罪之。〔註12〕

范文程草檄宣言，曉諭明朝官民，曰：「義兵之來，爲爾等復君父仇，所誅者惟闖賊，師律素嚴，必不汝害。」〔註13〕諭下，「凡百姓逃竄山谷者，莫不大悅，各還鄉里，薙髮迎降。」。〔註14〕在進軍北京途中，所至州縣地方官，皆率民出迎，多爾袞命地方官照舊管束；〔註15〕五月二日，多爾袞入北京，償了滿洲人多年的夙願；綜觀此次多爾袞在出師前，及行軍途中面臨局勢急遽變化的整個決策過程，以及後來的定策與實行，實與清興有極大的關係。

此次清朝入關之役，實早在吳三桂請兵之前就已出師，且在出師前范文程已建議放棄以往只知屠戮燒殺，掠取財物女子的方略，改以申嚴紀律，秋毫無犯以收攬人心，官仍其官，民仍爲民以進取中原。前輩學者孟森先生論及此，以爲「文程此言，於清之開國關係甚鉅」，認爲「自今以前，武力勁矣，招降納叛之道得矣，惟要結關內之人心，殊未留意，所留意者在鈔掠，自不能恤人疾苦，自今乃以救民水火爲言，多爾袞深納之，此爲王業之第一步。」〔註16〕

在行軍途中，得知流寇已攻陷北京後，洪承疇、范文程都建議此行以滅賊除逆的仁義之師相號召，蕭一山先生云：「多爾袞深納二人之言，有志中原，變鈔掠爲弔伐，爲清有天下之一大關鍵。」〔註17〕於是由「救民水火」更進一步爲「弔伐之師」，出師更爲名正言順；加上吳三桂之來請師，打開了清人入關的最大障礙──山海關，〔註18〕並得原來的勁敵關寧精兵爲前驅，實爲千載難逢的良機，使多爾袞能事半功倍的擊敗李自成；然後將其決定的政策，

〔註11〕 同上，頁47。
〔註12〕 同上。
〔註13〕 《清史列傳》卷五，葉二上。
〔註14〕 《清世祖實錄》卷四，頁47。
〔註15〕 參見《清世祖實錄》卷四，頁48。
〔註16〕 孟森：《清代史》，頁110～111。
〔註17〕 蕭一山：《清代通史》，第一冊，頁275～276。
〔註18〕 參見莊練：《明清史事叢談》，「吳三桂封王」一節。

具體化於與官兵的誓約和對明朝臣民的檄文中，得到明朝官民「所至迎降」，順利進入北京。

第二節　清朝入北京後對明臣的拉攏

多爾袞率清師，以仁義之師的姿態，於五月二日到達北京城外，《清世祖實錄》記載：

> 故明文武官員出迎五里外，攝政和碩睿親王進朝陽門，老幼焚香跪迎，內監以故明鹵薄、御輦，陳皇城外，跪迎路左，啓王乘輦。王曰：「予法周公輔沖主，不當乘輦。」眾叩頭曰：「周公曾負扆攝國事，今宜乘輦。」王曰：「予來定天下，不可不從眾意。」……乘輦入武英殿，陞座，故明眾官，俱拜伏呼萬歲。王下令諸將乘城，廝養人等，概不許入，百姓安堵，秋毫無犯。〔註19〕

多爾袞入主北京後，依既定之政策「以網羅賢才爲要圖，以澤及窮民爲首務」，〔註20〕其網羅賢才，拉攏明臣之舉，正爲清、順最大的不同之處，也是兩者成敗的關鍵。

清朝入主北京之後的幾個月內，對拉攏明臣，不遺餘力；其主要方針有二，即照舊錄用原官而獎勵推薦人才，以及既往不究而要求痛改舊習；這兩點都能切中當時明臣的心理，收到很大的效果。五月三日，多爾袞即諭明內外官民人等曰：

> 各衙門官員，俱照舊錄用，可速將職名開報，如虛飾假冒者，罪之；其避賊回籍，隱居山林者，亦具以聞，仍以原官錄用。……凡投誠官吏，皆著薙髮，衣冠悉遵本朝制度，各官宜痛改故明陋習，共砥忠廉，毋恔民自利。〔註21〕

六日，多爾袞令「在京內閣、六部、都察院等衙門官員，俱以原官，同滿官一體辦事」。〔註22〕

這兩道命令，明白表示寬大收用明臣，於是明臣在初時的一度疑懼後，紛紛投報職名及薦舉舊臣，都能得任原官，這種寬大收用的政策，曾引起部

〔註19〕《清世祖實錄》卷五，頁51。
〔註20〕同上，頁59。
〔註21〕《清世祖實錄》卷五，頁52。
〔註22〕同上，頁53。

份人不滿，他們向多爾袞反應：「近見陞除各官，凡前朝犯贓除名，流賊僞官，一概錄用，雖云寬大爲治，然流品不清，姦欺得售，非愼加選擇之道，其爲民害，不可勝言。」〔註23〕多爾袞則答以「經綸方始，治理需人，凡歸順官員，既經推用，不必苛求，此後官吏犯贓，審實，立行處斬。」〔註24〕

待明臣漸次仕清後，他再次強調要痛改前非；六月二十日，諭眾官民曰：

> 明國所以傾覆者，皆由內外部院官吏，賄賂公行，功過不明，是非
> 不辨，……今內外官吏，如盡洗從前貪婪肺腸，殫忠效力，則俸祿
> 充給，永享富貴；如或仍前不悛，行賄營私，國法具在，必不輕處，
> 定行梟示。〔註25〕

對推舉人才也嚴加規定，七月二十五日，諭官民人等曰：

> 近見廷臣所舉，類多明季舊吏及革職廢員，未有肥遯山林，隱跡逃
> 名之士，豈謂前朝官員無補於清時，廢員沈淪，鮮資於經濟，但其
> 中有賢有不肖，惟在舉薦之人公與不公耳。……自今以後，須嚴責
> 舉主，所舉得人，必優加進賢之賞，所舉舛謬，必嚴加連坐之
> 罰，……若畏避連坐，因而緘默不舉者，亦必治以蔽賢之罪。〔註26〕

然後又命監察官員從公舉劾，七月二十五日諭都察院六科十三道，曰：

> 近見爾等，未嘗明舉一清廉持正之賢，未嘗明劾一受賄貪贓之輩，
> 然則朝廷設立風憲衙門，亦復何益，自今以後，凡六部卿寺堂屬大
> 小官員，爾等宜從公舉劾，直言無諱，賢者，即實稱其賢，內勿避
> 親，外勿避仇，不肖者，即實指其不肖，勿徇私情，勿畏權勢，……
> 倘黨同伐異，誣陷私仇，門戶相持，援引朋類，必置重法。〔註27〕

這樣寬嚴並濟，能用明臣之長，而避免明季的惡習。

多爾袞對明臣的利益，加以維護；八月十四日，「定在京文武官員支給俸祿柴直，仍照故明舊例。」〔註28〕對曾仕順的明臣，也赦免其罪，且多用之。〔註29〕並且主動徵召不在北京而有名望的明朝大臣，五月十四日，「以書徵故

〔註23〕 同上，頁59～60。
〔註24〕 同上，頁60。
〔註25〕 同上，頁60～61。
〔註26〕 同上，頁61。
〔註27〕 同上，頁61～62。
〔註28〕 同上，卷七，頁83～87。
〔註29〕 同上，卷一二，頁140。

明大學士馮銓，銓聞命即至，王賜以所服衣帽，竝鞍馬銀幣。」〔註30〕八月二十七日，「故明大學士謝陞，赴召至京師，令入內院辦事，陞以年老乞歸，慰留之」，「給大學士謝陞貂裘韡帽，白金百兩」，〔註31〕表示求賢，敬賢之意；還屢將仕清的明臣陞官，如六月三日「陞詹事府少詹事兼翰林院侍講學士何瑞徵爲禮部右侍郎，翰林院檢討李若琳爲左春坊左庶子兼翰林院侍讀，署詹事府事」。〔註32〕七日，「陞太常寺卿提橋爲刑部右侍郎，光祿寺少卿李元鼎爲太僕寺少卿」。〔註33〕

除了這些保障仕清明臣利益的措施外，還實施了許多加強明臣向心力的舉動，其中最切要者，莫過於爲崇禎帝發喪。僞順也曾爲崇禎帝發喪，但禮節及用具都很簡陋，也未讓臣民服喪；五月三日，多爾袞諭故明官員耆老兵民曰：「今令官民人等爲崇禎帝服喪三日」，〔註34〕二十二日，「以禮葬明崇禎帝后」，〔註35〕並優禮投誠的明朝宗室，〔註36〕尊禮明朝諸帝，〔註37〕又屢次遣官祭先師孔子，〔註38〕使明臣在心理上更能接受清朝。

十月一日，順治帝在北京登極，十日頒行的即位詔，更是集所有拉攏明臣措施之大成，其中如：

一、大兵入關以來，文武官紳、倡先慕義，殺賊有功，以城池歸順者，該部通行察敘具奏。

一、在京文官一品至九品，在外方面各官及知府府佐，州縣正官，俱給應得誥敕，凡京官署職試職，俱准實授，仍給應得敕命；文官三品以上，廕一子入監讀書，京官八品以下，准給本身敕命，願封移贈者聽。

一、前朝建言降謫諸臣，果係持論公平，有裨治理者，吏部具奏召用，其各衙門官，有橫被誣害，公論稱冤，曾經薦舉，不係貪酷犯贓者，并與昭雪敘用。

〔註30〕同上，卷五，頁54。
〔註31〕同上，卷七，頁89～90。
〔註32〕同上，卷五，頁57。
〔註33〕同上，頁51～52。
〔註34〕同上，頁52。
〔註35〕同上，頁55。
〔註36〕《清世祖實錄》卷五，頁57～58。
〔註37〕同上，頁63。
〔註38〕同上，頁59；卷七，頁78。

一、前朝勳臣及子弟，有倡先投順，仍立功績者，與本朝臣民一體
　　敘錄，應給封誥，照例頒給，其見有官職，已經來朝者，仍准
　　授原職。〔註39〕

由此可知，敕中完全保障明臣原有的利益，其用意無非「將使投誠畈命，無
阻幽深。」〔註40〕

　　總之，清朝入主北京之後，對明臣的拉攏不遺餘力，不僅寬大收用，且
主動徵召大臣，鼓勵薦舉，又強調既往不究，曾仕順之明臣也許自新，只要
求入仕清朝後要痛改舊習；此外並保障了明臣原有的利益，又加以陞官陞級，
並尊禮明朝諸帝陵寢，爲崇禎發喪，優遇明朝宗室……等，這些措施，使浩
劫之餘的明臣，喜出望外，紛紛仕清。

第三節　明臣仕清時的態度

　　李自成於四月三十日退出北京城後，城中盛傳吳三桂將擁明太子入城即
位，一部份曾仕僞順的明臣，怕明太子到北京後，會處罰他們，逃到城外。
〔註41〕一部份明臣則見吳三桂檄文中有「許反正共立新君」之句，遂留在城
中，維持秩序，並設崇禎帝靈位於午門，行哭臨禮。〔註42〕

　　五月二日，清師至北京；城中傳言「吳三桂止建虜毋入城，僅頭目護東
宮至」，〔註43〕明臣都以爲清師只是吳三桂借來滅賊的義師，於是百官備法駕
迎東宮，不料：

鹵薄出朝陽門，臣民望塵伏道左，止輦升輿，則胡服順身，臣民相
顧失色，關寧兵已先驅入都城，城上俱立白旂，攝政王乘鑾輿，萬
騎夾之，入居武英殿稱制。〔註44〕

多爾袞即以這種迅雷不及掩耳之勢，入主北京，當時「都人各去其素幀，景
色黯然。」〔註45〕

　　明臣在剛受過流寇的暴行後，又遭此預料之外的局面，「百官俱危疑潛

〔註39〕同上，卷九，頁107～114。
〔註40〕同上，頁114。
〔註41〕《小腆紀年》卷五，頁334。
〔註42〕《國榷》卷一〇一，頁6082。
〔註43〕同上。
〔註44〕同上，頁6083。
〔註45〕同上。

避」。〔註46〕次日，清廷頒詔照舊錄用各衙門官員，並爲崇禎帝發喪，漸有一部份明臣如「故吏部左侍郎沈惟炳，戶部右侍郎王鰲永，兵部添設右侍郎金之俊等，入投職名，命各復原官。」〔註47〕但是由於投僞順時的教訓，使明臣敢於出投職名者不甚多，俱在觀望。范文程訪歷朝實錄，召詞林各官，止高爾儼應命。直到五日，議修崇禎史，「爾儼請盡召翰林諸員，因召何瑞徵、高珩、李呈祥等，自是百官投遞職名者絡繹至。」〔註48〕

清廷優禮投降的明臣，「收百官職名，凡職銜尊卑，悉以三月十九日爲斷，各復原官，於是諸名公巨卿甫除賊籍，又紛紛舞蹈矣。」〔註49〕在城外避禍的明臣，得知城中「攝政王已大張告示，與諸朝紳蕩滌前瀆」，〔註50〕也紛紛入城，出投職名。由於清廷「設施新政，無非解網弛禁，期與臣民更始，故朝野一時歡然服從，如大旱之得時雨也」。〔註51〕明臣投清後，都得原官，到了五月上旬「長安市上仍復冠蓋如故矣。」〔註52〕

明臣大批仕清，〔註53〕入仕者並應清廷求賢之詔，紛紛薦舉在京的故明廢官及各地的在籍或致仕官員。如順天巡撫宋權在六月二十四日上有名的「治平三策」中，就薦舉故明薊遼總督王永吉、井陘道今投監軍道方大猷、薊州道楊敏楫……等明臣。〔註54〕同日，天津總督駱養性也「啓薦故明戶部侍郎黨崇雅，兵部侍郎李化熙，通政使王公弼品望素著，乞賜徵用」。〔註55〕六月二十九日，錦衣衛百戶危列宿啓言：「臣招撫至天津地方，諮訪流寓，及在籍官員黨崇雅、張瑞、高爾儼、戴明說等四十三員」，多爾袞得報大喜，諭曰：「此天津等處流寓及在籍官著吏部詳察履歷，確覈才品，其堪者，作速催來，即與起用。」〔註56〕

〔註46〕《明清史料甲編》第一本，葉九五。
〔註47〕《國榷》卷一○一，頁 6085。
〔註48〕同上，頁 6087。《平寇志》卷一一，頁 528。
〔註49〕《謏聞續筆》卷一，頁 8 下。
〔註50〕《遇變紀略》葉一四上。
〔註51〕同上，葉一四下。
〔註52〕同上。
〔註53〕參見《明清史料丙編》第三本，葉 201～206。「衣後所等衙門職名殘冊」，以五月五日爲例，在京舊明官員，即有兵部左侍郎劉餘祐、右侍郎金之俊……等一○二名入投職名。
〔註54〕《皇清奏議》卷一，頁 93～99。
〔註55〕《清世祖實錄》卷五，頁 62。
〔註56〕同上，頁 63。

　　另外在北方各地具降表歸順的，有原大學士謝陞及兵部侍郎張鳳翔、副都御史房可壯、刑部尙書張忻等大臣二十六人。〔註57〕到七月底爲止，「各衙門開列人材職名錄」中，已是洋洋大觀，人才濟濟了，被交相薦舉的明臣，有近二百名，故明大學士、尙書、侍郎、總督、巡撫等大臣，就有謝陞、黨崇雅、李化熙、張鳳翔、王永吉、朱建祚、葉廷桂、仇維禎、任濬、張忻、郭久厚、宋之晉、郝晉、謝啓光、楊方興、王文奎等十六人。〔註58〕

　　這些明臣入仕清朝，保有原來的祿位及利益後，都盛稱清朝的恩德；如謝陞遣人齎降表赴闕，其文曰：

　　　　闖賊李自成，肆逆逞暴，神人同憤，臣等空切不共之仇，愧無回天之力，惟皇帝陛下，智勇兼錫，威靈遐暢，篤夙昔之舊好，沛拯救之新綸，浩蕩仁恩，有逾再造。〔註59〕

其他人的章奏、表文中，也有類似的表示：

　　　　不意三月十九日，流寇破都，遍覓勳戚，大小諸臣，鎖拿挾拷，……幸蒙聖朝天兵剿寇救民，億萬臣民，皆賴再生。〔註60〕

　　　　突遭流賊叛逆，糾眾弑君，幽拘職身，拷掠瀕死，家產抄盡，性命懸絲，恭遇大清皇帝，應運握符，拯民水火，提義旅、掃賊壘，廓清寰宇，奠安人民，令旨時頒，蒐羅才俊，廣詢博訪，菲葑不遺。〔註61〕

　　　　不意國數既終，致臣先帝於不穀，誠飲恨切齒，而懷食肉寢皮之心也；幸天厭惡，英出湯武之君，傑起尹周之佐，興仁義之師，誅賊救民，俾明朝叁佰餘年之億，一朝而雪。……欲竭犬馬之力以報鴻恩於萬一，臣心始慊。〔註62〕

　　　　赴闕朝見，荷蒙王恩，隆以御宴，錫以貂裘，稽古君加臣禮，未有如此之渥厚，微職何幸，欣逢王上不次恩遇，即粉身碎骨，何能仰報萬一。〔註63〕

由這些明臣的表文中，可看出清朝對明臣政策所收到的效果，其中當然有過

〔註57〕《明清史料丙編》第三本，葉213～214。
〔註58〕同上，頁215～220。
〔註59〕《清史列傳》卷七九，葉三下。
〔註60〕《明清史料甲編》第一本，葉七五。
〔註61〕同上，葉66。
〔註62〕同上，《丙編》第五本，葉403。
〔註63〕同上，《甲編》第一本，葉67。

譽於清之處，但無疑的表現出明臣對流寇的痛恨，及對清朝寬大收用的感激；明臣對清朝的態度，遂由以往對北虜的仇視，轉變爲感戴了。

除了清朝對明臣的寬大收用，使用臣在遭受僞順拷掠之後，多感戴清朝紛紛仕清外，當時南京福王政權對北京明臣的錯誤政策，也是造成北京明臣仕清助清的一大原因。在流寇退出北京時，有不少原籍南方的明臣往南逃，他們中有些是曾被迫入仕僞順，但仍心存明室的，到了南京，這些北京逃臣，多上章自理，〔註64〕表明心迹，若南京福王政府能寬容他們，不僅可得他們的效力，並可爭取北京明臣之心。但當時福王政府內爭不斷，毫無遠見，阮大鋮因曾入逆案而被群臣攻擊，「憾甚，及見北都從逆諸臣，有附會清流者，因倡言：『彼攻逆案，吾作順案與之對。』以李自成僞國號曰順也」，〔註65〕於是福王因馬士英之請，令刑部仿唐例分六等定從賊官之罪。〔註66〕

凡在北京的臣子皆被定罪，逃到南京的一部份被補治罪，〔註67〕一部份就再逃到北京降清了，最有名的如後來仕清，官至大學士爲南黨之首的陳名夏，「國變後南奔，時南朝方治逆黨且跡捕」，他只好出走到北方，爲仕清明臣薦舉，〔註68〕不久清廷「以翰林院修撰陳名夏，慕義遠來，擢爲吏部左侍郎兼翰林院侍讀學士，并賜貂裘、鞍馬」；〔註69〕南明此舉，等於逼著曾仕順的明臣非仕清不可。

明臣在明亡時，不能殉節，又被迫入仕僞順，心中本有「名節不全」的內疚感，且在受流寇的拷掠之後，身心都受到傷害。清朝入主北京，能不追論前罪寬大收用，又能保障原有利益，當然使明臣喜出望外。而福王政府偏要揭他們心理上的弱點，治以從賊之罪，更促使明臣一心仕清助清了。

順治元年九月，南明大學士史可法曾上奏給福王云「適得北信，九陵仍設提督內臣，起罪輔馮銓，選用北人殆盡，或不忘本朝，意圖南下，避匿無從，是河北土地人才俱失矣」，〔註70〕已看出清朝政策之高明，得明臣之助而日強一日，南明正相反。到十一月，史可法又奏：「虜強而我弱，虜眾而吾寡，虜假仁

〔註64〕《國榷》卷一〇二，頁6116。
〔註65〕《明史》卷一九六「奸臣傳」，頁7941。
〔註66〕《國榷》卷一〇二，頁6116。
〔註67〕同上，卷一〇四，頁6202。
〔註68〕《北游錄紀聞》下，頁388。
〔註69〕《清世祖實錄》卷一四，頁156。
〔註70〕《國榷》卷一〇三，頁6151。

義而吾失人心，竊恐恢復之無期，而偏安之未可保也。」〔註71〕可見清自入北京後，以寬大之策收用明臣，收到很大的效果，北京明臣紛紛仕清，北方各地的明臣，也多具表歸降，或被薦舉入仕清朝，使清朝增加了許多人才；加上南明政策的錯誤，更逼得明臣只有仕清一條路可走，而清朝統一與建國的基礎，得力於明臣轉向清朝，與清朝結合者實多。

第四節　明臣與清朝的結合

清朝入主北京後，明臣紛紛入仕，不論是在京的故明中央官員，或是被薦舉的京城、北直、山東各地的在籍或罪廢官員，都為清朝復其官，予以收用，有了這些人的協助，清朝政權的基礎很快就鞏固下來。

這些在順治元年及二年初降清的明臣，成了清初中央政府中漢官的主榦。後來清朝在統一過程中，也收用了不少明朝或流寇的官員，例如順治二年五月十五日，南京投降時，就有許多福王政府的官員投降。〔註72〕十一月洪承疇在江寧疏列降順的明南京官員翰林、科道、卿、寺、部屬等一百四十九人，清廷令赴部錄用。〔註73〕但是無論在數量上及重要性上，都以清朝在入北京後，最初幾個月歸降的北京明臣，和他們薦舉的明臣為首。

這些清朝開國之初仕清的明臣，清高宗特別下令編「貳臣傳」，記載他們的事蹟；乾隆四十一年（1776）十二月諭：

> 因思我朝開創之初，明末諸臣望風歸附，如洪承疇，以經略喪師俘擒投順，祖大壽以鎮將懼禍帶城來投；及定鼎時，若馮銓、王鐸、宋權、謝陞、金之俊、黨崇雅等，在明俱曾躋顯秩，入本朝仍忝為閣臣；至若天戈所指，解甲乞降，如左夢庚、田雄等，不可勝數；蓋開刱大一統之規模，自不得不加以錄用，以靖人心，而明順逆，……朕思此等大節有虧之人，不能念其建有勳績，諒於生前，亦不因其尚有後人，原於死後；今後準情酌理，自應於國史內，另立貳臣傳一門，將諸臣仕明，及仕本朝各事績，據實直書。〔註74〕

四十三年（1778）又諭：

〔註71〕同上，頁6152。
〔註72〕《清世祖實錄》卷一六，頁193。
〔註73〕《清史列傳》卷七八，葉二二下。
〔註74〕《乾隆朝東華錄》，卷三二，葉30上～下。

> 我國家開創之初，明季諸臣，望風歸順者多，雖皆臣事興朝，究有
> 虧於大節，自不當與范文程諸人略無區別，因命國史館，以明臣之
> 降順者，另立貳臣傳。〔註75〕

在「貳臣傳」中列名的仕清明臣有一二五名，都是仕清後曾任高官要職
者；其中有六十五名爲文臣出身，除洪承疇一人外，其他六十四人都是清朝
入關後才降清的，而在清朝入主北京後，幾個月中在北京投降和北直、山東
被薦與自具降表的，有五十二人，佔全部降清文臣的八成以上；五十二人中
有三十二人在流寇入北京時陷於賊手，有二十四人曾入仕僞順；〔註76〕由此
可推知仕清明臣中，有大部份是在北京城及北直、山東，與僞順接觸過；約
有半數是原任明朝的中央官員，其中大多曾仕僞順，其他也被拷掠。

原在北京城中的明臣，本身名節已失，又受僞順侮辱，清朝的收用禮遇，
加上南明的追論前罪，使他們全心仕清助清；北方的罪廢明臣，在明朝本已
不可能再當官，得清朝寬大錄用，自然也忠於清朝；因此，清朝在入主北京
後不久，就與明臣結合，將清朝原有的武力，透過明臣的行政組織，轉化爲
政治力量，鞏固了統治的基礎。

1644 年初，明運將終，在西安的僞順和在關外的清，都想取而代之；順
與清都擁有雄厚的兵力，也都缺乏一個可統治全中國的官僚組織，因此那一
方能控制北京，並能與北京城中明朝的中央政府及官員結合，就有可能代明
而興。

僞順拔了頭籌，先攻入北京，也掌握了明朝遺留下來的中央政府官員，
若能得這些明臣的支持，很可能吳三桂也會降順，清朝將不易入關；但是僞
順不能擺脫盜賊本性，得明臣而不能用，反而拷掠明臣的財物，使得明臣與
順分離，不能共同建立一個新朝代，故前人批評僞順：

> 篡天下，僭僞號，改元紀年；易官名，異服制，號令嚴切，所遣守
> 土之吏，無敢暴民，亦旬月之雄也；然而竊據四十一日而遽敗，乃
> 復載珍寶，大縱火焚宮室，肆掠而西，與赤眉之去長安而走番須者
> 無以異，豈非寇賊之孽，而無足與統紀之數哉。〔註77〕

〔註75〕同上，卷三四，頁 9 上。
〔註76〕根據《清史列傳》卷七八、七九「貳臣傳」上、下；參見孫甄陶；清史述論，
　　　　頁 7～27。
〔註77〕《甲申傳信錄》卷六，頁 101。

認爲僞順「乃寇盜，終非大器，始雖僞爲寬厚，卒至搜括屠戮，無能撫定中原」，〔註78〕終致失敗。

清朝則長期在關外吸收漢文化，從明初的建州左衛，逐步發展到後金汗國，再到清帝國，尤其在清太宗皇太極在位時期（1627～1643），更正式的有意的推行漢化，儘量吸收漢人，並仿漢制建立各種政府組織，陳文石先生云：「清人入關後，可以很快的接受中國制度，順水推舟，統治中國二百年之久，就一個先頭接合工作，無疑的是奠定在太宗時期。」又說：「後多爾袞率兵入關，能利用漢奸，因應制宜，輕移明祚，個人機智，固不失爲一大因素，但主要者，乃在太宗時代所累積的知識經驗，已做好了先頭接合工作」。〔註79〕

關外長期的漢化，使多爾袞能接受一些漢人臣子如范文程、洪承疇的意見，能在順治元年（1644）出師入關時，改變以往燒殺擄掠的方式，施行仁義，恤民招賢以爭取人民及士大夫的支持。加以僞順的暴虐統治，使明臣離心，促使吳三桂向清朝請兵報仇，以爭取人民及士大夫的支持；使得清朝能更進一步以弔民伐罪，爲明君報仇的堂皇理由，以仁義之師的姿態進兵，得吳三桂之助，擊敗僞順，進入北京。

清朝進入北京後，以遠較僞順更爲接近中國儒家政治傳統的方式來爭取明臣的支持，使受過僞順暴政之苦的明臣，如「大旱之逢時雨」，紛紛仕清；加上南明政府對北京明臣的失策，更促使清朝與明臣結合。

北京城中前明的中央官僚組織的官員們，熟悉中央政府各機構的運作，富於統治龐大帝國的經驗，又爲全國士大夫及人民瞻觀所繫；他們與清朝的武力結合後，不僅鞏固了清朝的政權，而且幫助清朝統一全國，建立各種制度，並能順利統治，使滿族以一人口少，文化低的民族，能成功入主中國二百六十八年。

〔註78〕《啓禎記聞錄》卷五，葉一上。
〔註79〕陳文石「清太宗時代的重要政治措施」，歷史語言研究所所集刊第四十本上，頁35。

第二編　仕清明臣對清朝建國的影響

　　如前所述，清廷入主北京後，極力拉攏明臣，使北京城中及北直、山東
的明臣，紛紛入仕，與清朝結合，這對清朝入主中國起了決定性的作用；這
些仕清明臣並且極力幫助清朝，在順治前三年之中，對清朝的建國產生了很
大的影響，本編試就史料所見分別討論仕清明臣幫助清朝消滅反對力量，順
利統一中國；建立與運作統治中國所必需的龐大行政組織；以及作爲傳統中
國統治方式與異族清朝之間的媒介，幫助清朝統治漢人等三方面的影響。

第一章　仕清明臣對清朝統一中國的影響

　　清廷於順治元年五月二日入主北京後不久，南明福王也於五月十五日在南京即帝位，當時的中國呈現分裂的局面，李自成雖敗於畿輔，尚擁眾六十萬，據有陝、晉及河南的一部；張獻忠稱霸於四川；南京福王政府，則轄有南直隸、浙、閩、粵、桂、雲、貴諸省及湖廣、河南的一部，清朝只據有北直隸。〔註1〕八旗兵力雖強，但人數只有八萬，〔註2〕雖傾全國之男丁從軍入關，〔註3〕也不足以統一中國。

　　但是清廷得前明文武臣僚之助，很快的在順治二、三年，西殲流寇李自成、張獻忠；南滅南京福王政權及福州唐王政權，控有中國大部份的土地，剩下崛起西南各省的桂王和稱雄東南沿海的鄭氏，已不足以動搖清朝的江山，扭轉清朝統一中國之勢。降清漢人對清朝統一中國的幫助很大，為眾所公認，然而前人所論，多重視明朝降將如吳三桂、尚可喜、耿仲明、孔有德等的戰功，及南明降將如許定國、李本深、左夢庚等率軍投降，增強了清朝的兵力，較少論及仕清明朝文臣的貢獻。事實上，在清朝統一過程中，這些文臣的貢獻並不在武將之下；他們的獻策促成清廷的統一，並實際上擔任各省的招撫工作，和武將的征伐相輔相成，必須同時認清兩者的功績，才能對降清漢人助清統一有全盤的瞭解。

〔註1〕　李文治：晚明民變，頁184。
〔註2〕　參見管東貴「入關前漢族兵數與人口問題的探討」一文，《史語所集刊》四一本第二分，頁189。
〔註3〕　《朝鮮李朝仁祖實錄》（二十二年四月庚辰條）卷四十五葉二十一。

第一節　仕清明臣對統一的促成

　　清朝在入關以前，一直視明朝爲大國，不敢藐視，故清太宗皇太極，屢次犯邊侵明之用意，不外是以掠奪要挾明朝與之和議，並未有太大的野心。〔註4〕到多爾袞攝政，統兵伐明時，才接受范文程、洪承疇的建議，改鈔掠爲弔伐，有志中原；而范文程當時也只敢說：「此行或趨燕京，或相機進取，要於入邊後，山海長城以西，擇一堅城，頓兵而守，以爲門戶」；「大河以北，可傳檄而定」，〔註5〕尚未期望能統治全中國。

　　後因得千載難逢的良機入主北京，一時也無統一全中國之志，此由下列二事可以看出。在入北京後不久，

> 薙髮令下，有言其不便者，曰：「南人剃髮，不得歸，遠近聞風驚畏，非一統之策也。」九王（多爾袞）曰：「何言一統，但得寸則寸，得尺則尺耳。」〔註6〕

而且當時八王阿濟格認爲，不如大戮關內人民，退保山海關。〔註7〕都表明清朝在入關之初，並無遠略；對南京福王政權，也採取承認的態度，在六月十五日馳詔江南人說：

> 深痛爾明朝嫡胤無遺，勢孤難立，用移我大清，宅此北土，屬兵秣馬，必殲醜類，以清萬邦，非富有天下之心，實爲救中國之計。……其有不忘明室，輔立緊藩，戮力同心，共保江左者，理亦宜然，予不汝禁，但當通知講好，不負本朝。〔註8〕

似乎只想得中國北方爲滿足；當時民間盛傳清朝仍將如以前入邊掠奪般，屠居民然後東歸，也認爲清朝無一統之志。〔註9〕

　　清朝在安定北直隸後，就有仕清明臣獻策，請先出兵繼續討伐流寇，六月十八日，御史柳寅東啓言：

> 時已屬秋，廟堂宜早定大計，今日事勢，莫急於西賊，欲圖西賊，必須調蒙古以入三邊，舉大兵以收晉豫，使賊腹背受敵，又須計扼

〔註4〕蕭一山：《清代通史》，第一冊，頁212。
〔註5〕《清世祖實錄》卷四，頁41～42。
〔註6〕《謏聞續筆》卷一，葉九上。
〔註7〕《朝鮮李朝仁祖實錄》卷四五，葉四五。
〔註8〕《國榷》卷一〇二，頁6118～6119。
〔註9〕《清世祖實錄》卷五，頁59；卷八，頁91～92；94。

蜀漢之路，次第定東南之局。〔註10〕

八月一日，招撫山西吳惟華，陳征西五策，建議發重兵出關；用吳三桂、洪承疇；分兵二路，一趨蒲津，一由晉北渡河；發兵併調塞外蒙古兵，由邊外渡河；防賊乘夜劫營。〔註11〕八月十三日，山東萊州府知府黃紀也啓言先派將入四川截堵；〔註12〕後來清朝出兵西討，有不少採用他們建議之處。

　　仕清明臣也多有勸清朝平江南一統天下者：如柳寅東前啓中，也云及「次第定東南之局」。當南京福王政府遣使北上通好講和，途中飽受清朝的歧視；順治元年九月九日，使臣行至山東汶上縣時，遇到降清的河道總督楊方興，他對使臣說：「謀國要看大勢，我國兵強，如要和好，須多運漕糧來，我們好說話；只是爾南官，要我攝政王早收一統之業耳。」〔註13〕可知仕清明臣中原籍南方者，多慫恿清朝統一天下。

　　而仕清明臣中，也有些懷故國之思的，如天津總督的駱養性，當九月二十六日，南明使臣到靜海時，親往迎接，因語言之際，似尚不忘故國，為諜者偵知以報，攝政王怒，疑養性，削職逮問。當時：

　　　　京城內外，訪察甚嚴，有南人潛通消息者，輒執以聞，陷北諸臣，
　　　　咸杜門噤舌，不敢接見南人，而甘心降者，惟絕通好，殺使臣、下
　　　　江南，以取容悅。〔註14〕

對於仕清明臣的慫恿清朝下江南，談遷很感慨的說：

　　　　彼東胡始入燕，未聞遠略；漢人從逆，導之南下，胥海內而左袒之，
　　　　而又不以佐命見，則所謂絕好，殺使臣，下江南者，是感何居心哉。

　　　　〔註15〕

可見仕清明臣為了保自身祿位，不希望南明成恢復之業，故多勸清廷下江南，對清朝的統一天下，有促成與獻策之功。

　　清朝在順治二年三月定關陝之後，即移師東征，命英親王下江南；當時南京福王政府中，內爭不已，清軍得以長驅直入，五月十五日入南京，俘福王，消除了心腹大患。

〔註10〕同註9。
〔註11〕《清世祖實錄》卷七，頁77～78。
〔註12〕同上，頁82～83。
〔註13〕《北使紀略》，頁118。
〔註14〕《北使紀略》，頁130。
〔註15〕《國榷》卷一〇三，頁6168。

第二節　仕清明臣招撫北方

　　仕清明臣除了獻策、促成清朝的統一外，在實際的統一過程中，也立有不少功績，其中最主要的，就是出任招撫，招撫各未定地方入清之版圖。清初派遣故明文臣出任招撫有兩次，第一次是在入北京後不久，於順治元年五、六月派遣的山西、河南、山東等北方省份的招撫；第二次是得南京後，於二年七月派遣的江南、江西、福建、湖廣、雲貴、廣東、廣西等南方各省的招撫。

　　清朝一入北京，就對各地展開招撫的工作，五月三日，多爾袞諭兵部遣人持檄招撫各處城堡；〔註16〕二十四日又諭兵部馳文招撫各府州縣；〔註17〕但是以上兩次招撫，只是由兵部對全國各地的馳文傳檄而已。不久，隨著軍事發展的需要，乃有對特定地區，派遣專人所做的招撫。

　　清朝初入北京，只控有北直隸，鄰近的山東，當時為甌脫之地，局勢混亂，土賊與義兵蜂起，而山西仍為李自成所有；這兩省對北京甚為重要，早在五月十二日，都察院參政祖可法、張存仁（關外降人）就建議：

> 山東乃糧運之道，山西乃商賈之途，急宜招撫，若二省兵民歸我版
>
> 圖，則財賦有出，國用不匱矣。〔註18〕

故在五月二十二日，降清的應襲恭順侯吳惟華，請招撫宣大山西自效，多爾袞馬上答應了。〔註19〕又以「山東河南為神京門戶咽喉，……議遣官招撫」，〔註20〕乃先在五月二十五日，「以故明井陘道方大猷為監軍副使，招撫山東」。〔註21〕更在六月四日，令原籍山東的戶部右侍郎王鰲永，招撫山東、河南。〔註22〕

　　吳惟華於六月十六日辭朝出京，以隻身冒險出龍泉關，〔註23〕七月十九日啓報「山西代州閣城歸順」，〔註24〕然後又招撫五台、繁峙、嵊縣，恢復定襄、靜樂二縣。〔註25〕又招撫山西各營兵馬，並修書三封，致太原的李自成

〔註16〕《清世祖實錄》卷五，頁51。

〔註17〕 同上，頁55～56。

〔註18〕 同上，頁54。

〔註19〕 同上，頁55。

〔註20〕《明清史料丙編》第五本，葉468。

〔註21〕《清世祖實錄》卷五，頁56。

〔註22〕 同上，頁57。

〔註23〕《明清史料甲編》第一本，葉97。

〔註24〕《清世祖實錄》卷六，頁72。

〔註25〕 同註24。

部將陳永福等，「昭宣攝政王德意」。〔註26〕但因他沒有軍權，只能撫而無能剿，〔註27〕招撫太原不成，乃於八月一日陳征西五策，請清廷發大兵征山西，及西滅流寇事宜。〔註28〕吳惟華並於八月二十六日，薦故明國子監司業朱之俊等四人，俱下吏部酌用。〔註29〕

待清廷發大軍征山西，攻太原，吳惟華於九月二十一日，帶領馬步兵丁二千名，同先鋒總兵協剿攻取太原，「分信東面，殺賊千有餘名，奪獲馬騾五十餘騎，同固山諸臣追剿汾州、平陽二府，安撫所屬州縣」。〔註30〕到十月十八日，清廷以「招撫山西，應襲恭順侯吳惟華，有剿寇功，命以原銜充鎮守太原等處總兵官」。〔註31〕十一月二十六日，吳惟華疏請敕印，得旨「吳惟華招撫奏功，勤勞已久，著回京候用」，〔註32〕結束了半年的招撫工作。

王鰲永以大臣招撫原籍，清廷賦予重任，並頒敕書，敕書中說明了派遣的原因：

> 年來寇盜日熾，荼毒生靈，近且禍及帝后，我大清國起義師，用殲狂逆，茲已諭定臣庶，哭臨改葬，崇上尊諡，安我畿輔，定鼎于茲，永無遷徙，百爾臣民，各有寧宇；因念遠方未即風聞，懷逆踟蹰，特遣重臣，昭宣德意，期于銷鋒鏑，用底康寧；惟二東爲南北咽喉，兩河爲中原堂奧，俱宜亟捕，爾即馳往彼處，諭使歸順。〔註33〕

同時也說明了重任所在：

> 其無逆命者，官員加陞一級；軍民商賈，各歸其業，仍將歸順地方，即取遵依，陸續具報；各府州縣經管錢糧戶口、各鎮衛所經管官兵馬騾，各將原額及見存查造清冊；念時方多事，文官以佐貳，武職以中軍，各代齎來投遞；如朱氏諸王宗室來歸者，照舊恩養，不加改削；山澤遺賢，許在官報名，以便徵聘起用。其地方官才能素著，禦侮保民，確有功績，查實具聞，破格優擢，如年力不堪，闒冗貪

〔註26〕《明清史料丙編》第五本，葉409。
〔註27〕同上。
〔註28〕《清世祖實錄》卷七，頁77～78。
〔註29〕同上，頁89。
〔註30〕《明清史料甲編》第一本，葉97。
〔註31〕《清世祖實錄》卷一〇，頁119。
〔註32〕同上，卷一一，頁135～136。
〔註33〕《國榷》卷一〇二，頁6112。

埶，應行改易者，亦并奏奪；至如窮鄉下足，聲教不及，以及頑梗無知，乘機嘯聚，劫掠殊民，爾及領兵等官，多方解散，如果不悛，立擒首惡，以正王章，仍寬其脅從，各歸本業；若有竊據城池，矯命雄行，即當馳聞，聲罪致討，必誅不宥，一切招撫機宜，敕內開載未盡，許爾便宜舉行。〔註34〕

最後並許以重賞：

爾受重任，務殫厥心力，區畫盡美，余不靳上賞，以答殊勳，如悠忽誤事，責有所歸，爾其勉之。〔註35〕

王鰲永於六月十一日單車就道，先到德州，「宣布皇化，揆以逆順之情，諭以大義所在，一州之眾，引領北向」。〔註36〕七月初一日到平原，留駐二日，遣官安撫恩縣土賊，初五到濟南，土賊望風解散，王鰲永分頭遣官宣布清朝德意。次日，前權德府事泰安王朱由㮦，率前明宗室各具歸降表文；前明地方文武官員，及合城紳衿父老，各投遵依到；東昌府、臨清州及青州，都來歸順。〔註37〕七月十二日啟薦「山東故明大學士謝陛等四十餘人」，又密報南中情形，建議清廷派鎮臣移駐曹、單，控扼淮徐。〔註38〕七月十九日啟報「撫定青州郡縣，并齎送故明衡王降書」，又請蠲免山東錢糧，如河北例，清廷從之。〔註39〕八月七日啟薦「故明工部尚書曹瑛、刑部尚書潘士良，總漕郭尚友等三十二人」。〔註40〕

王鰲永奉命招撫，並無兵權，〔註41〕「率寥寥數騎，行蜂屯蟻聚之中，推誠制變」，解散土賊，招諭郡縣，不僅山東各府向化歸附，河南省黃河以北的彰德、衛輝、懷慶三府、亦俱有遵依，又能區處兵餉，薦舉人才，請蠲免錢糧，將山東大致招撫。〔註42〕但在十月，因流寇餘黨詐降，被殺於青州，〔註43〕在任四個月，「首事襟喉重地，恢疆土二千餘里」，〔註44〕他殉職後，

〔註34〕同上。
〔註35〕同上。
〔註36〕《明清史料丙編》第五本，葉468。
〔註37〕同上，頁408。
〔註38〕《清世祖實錄》卷六，頁67～68。
〔註39〕同上，頁71。
〔註40〕同上，卷七，頁81。
〔註41〕《明清史料丙編》第五本，葉415。
〔註42〕同上，葉468。
〔註43〕《清史列傳》卷七八，葉六上。

其子請清廷賜新典以昭勤節。〔註45〕清廷乃於順治二年初下旨：「王鰲永招撫著勞，盡節死難，宜予旌節」。〔註46〕二月六日「贈殉難招撫侍郎王鰲永為戶部尚書」。〔註47〕

除了吳惟華、王鰲永二人，招撫有功外，原派為監軍軍副使，招撫山東的方大猷，於元年七月七日被任為都察院友僉都御史巡撫山東。〔註48〕另外清廷曾於元年八、九月，派遣兵部職方司主事凌駉，在王鰲永手下，招撫河南，但凌駉依違在北南之間，無何功績。〔註49〕

由前可知，清廷深知剿撫並用之效，能在大軍征伐之餘，派遣文臣任招撫，確實收到不勞遺矢，拓地千里之功；清廷在元年八月十九日，「派遣河南、山東、山西督撫道府等官赴任」〔註50〕將三省正式收入版圖。

第三節　仕清明臣招撫南方（1）——派遣與任務

順治二年五月，清朝豫王多鐸南下征明之師，直入南京，福王出走被俘，南京政府文武官員及二十三萬馬步兵，皆降於清，〔註51〕杭州也迎降。閏六月英王阿濟格追剿流寇之師，亦所至有功，降左良玉子左夢庚所部十餘萬人於九江，〔註52〕分兵徇江西，守湖北。於是長江流域，西自湖北，東至海，南及浙西，大都降服；不久清廷命英王、豫王班師，派遣南方各省招撫，希望能一舉將南方收入版圖。

在得南京俘福王後，就有人建議清廷派官招撫南方，清廷命兵部酌議招撫事宜，兵部認為：

> 豫王已定南都，則江、浙、閩、廣自當望風投誠；英王現統大兵追闖至楚，則川、湘、雲、貴亦必漸次皈命，總之我清朝恩威並濟，……

〔註44〕 同註42。
〔註45〕 同註42。
〔註46〕 《清史列傳》卷七八，葉六上。
〔註47〕 《清世祖實錄》卷一六，頁185。
〔註48〕 同上，卷六，頁66。
〔註49〕 《明季南略》卷八，頁583～591；參見《明清史料丙編》第五本，葉435；《甲編》第一本，葉81。
〔註50〕 《清世祖實錄》卷七，頁88。
〔註51〕 《清世祖實錄》卷一六，頁192～193。
〔註52〕 同上，卷一八，頁210～211。

一統大業在指顧間矣，不必差官招撫，反趄時日也。〔註53〕

隨後清廷為是否派遣招撫，進行討論，《攝政王日記》記載，二年閏六月初六日：

> 王問：「金陵既已底定，其餘各省，即當遣人齎詔招撫。」大學士等
> 奏：「招撫自是自策，但別議遣人，不若即除各省撫按等官，親往詔
> 諭，自己地方責任，定然處事精詳，百姓既有係屬，草竊無不立解。」
> 王嘉納允行。〔註54〕

閏六月十二日，又進行討論

> 吏部左侍郎陳名夏，同都察院副都御史劉漢儒奏云：「應天、江西、
> 湖廣已歸版圖，宜速遣撫按官，前去撫定，江楚久被左兵蹂躪，若
> 早遣官一日，百姓早受一日之利，推用撫按各有地方責任，自去料
> 理，不必另設招撫官……」
>
> 劉漢儒奏云：「招撫須用有擔當的去方可。」
>
> 王曰：「未平地方，宜用大臣先去招撫，隨設撫按繼之。」
>
> 陳名夏復奏云：「臣於江南道里頗悉，願承命往。」
>
> 王問諸臣所見如何。
>
> 禮部左侍郎孫之獬奏云：「未定地方，宜用大臣去宣揚威德，招其來
> 歸。」
>
> 王曰：「俟再思之」〔註55〕

最後決定仍派遣招撫，並決定派洪承疇招撫江南各省。〔註56〕

次日，「命內院大學士太子太傅兵部尚書兼都察院右副都御史洪承疇，以
原官總督軍務，招撫江南各省地方。」〔註57〕隨後又派遣各省的招撫，閏六
月二十三日：

> 命恭順侯吳惟華為太子太保，兼都察院右副都御史，總督軍務，招
> 撫廣東。
>
> 陞禮部左侍郎孫之獬為兵部尚書，兼都察院右副都御史，翰林院侍
> 讀學士，提督軍務，招撫江西。
>
> 尚寶寺卿黃熙允為兵部右侍郎，兼都察院右僉都御史，招撫福建。

〔註53〕《明清史料甲編》第二本，葉112。
〔註54〕《攝政日記》，頁9。
〔註55〕同上，頁14～15。
〔註56〕同上，頁18。
〔註57〕《清世祖實錄》卷一八，頁216。

原任大同巡撫江禹緒，仍以兵部右侍郎兼都察院右僉都御史，提督軍務，招撫湖廣。

刑部郎中丁之龍，爲兵部侍郎，兼都察院右僉都御史，招撫雲貴。

〔註58〕

七月七日「以都督同知謝弘儀爲右都督，招撫廣西」，〔註59〕不久又加兼都察院右副都御史，提督軍務。〔註60〕各鑄給關防。〔註61〕清廷所派各省招撫，「皆自請往」，〔註62〕都份爲招撫原籍。〔註63〕

洪承疇則總籌江南各省地方的招撫事宜，七月三日，清廷賜敕，說明派遣的原因：

朕以江南初經歸命，其餘各省，遠邇未同，恐已歸命者，尚多驚疑；未附者，或心觀望，保釐南土，實賴股肱，是用命卿招撫江南各省地方，總督軍務，兼理糧餉，暫離闕廷，馳往江南，昭宣德意。……其江寧、江西、湖廣及將來歸附各省，悉聽節制。〔註64〕

并賦與大權與重任：

一遵近日恩赦詔款，核實舉行，使新附兆民，咸沾實惠。凡滿洲大兵，直省官兵，各有統領，卿宜會同固山額眞葉臣及督撫鎮等官，調遣約束，其有不法擾民，在各旗旗下者，即移文咨會，依法處治，毋使困民。江南各省已經歸順者，即責成撫按問民疾苦，興利除害，速圖善後之策；未歸順者，先以文告再三曉諭，果不服從，方可加以師旅；即有攻討，亦以平定安集爲先，其間進止機宜，密與平南大將軍貝勒勒克德渾參酌施行。其深山窮谷，聲教未通，或有頑梗無知，乘機嘯聚，即移檄撫鎮等官，多方解散，如有不悛，速令剪除，凡南方降服水陸諸軍，宜移會各督撫，挑選精壯，參用滿漢，教成水軍，以備不時調用。軍資糧餉，俱從各省地方，通融支給；如有福王新設兵丁，盡行革除，其額軍應汰老弱，及解散降民，須申飭各督撫安插得宜，

〔註58〕同上，頁217。
〔註59〕同上，卷一九，頁225。
〔註60〕同上，頁228。
〔註61〕同上，卷一八，頁219；卷一九，頁232。
〔註62〕《北游錄》，紀聞下，頁369。
〔註63〕如黃熙允原籍福建。
〔註64〕《清世祖實錄》卷一九，頁224～225。

母令失所。凡關國計民生，大利大害，不時馳奏，請旨興革；其山林
隱逸，及故明廢紳，才德堪用者，開列上聞，下部察核實授。所屬文
武，有才望出眾，禦侮保民，顯著成績者，特疏薦擢；如姦貪庸懦，
即奏請罷斥，毋延時日，致誤地方；至用兵之際，有稽遲糧運，違誤
軍機，或臨陣退縮，殺良冒功，及借軍興以剝民，侵兵餉以肥己者，
文官五品以下，武官副將以下，皆以軍法從事，鎮道等官，飛章參
劾，……敕中開載未盡事宜，准便宜舉行。〔註65〕

由敕文中看，洪承疇招撫之任，不僅包括安撫地方，舉凡民政、軍政、糧餉、
官員陟黜……等，無所不包，且准便宜行事，可見任務之重，權力之大。清
廷並寄以厚望：

卿以輔弼忠貞，膺茲重寄，宜開誠布公，集思廣益，慎持大體，曲
盡群情，期於德威遞布，南服永清，朕方崇帶礪，用答膚功，毋得
因循輕率，偏執乖方，有負倚托至意。〔註66〕

在洪承疇啓行赴江南時，清帝賜以蟒衣、韠帽……等物，甚為優禮；洪承疇
及各省招撫，就在清廷的厚望中到南方赴任了。

第四節　仕清明臣招撫南方（2）──功績

清廷派遣招撫南方的大臣中，洪承疇最為重要，任期最久，成效也最大，
對清朝的建國，有很大的影響。〔註67〕他受命招撫江南時，正是清朝嚴令薙
髮後不久，南方義兵蜂起抵抗，故洪承疇到任時，疏中有「目前滿地皆寇，
處處響應」之句。〔註68〕他任事之後，對清朝忠心耿耿，勤於任事，初上任
即言「職奉命招撫江南各省，兢兢以不稱任使為懼」，〔註69〕在任內則「心計
日數，手答口授，自辦事至夜分不輟，心血為耗，目睛漸花」，〔註70〕「身任
江南大事，遂不敢顧及私家」，〔註71〕故能為清立下大功。

〔註65〕 同上。
〔註66〕 同上，頁225。
〔註67〕 參見李光濤「論洪承疇之招撫江南」一文。原載《大陸雜誌》九卷一期，本
　　　　文引「《明清史論集》」，頁468～487。
〔註68〕 《明清史料甲編》第五本，葉510。
〔註69〕 《洪承疇章奏文冊彙輯》，葉一上。
〔註70〕 洪承疇行狀摘略，《明季南略》卷一八，頁1309。
〔註71〕 《洪承疇章奏文冊彙輯》，葉五下。

洪承疇在招撫任內，立下許多功績，現分數項論之：

（1）壓制反抗

洪承疇於二年九月奏報江西、江南各地俱平，〔註72〕然後就開始一連串的征伐行動；二年十月疏報，擊破據徽州的故明左僉都御史金聲，〔註73〕十二月又報，敗唐王閣部黃道周之師，〔註74〕此二役關係到南明唐王的興亡甚大。〔註75〕十二月二十八日奏報追剿巨寇，崇明底定。〔註76〕其後又屢擒明朝宗室抗拒者樊山王朱常㳊，〔註77〕瑞昌王朱誼汋，〔註78〕高安王朱常淇、〔註79〕金華王朱由榳〔註80〕……等。〔註81〕而功勞最大的，就是獻策誘降鄭芝龍，滅據福州之唐王，〔註82〕剷除了東南的反抗力量。

（2）招降明臣〔註83〕

洪承疇仕明朝時，官高望隆，此時自易招徠明臣；二月十二月「故明總兵高進忠率兵三千餘人，竝戰艦六十九艘，自崇明來歸」。〔註84〕三年三月「故明兵部尚書張縉彥，赴招撫江南大學士洪承疇軍前納款」；〔註85〕鄭芝龍的投降與他也有關。〔註86〕此外，流寇餘黨也有投降的，二年九月「湖廣僞澤侯田見秀，義侯袁宗第赴省投誠」，〔註87〕這些人的投降，影響頗大。

（3）安民撫眾

當時江南武將多騷擾地方，〔註88〕各地久經兵災，人民逃亡，地土荒蕪；

〔註72〕《清世祖實錄》卷二〇，頁248。
〔註73〕同上，卷二一，頁250～251。
〔註74〕同上，卷二三，頁277。
〔註75〕參見李光濤「論洪承疇之招撫江南」，《明清史論集》下冊，頁476～483。
〔註76〕《清世祖實錄》卷二二，頁271。
〔註77〕同上，卷二四，頁288。
〔註78〕同上，卷二八，頁331。
〔註79〕同上，卷二九，頁345。
〔註80〕同上，卷二九，頁346。
〔註81〕參見李光濤「論洪承疇之招撫江南」，《明清史論集》下冊，頁473～476。
〔註82〕同上，頁484。
〔註83〕同上，頁469～472。
〔註84〕《清世祖實錄》卷二二，頁264；《明清史料丙編》第二本，葉103。
〔註85〕《清世祖實錄》卷二四，頁288。
〔註86〕《清史列傳》卷八〇，葉三九下。
〔註87〕《清世祖實錄》卷二〇，頁248。
〔註88〕《明清史料己編》第一本，葉一二。

洪承疇極力安撫百姓，招集流亡，漸圖開墾，並請清廷「破格重免」田賦，〔註89〕減輕百姓負擔。

（４）籌措糧餉

洪承疇對足兵足食，籌措錢糧，甚下苦心，在其章奏中到處可見，〔註90〕此實為順利征剿的根本原因。

（５）訂定規制

江南初入版圖，許多規制有待釐訂，尤其是南京改為江南省後的設官事宜，清廷命洪承疇到任後，酌妥奏聞，〔註91〕洪承疇於三年二月上疏議定，清廷從之。〔註92〕另外又奏定各撫官所轄地方，〔註93〕及江南各地的兵馬錢糧經制，〔註94〕規制定後，用兵行政才上軌道。

（６）薦舉人才，任免官員

二年十一月疏薦故明南京翰林卿寺道部屬等官黃文煥等一百四十九員，堪備任用；〔註95〕又疏「故明左中允黃文煥……等，皆堪大任」，〔註96〕薦舉了許多人才。又以地方缺官，請會同公選，就近擬補官員。〔註97〕又「添設聽用官員」，〔註98〕對不稱職的地方官，則加以黜免，如劾安徽巡撫劉應賓「濫給副參印劄」，〔註99〕請免其職，清廷從之。

由上可知洪承疇在招撫江南時，功勞之大及責任之重，平定江南的反抗，掃除福州的唐王政權，招降明臣，訂定規制，安集百姓；安定了東南各省，使清朝鞏固了對全國財賦重心江南的統治，奠定了以後統一征伐的基礎，實為當時清廷不可少的人才。他在四年二月上奏以聞父死請守制，清廷下旨「今

〔註89〕《洪承疇章奏文冊彙輯》，葉二上～三上。
〔註90〕 參見《明清史料甲編》第二本，葉138、199；《丙編》第二本，葉106、108、113、115、116、124、125。
〔註91〕《清世祖實錄》卷一八，頁218。
〔註92〕 同上，卷二四，頁283。
〔註93〕 同上，卷二二，頁268。
〔註94〕《明清史料甲編》第二本，葉162、192；《丙編》第二本，葉112；《洪承疇章奏文冊彙輯》，葉三三上～六一上。
〔註95〕《清世祖實錄》卷二一，頁260。
〔註96〕 同上。
〔註97〕《洪承疇章奏文冊彙輯》，葉三下～五上。
〔註98〕《明清史料丙編》第二本，葉123。
〔註99〕《清世祖實錄》卷二八，頁335。

天下初定之時，欲即簡如卿之才能大臣以爲更代，實難其人，卿且於衙內守制，勉辦公事」，〔註100〕可見清廷對他的倚重。直到順治四年底「以江南湖海諸寇俱平，又聞其父已卒於閩，請解任守制，」〔註101〕清廷准之。「五年還朝報命，特召賜宴，賜袍靴等物」，〔註102〕結束了他由二年閏六月到五年四月，前後近三年的招撫之任。

　　其他各省招撫，也有表現，如招撫福建的黃熙允，因與鄭芝龍同里，曾與芝龍「通音問，密謀歸款」。〔註103〕招撫雲貴丁之龍，於二年閏六月二十九日條陳滇黔事宜十四款，〔註104〕並致書勸降湖廣南明許多官員。〔註105〕招撫江西孫之獬曾奏請清廷，將聚居江西省城的明朝宗室，散居各處。〔註106〕招撫湖廣江禹緒，也曾遣人到各處宣諭。〔註107〕

　　然而因爲各省連年戰爭，各招撫官或是在戰爭中無法招撫，或是根本到不了招撫的省區，不能發生什麼作用，到了三年四月七日清廷「諭江西、湖廣二省，督撫鎮臣已經全設，地方漸寧，撤招撫部臣孫之獬、江禹緒回京」；〔註108〕五月四日「撤各省招撫官吳惟華、黃熙允、丁之龍、謝弘儀還京。」〔註109〕洪承疇在三年七月也曾疏請回京，清廷以「江南未大定」不許，且「賜其妻銀百兩，貂皮兩百張」，〔註110〕以安其心。於是在各省招撫官撤回後，只剩洪承疇一人，繼續招撫江南各省，直到五年四月回京。

　　清朝開國之初，能順利統一中國，甚得降清漢人之助，此爲各家所公認，但各家多言降將征伐之功，而仕清明朝文臣之功則較未被注意；事實上這些仕清明臣，不論在統一的促成及實際擔任招撫工作上，都有很大的功勞；而且清廷在統一過程中，也是征伐與招撫並用的，孟森先生曾說：「明數雖盡，清所假以驅除者，不能盡恃八旗，旗軍人數固不足，且盡用旗人敵漢，亦於

〔註100〕《掌故叢編》，頁152。
〔註101〕《清史列傳》卷七八，葉二三下～二四上。
〔註102〕洪承疇行狀摘略；《明季南略》卷一八，頁1309。
〔註103〕《清史列傳》卷八○，葉三九下，《明季南略》卷一一，頁834。
〔註104〕《清世祖實錄》卷一八，頁220～221。
〔註105〕《明清史料丙編》第六本，葉544～548。
〔註106〕《清世祖實錄》卷二四，頁287～288；《明清史料己編》第一本，葉三；《丙編》第六本，葉507～508。
〔註107〕《明清史料甲編》第二本，葉139、143、144。
〔註108〕《清世祖實錄》卷二五，頁298。
〔註109〕同上，卷二六，頁306。
〔註110〕同上，卷二七，頁320。

招徠之道隔膜,故除用故明文臣任招撫外,亦用明舊帥舊軍。」〔註111〕可見文臣招撫之功,至少應可與武將並列。

清初仕清明臣出任招撫,可分為順治元年派遣的北方各省招撫,及順治二年派遣的南方各省招撫,其中以招撫山東河南之王鰲永,及招撫江南各省地方之洪承疇,功勞較大;尤其是洪承疇招撫江南之成功,實奠定了清朝繼續統一征伐的財政基礎,對清初開國的貢獻極大。

總之,文臣招撫,與武將征伐可相輔相成,武將之征伐固然很重要,但是武人能攻戰而不能安定地方,必需文臣招撫,才能安集百姓,恢復生業,然後方能更進一步設官治民;例如清兵下江南,嚴薙髮之令時,諸降將在江南「乘機煽惑,所至地毛如洗」,〔註112〕而文臣則「讀書知政體,所到能勝察吏安民之任,與武夫狼籍擾害者不同。」〔註113〕故文臣招撫實為武力征伐之後,安定地方所必須;仕清明臣在清初由武力征戰到治平的統一過程中,發生了很大的影響。

〔註111〕孟森:《清代史》,頁 127。
〔註112〕《聖武記》卷一,葉四〇上。
〔註113〕孟森「洪承疇章奏文冊彙輯跋」,《明清史論著集刊》,頁 472。

第二章　仕清明臣對清初建立制度的影響

　　清朝在入關後，能順利的運作明朝遺留下來的政府組織，並能接受明制，酌予修訂，使清朝統治中國在制度上，沒有發生重大的困難；這固然與滿族長期受明朝衛所制度羈縻，並在清太宗時利用漢人引進明制來幫助統治，已做好了入關後，與明朝政府組織及制度接合的準備工作有密切的關係；而仕清明臣在清朝入關建國之初，以本身豐富的行政經驗，及對明制深刻的瞭解，提出種種建議，對清初的建制，也產生也很大的影響。

　　本章先論仕清明臣在清初中央政府中所處的地位，再就順治元年到三年，他們對引介明制，及對明制應損益之處，向清廷提出的建議，探討他們在清初建立制度時，發生的影響。

第一節　仕清明臣在清初中央政府中的地位

　　清朝在入關前，已統治了遼河兩岸的漢地，漢人成為人口中的大多數，並在征戰中，收得不少投降漢官，但在滿洲固有的八旗制度下，這些漢人只能分隸於各旗滿人之下為奴，對國力的增長及帝王的集權，幫助不大，且易造成民族之間的糾紛；於是在清太宗時期，為了強化國力，建立集權，和處理日漸繁雜的事務，乃引用漢官，模仿明朝中央政府的組織形式，建立了書房、六部、都察院；在原有部落八旗制度以外，正式成立一套行政組織，清太宗藉此集權，並安撫漢人；〔註1〕此外又建立漢軍八旗，提高漢人的地位。〔註2〕

〔註1〕　參見陳文石「清太宗時代的重要政治措施」《史語所集刊》四十本上，頁312
　　　　～321；及「清代滿人政治參與」《史語所集刊》四十八本第四分，頁532。

　　在清太宗進行漢化〔註3〕中，漢人臣子在文化的轉借和同化上，扮演重要的角色，〔註4〕且在政府中擔任要職；在順治元年未入關前，內三院大學士三人中，有范文程一人為漢軍；六部除承政皆為滿人外，各部皆有漢軍任參政；這些漢軍，在清朝入關前，引介漢制，並極力慫恿清太宗實行漢制，進而入主中國，希望清朝「漸就中國之制，必如此，庶日後得了蠻子地方，不至手忙腳亂」，〔註5〕他們對清朝在關外時的建制，有很大的貢獻，故蕭一山先生說：「漢人之優遇，尤為太宗朝之特色，清國制度之規定，殆無一不出諸漢人之手，故降人之影響於清國者，不特備征戰，供嚮導而已」。〔註6〕

　　到了清朝入關定鼎北京之後，要統治以漢人為主的大帝國，面對明朝遺留下來組織龐大、系統複雜、運作繁瑣的政府組織，一方面瞭解要穩固的掌握中國政權，必先確實的掌握此一官僚組織；一方面那些出身於武夫與秀才生員的漢軍大臣們，實不足以運作此一組織；故清廷自然要大量收用政治文化水準較高的故明文臣，來擔任主要的工作，滿人則以「滿漢並用」之名，居於控制和較高的職位。〔註7〕

　　清朝以「官復其官」為號召，入北京後，馬上宣布「各衙門官員照舊錄用」，〔註8〕又「令在京內閣六部都察院等衙門官員，俱以原官，同滿官一體辦事」，〔註9〕並將原來六部的承政改為尚書，參政改為侍郎，理事官改為郎中，副理事官改為員外郎，〔註10〕這更方便於明臣之復原職；於是在復官、徵召、薦舉後，明臣又紛紛再任行政工作。

　　以內三院大學士而言，原有滿大學士希福及剛林，漢軍大學士范文程三人，入北京後，五月，多爾袞以書徵故明大學士馮銓，銓聞命即至，〔註11〕六月「令洪承疇仍以太子太保兵部尚書兼都察院左副都御史，同內院官佐理

〔註2〕　參見陳文石「清太宗時代的重要政治措施」《史語所集刊》四十本上，頁342
　　　　～350；劉家駒「清初漢軍八旗的肇建」，《清初政治發展史》，頁171～191。
〔註3〕　陳文石，同上，頁351。
〔註4〕　劉家駒，同註2，頁2。
〔註5〕　羅振玉輯：《天聰朝臣工奏議》，卷中，頁263。
〔註6〕　蕭一山：《清代通史》，第一冊，頁219。
〔註7〕　參見陳文石「清代滿人政治參與」，頁529～533。
〔註8〕　《清世祖實錄》卷五，頁52。
〔註9〕　同上，頁53。
〔註10〕　《清史》卷一一五，頁1354。
〔註11〕　《清世祖實錄》卷五，頁54。

機務」。〔註12〕八月「故明大學士謝陞，赴召至京師，令入內院辦事」。〔註13〕二年三月「故明文淵閣大學士李建泰來京陛見，」〔註14〕起授爲內弘文院大學士。於是有富於內閣行政經驗的故明大學士及大臣佐理機務，內三院很快的就能負起軍國重任。

以六部而言，清朝入關之初，以滿洲任尚書，故明文臣只能任侍郎，〔註15〕原來明朝的尚書，仕清後多以原官管侍郎事，或是乞休致任，〔註16〕故明侍郎則多復其官。初入北京時「故吏部左侍郎沈維柄、戶部右侍郎王鰲永、兵部添設右侍郎金之俊等入投職名，命復原官」。〔註17〕不久工部左侍郎葉初春「赴闕投誠，仍原官」，〔註18〕工部侍郎劉餘祐「投誠授原官」，〔註19〕又用原詹事府諭德李明睿爲禮部侍郎。〔註20〕六月以原少詹何瑞徵爲禮部右侍郎；〔註21〕七月「以故明戶部侍郎黨崇雅爲原官」；〔註22〕八月「以故明兵部侍郎李化熙爲工部右侍郎」；〔註23〕十月「以故明兵部左侍郎謝啓光爲戶部左侍郎」，〔註24〕又以原通政使王公弼爲戶部右侍郎；〔註25〕另外故明太常寺少卿提橋也在九月以前被任爲刑部右侍郎。〔註26〕其後雖又幾經調職，但六部的漢侍郎在順治元年底，除原有的漢軍外，已全由故明侍郎及大臣擔任了。〔註27〕

相形之下，在關外擔任六部參政的漢軍大臣們，入關後多隨軍出征或出任地方督撫，留在中央的，也多不能勝任龐雜的事務；〔註28〕原來引介漢制，

〔註12〕同上，頁56。
〔註13〕同上，卷七，頁89。
〔註14〕同上，卷一五，頁168。
〔註15〕《國榷》卷一○一，頁6085；直到順治五年才設六部漢尚書。
〔註16〕如原吏部尚書田維嘉仕清後，元年八月命以刑部尚書管佐侍郎事，九月即乞歸；原兵部尚書仇維禎降後，二年二月以年衰致仕；原刑部尚書張忻，二年被薦，任兵部左侍郎。
〔註17〕《國榷》卷一○一，頁6085。
〔註18〕《清史列傳》卷七九，葉五○下。
〔註19〕同上，葉四三下。
〔註20〕《國榷》卷一○一，頁6085；《平寇志》卷一一，頁531。
〔註21〕《清世祖實錄》卷五，頁57。
〔註22〕同上，卷六，頁67。
〔註23〕同上，卷八，頁92。
〔註24〕同上，卷一○，頁120。
〔註25〕同上，頁119。
〔註26〕同上，卷八，頁92。
〔註27〕同上，卷一二，頁139。
〔註28〕如吏部參政祖澤洪偕都統葉臣等，追擊李自成；戶部參政王國光隨征西安；

運作漢制的漢軍大臣，在入關後，被仕清明臣所取代。

　　仕清明臣在明朝時，都曾任要職，參與機務，鍊達政體；入仕清朝後，成為中央政府中的主榦，負起實際的行政工作，幫助清朝順利運作政府組織，並且成為清廷與明朝制度之間的媒介，在清初建立制度的過程中，一方面維持政府體制的運作，引介明制給清廷；另一方面又能以對明制深刻的瞭解與經驗，提供清廷在建制時寶貴的意見。

第二節　仕清明臣建議建立制度

　　清朝入關之初，主要的注意力是放在軍事征伐上，「其於政事，但期規復明代紀綱，即不至凌亂無序，故以引用明季舊臣為急，……用其明習故事」，〔註29〕對各種規制並不想多加改革。但當時明制初與清制結合，頗有疏漏、衝突之處，又在弊政兵災戕喪之後，有許多不合理的現象，當時人云其時「法制未立，四方尚未罷兵，繇役數起，吏或因緣為奸」，〔註30〕「公私廩藏，焚劫靡遺」，〔註31〕「是時天下新定，長吏丞尉，軍中以便宜拜除，皆白版假守，年勞治行，掾吏輒去其籍，莫得勾稽」，〔註32〕仕清明臣乃紛紛上言，請清廷訂定制度。

　　元年六月四日，河南御史漕溶啟陳六事，就說：

　　　一、請定官制，使事有責成，不相推諉。

　　　二、請定屯田、塩法、錢法規制，俾俸餉有所給取。

　　　得旨……所陳六事，深切事務，下所司即行。〔註33〕

六月八日，戶科右給事中劉昌啟陳十事，亦請「立規模……定經賦、定官制」。〔註34〕

　　十月十二日，工科給事中朱鼎蒲奏言：

刑部參政孟喬芳從諸軍西征，後任陝西三邊總督；金玉和從征河南，戰歿。戶部參政鄧長春於元年十月坐罪革職，吏部參政祖澤洪也於四年以不稱職解侍郎任。

〔註29〕　孟森：《清代史》，頁163。
〔註30〕　《碑傳集》卷七，頁406。
〔註31〕　《碑傳集》卷一○，頁533。
〔註32〕　同上，頁542。
〔註33〕　《清史列傳》卷七八，葉五一下；《清世祖實錄》卷五，頁57。
〔註34〕　《清史列傳》卷七九，葉四六上；《清世祖實錄》卷五，頁58。

今皇上建極錫福，兆民用康，願一代之興，必制作燦備，使子孫率
由而周行，四海則傚而弗忒，則綱紀不可不明也。〔註35〕

二年二月，山東道監察御史傅景星條奏「一切制度，尚宜斟酌盡善」。〔註36〕
六月河南道御史王顯疏言「等威當明，宜分品以定制」。〔註37〕禮部右侍郎孫
之獬條陳四事云「本朝制作維新，宜辨等威、別上下，使臣民共守」。〔註38〕
這些仕清明臣見制度未定，產生種種弊端，故都請清廷早定制度。

此外，仕清明臣多視清朝爲繼承中國儒家政治傳統的一個新朝，奏請清
廷實行儒家傳統的典章制度；元年十月，山東巡撫方大猷疏「請以孔子六十
五代孫孔允植，仍襲衍聖公，照原兼太子太傅。……孔允鈺、顏紹緒、曾聞
達、孟聞雲仍襲五經博士」，〔註39〕並請「頒詔崇祀，昭明朝廷重道尊師至意」，
下部詳議舉行。〔註40〕

戶部給事中郝傑亦言：

從古帝王，無不懋修君德，首重經筵，今皇上睿資凝命，正宜及時
典學，請擇端雅儒臣，日譯進大學衍義及尚書典謨數條，更宜遵舊
典，遣祀闕里，示天下所宗。

得旨：請開經筵、祀闕里，俱有裨新政，俟次第舉行。〔註41〕

二年三月十二日，大學士馮銓、洪承疇等奏言：

上古帝王，奠安天下，必以修德勤學爲首務，……帝王修身治人之
道，盡備於六經，一日之間，萬幾待理，必習漢文，曉漢語，始上
意得達，而下情易通，伏祈擇滿漢詞臣，朝夕進講，則聖德日進，
而治化益光矣。〔註42〕

十五日，山西道監察御史廖攀龍條陳四事，亦云「一講聖學、一興文教」；
〔註43〕七月工科給事中許作梅疏言：

輔養聖德，學問爲先，臣請慎簡賢良博學之臣，爲講讀等官，皇上

〔註35〕《清世祖實錄》卷一〇，頁115。

〔註36〕同上，卷一四，頁159。

〔註37〕同上，卷一七，頁201。

〔註38〕《清史列傳》卷七九，葉二五下。

〔註39〕《清世祖實錄》卷九，頁105。

〔註40〕《清史列傳》卷七九，葉五六上。

〔註41〕《清世祖實錄》卷九，頁106。

〔註42〕同上，卷一五，頁167。

〔註43〕同上，頁168。

時御經筵，群臣盡心開導，於六經諸史，檢其有益君身治道者，錄
呈聖覽，凡歷代興亡治亂，風土物情，人才進退，不越几案而得之，
則聖學王道合而爲一矣。

得旨：及時典學，誠屬要務，講官自當愼擇儒臣……〔註44〕

八月一日，戶科給事中杜立德奏言治平之道，請法古「古者……事之鑑也，
書曰：監於先王成憲，其永無愆，凡建學明倫，維風善俗，皆法古事也」；
〔註45〕禮科給事中梁維本奏「請隆聖學以光典禮，御經筵以精學問，庶幾
懋敬緝熙，太平可端拱而成」，三年正月，又請舉行經筵日講大典。〔註46〕
六月，禮科給事中袁懋功，請敕儒臣，取歷代禮制，斟酌損益，編成一書，
頒行天下。〔註47〕

　　這些仕清明臣都希望清廷能法前代行儒家禮教，定出合於儒家傳統的規
制；而順治元年十月的「孫承澤等六科公本揭帖」，更明白表示仕清明臣希望
清朝能遵中夏禮儀制度，以昭開創宏規，他以當時仕清明臣的想法，先言中
國傳統制度的完美：

職等竊惟君主中國號爲一統者，以道德相承，制度盡美，其象天則
地，而著爲治天下之大經大法者，乃五帝三王所創造，周公孔子所
述，□是以一衣章服之制，揖讓拜跪之節，所以辨尊卑，昭等威，
皆有至當不易之軌存焉，後世莫不循之則治，背之則亂，遵之則保
有天下，傳之子孫；忽之則俗慢民偷，至敗壞也。

然後說到清帝入北京時，用滿洲禮儀之不當：

洪惟陛下沖聖踐祚，克庸帝眷，一切用人行政，悉遵漢法，詔令誠
信，賞罰嚴明，四海歸心，實□此始，及□聖初至，萬姓歡呼，想
見太平，何其顯切；乃郊祀登極，實授命於天，撫有萬邦之日也，
而袞冕未設，禮儀弗備，職等不能無惑焉，以爲天意固已眷是赤縣
神州，傳之陛下爲中國主矣，而僅答以一隅之禮可乎？然猶曰：主
上沖齡，稍從□省，無勞聖躬耳；至臨御受賀，臣民瞻仰，班行錯
雜，禮節粗疏，甚至黃冠緇流、回夷卉服，盡班漢官之上，□僚驅

────────────────

〔註44〕同上，卷一九，頁233。
〔註45〕同上，卷二○，頁237。
〔註46〕《清世祖實錄》卷二三，頁273。
〔註47〕同上，卷二六，頁314。

迫踉蹌，黯焉削色，異時史官書之曰：某年月日郊□皇帝位用滿洲禮，文武群臣朝賀亦如之，竊恐萬世而下有識者，猶爲諱之也。

再言遼金元入主中國亦行漢制：

職等竊跡前事，考之遼金元，皆既得燕雲，即參用漢制，一時聲名文物，煥然可觀，未聞遼有契丹禮，金有女眞禮也。元英宗躬□親享服通天冠，絳紗袍，臣工肅然，萬姓聳觀，未聞兼蒙古禮也。今新朝開創，將視則四方，垂法後世，一時禮臣率略不加討論，内院將順亦無主持，使大典不光，甚可惜也。

最後請行漢制：

職等請每遇朝會，宜先滿洲，用滿洲禮，次漢官，仍用漢官禮，如□駕初至通州之例，以初十日□詔始，定著爲令，若將來平定四方，即滿洲文武各官，宜一遵漢制，如近日節鉞諸臣，嘺口而往，悉賜衣冠，豈非以御眾臨民；既爲中夏之官，即不得不用中夏之制，又況於九重穆穆天子之容，内院六部皆師師百寮之長乎。〔註48〕

此本表明當時仕清明臣，皆希望清廷能以漢制來治中國。

另有一部份仕清明臣，以開創新朝，鼎新革故，參酌前規，定出新制，元年七月，禮部啓言改用新曆法。〔註49〕二年，兵科給事中李運長上疏云：

臣惟治天下之道，立綱陳紀而已矣，況值鼎新革故之交，建創業垂統之烈，若使張弛任意，舉措乖方，將何以令信一時，憲招百世；皇上丕膺大統，肇有區夏，海宇之内，咸仰新猷，乃國家經制，尚未參詳，諸司政令，罔歸畫一，蓋有綸綍已頒，猶依違未決，無所遵循故耳，伏乞敕下六部，俾會同諸司，參定經制，鑒歷朝之淑軌，成一代之新模。〔註50〕

二年十二月，江南道御史楊四重奏言：

一代之興，必有一代之制，今皇上大統既集，而一切諸務，尚仍明舊，不聞有創制立法，見諸施行，恐非以答天下仰望之心也；請亟敕臣工、討論故實，求其至當，定爲畫一之規，永矢爲不刊之典。〔註51〕

〔註48〕《明清史料甲編》第一本，葉八八。
〔註49〕《清世祖實錄》卷六，頁65。
〔註50〕《皇清奏議》卷二，頁199～200
〔註51〕《清世祖實錄》卷二二，頁269。

他們希望清廷能訂定新制。

由前可知，清朝入關開國之初，制度綱紀多未齊備，又有清制漢制的衝突，產生許多問題，仕清明臣於是紛紛請清廷建立制度；大部份希望清廷能遵傳統的儒家典章制度，另有少部份則建議清廷參酌前代制度，訂定清朝的新制。

第三節　仕清明臣引介明制

清制多沿明制，爲大家所共知，而清朝入關建國之初，正是清制與明制接合的重要階段，其間仕清明臣就是導清制入於明制的媒介；清朝入主京以後，對明朝制度一例含糊保存，〔註52〕直接與在關外仿明建立的行政組織相接合，並引用明臣，與滿官一體辦事。〔註53〕但是在清制、明制，滿官、漢官之間，起了不少衝突之處，有的是因清制與明制原有不同，有的是因爲滿臣與明臣行事之法不同；仕清明臣乃以實際的需要，請清廷恢復明制，以利統治，清廷多予採納，而漸趨於明制。

清建制之初，有些機構職掌不明，仕清明臣皆請依明制定職掌；如內院，清依關外之制有內院，入關之後，未設內閣，而兩者職務近似，馮銓、洪承疇曾說：「今大清新政名爲內院，而機務與內閣等」。〔註54〕但在入關之初，內院大學士職掌不明，「各部題奏，俱未悉知，所票擬者，不過官民奏聞之事而已」，〔註55〕於是在元年六月，新上任的漢大學士馮銓、洪承疇啓言，請

> 按明時舊例，凡內外文武官民條奏，併各部院覆奏本章，皆下內閣票
> 擬；已經批紅者，仍由內閣分下六科，抄發各部院，所以防微杜漸，
> 意至深遠，以後用人行政要務，乞發內院擬票，奏請裁定。〔註56〕

多爾袞是其言，於是恢復明朝內閣票擬之制。到了十二月，內院又依明朝內閣職掌，申明內院之職掌，出示各衙門。〔註57〕可見清朝內院之職掌與功能，皆爲仕清明臣引介明朝內閣之制而來。

〔註52〕孟森「順治元年九月諸曹章奏跋」《明清史論著集刊》，頁390。
〔註53〕《清世祖實錄》卷五，頁53。
〔註54〕順治元年內外官署奏疏。
〔註55〕《清世祖實錄》卷五，頁56～57。
〔註56〕同上。
〔註57〕《明清史料丙編》第三本，葉256。

　　二年閏六月，大理寺卿房可壯以清朝處決人犯之法不夠慎重，請恢復明朝舊制，「以照駁番異之職，還歸臣寺」。得旨「大理寺職掌，准照舊例舉行」。〔註58〕八月，禮科給事中梁維本，以六科職掌未明，請清廷「敕下吏科，察照會典，將六垣職掌，詳列奏明，或有緘默徇私，自難逃於考功之法」，報可。〔註59〕以上內院、大理寺、六科職掌，皆因仕清明臣的建議，依明制而行。

　　另有許多照舊制而行的制度；元年九月，大學士馮銓、謝陞、洪承疇等，即依前朝舊例，上清世祖即帝位時，郊廟及社稷樂章，清廷從之。〔註60〕十一月，詹事府少詹事管國子監祭酒事李若琳，奏言請將國子監仿明初之制，奉旨允行。〔註61〕二年六月，河南道御史王顯疏請「等威當明，宜分明以定制」，得旨「分品定制候旨行」。〔註62〕到閏六月，就依漢制「定文武官品級……，其漢官品秩，俱仍舊制」。〔註63〕三年七月，為次年行朝覲考察之典，吏部奏請照舊式，頒發五花冊給各撫按，令其攢造齎造，清廷從之。〔註64〕這些都是清朝依明舊制的例子。

　　此外，有許多清制、明制衝突之處，而清廷終依仕清明臣之意見，而改行明制的。如章奏之法，清朝入關之後，許多滿臣仍以關外舊習，用木牌奏章言事，〔註65〕或是不經通政司而直接奏事，或是習於口啓奏事，當面請旨，此與明朝治理廣土眾民，嚴密的章奏制度不同。二年五月，御史高去奢陳請各衙門奏事，俱用本章，不許復用木籤，清廷從其請。〔註66〕七月二十日，通政使李天經奏言：

> 舊制京官奏本，皆從臣司封進，至於外來本章，斷無不由臣司徑行
> 直達者，近見本章，仍有不經臣司者，乞嚴賜申飭，以後在外本章，
> 不論滿漢，俱由臣司封進，庶體統尊而法制一矣。〔註67〕

清廷從之。二十九日，吏科給事中莊憲祖奏言：

〔註58〕《清世祖實錄》卷一八，頁220。
〔註59〕同上，卷二○，頁237。
〔註60〕同上，卷八，頁98。
〔註61〕《清世祖實錄》卷一一，頁125～126。
〔註62〕同上，卷一七，頁202。
〔註63〕同上，卷一八，頁213～215。
〔註64〕同上，卷二七，頁321。
〔註65〕陳捷先師：《清史雜筆》（一），頁94～96。
〔註66〕《清世祖實錄》卷一六，頁191。
〔註67〕同上，卷一九，頁232。

臣向爲禮部郎官，見凡事皆面啓請旨，復從部具疏擬旨，……然口
傳綸綍，萬一錯誤，關係非輕，臣以爲凡事當令滿漢官公同議之，
具疏入告。

得旨：各衙門一應事情，著同漢官商確妥當奏聞，不許口啓。〔註68〕
於是章奏之法率復明舊。

此外，清律明律在清初，曾有很大的衝突；清廷初令用清律，終因清律
之不足以治中國，乃從仕清明臣之建議，參酌清漢，定出清律。清朝初入北
京，於六月下令「各衙門應責人犯，悉遵本朝鞭責舊制，不許用杖」，〔註69〕
不久順天巡按柳寅東就啓言「恐鞭責不足以威眾，明罰乃所以救法，宜速定
律法」。〔註70〕因爲清律太簡，只有斬、鞭二罰，對處決人犯之手續太簡，
實不足以治理文化較高、社會複雜的漢人，於是多爾袞報曰「鞭責似覺過寬，
自後問刑，准依明律」。其後仕清明臣屢屢上言，請早定刑律，且多請依明
律損益之；如元年八月刑科給事中孫襄奏請定刑書，多爾袞乃「諭令法司官
會同廷臣，詳繹明律，參酌時宜，集議允當，以使裁定成書，頒行天下」。
〔註71〕九月又依刑部右侍郎提橋之請「諭各衙門有材識通明，熟諳律令者，
著堂官開送內院，酌派具啓」。〔註72〕

仕清明臣又不斷針對當時律法未定之弊端，紛紛上言，請調合明清律以
得其平；〔註73〕請行秋後處決；〔註74〕請毋滯獄害民。〔註75〕更多有請早定
律法者，〔註76〕如二年五月七日，福建道監察御史姜金久奏言：

今修律之旨久下，未即頒行，並非所以大愙皇仁也，諒敕部速行定律。

得旨：著作速彙輯（滿漢條例）進覽，以便裁定頒行，其覆奏、朝
審、熱審、停刑各款，著三法司一并詳察舊例具奏。〔註77〕

〔註68〕 同上，頁234。
〔註69〕 同上，卷五，頁58。
〔註70〕 同上，頁59～60。
〔註71〕 同上，卷七，頁78。
〔註72〕 同上，卷八，頁92。
〔註73〕 同上，頁95。
〔註74〕 同上，卷一〇，頁120；卷一四，頁157。
〔註75〕 同上，卷一三，頁149～150。
〔註76〕 《清世祖實錄》卷一四，頁162；卷一五，頁166，168；《皇清奏議》卷一，
頁161～171；182～183。
〔註77〕 《清世祖實錄》卷一六，頁186。

十八日，孫襄又奏言：

> 修律屢奉綸音，諸臣或以開創之始，未免過於鄭重，而不知此非可
> 以創爲者，但取清律明律，訂其同異，刪其冗繁，即足以憲百王而
> 垂後世，似無事過爲紛更。〔註78〕

清廷是其言。

　　直到三年五月，大清律才修成，世祖御製序文，說明了修律之因，序文
云：

> 朕惟太祖太宗創業東方，民淳法簡，大辟之外，惟有鞭笞，朕仰荷
> 天休，撫臨中夏，人民既眾，情僞多端，每遇奏讞，輕重出入，頗
> 煩擬議，律例未定，有司無所稟承，爰敕法司官，廣集廷議，詳繹
> 明律，參以國制，增損劑量，期于平允。〔註79〕

實際上清律即明律改名也。〔註80〕由清初修律之過程，可看出清初欲用清律
治中國，致使弊病叢生，終於接受仕清明臣的意見，名爲參酌清漢，實爲引
用明律，定出清之律法。

　　還有清廷已裁撤的機構，因仕清明臣之建議，而恢復舊制者，如詹事府、
尚寶寺、太僕寺等衙門的裁而復設；清廷初爲財政困難，於順治元年十一月，
裁詹事府及尚寶司衙門；〔註81〕又在十二月，裁太僕寺衙門。〔註82〕二年正
月，吏科都給事中朱徽奏言，認爲清朝開國之時，正當廣收賢才，不應裁省
京官，使人才壅積，請將已裁的衙門，儘快補設，並請增設官員，「俾人與官
稱，以疏仕進之路，若以官冗費多，輒議裁併，不知天子坐擁四海之供，豈
惜區區升斗之俸乎？」再說以明朝設官分職中，寓有防微杜漸之意。此奏上
後，清廷很重視，下旨云：

> 裁省京堂，意爲冗員無事，非因惜俸，朱徽此奏，似屬可行，著將
> 各卿寺衙門，因革事宜，直擄所見，簡明再奏，其詹事、太僕、尚
> 寶等官，已經暫裁，應否仍設，著吏部會同九卿科道詳議，妥確具

〔註78〕同上，頁190。
〔註79〕《清史》卷一四三，頁1733。
〔註80〕《北游錄記錄》下，頁378，「大清律」條云：大清律即大明律改名也，雖剛
　　　　令奏定，實出胥吏手；如內云依大誥減等，蓋明初頒大誥，各布政司刊行，
　　　　犯者呈大誥一本服罪，故減一等，其後不復納，但引大誥，溺其旨矣，今清
　　　　朝未嘗作大誥，輒引之，何也？
〔註81〕《清世祖實錄》卷一一，頁125。
〔註82〕同上卷一二，頁139。

奏。〔註83〕

九卿科道於二月議覆「詹事府、太僕寺、尚寶寺衙門宜復，冗員宜裁」，〔註84〕清廷從之，於是京堂又恢復了故明舊制。

由前述可知，仕清明臣在清初建制之時，能以本身經驗，及當時的實際需要，引介較適於統治中國的明制給清廷；對於清制明制與滿臣漢臣之間的衝突之處，多能上疏建議清廷行明制，清廷也頗能採納他們的意見，引用明制，為清朝沿襲明制成功統治中國，奠下了良好的基礎。

第四節　仕清明臣與清初的新制度

仕清明臣除了引介明制，助清朝恢復舊制外，對清初一些新制度的訂定也很有關係；他們有鑑於明朝弊政，而建議清廷改革者，如太監與廠衛之制；有在清制漢制衝突時，迎合清廷者，如薙髮易衣冠之制。

明代宦官，假君主之威，亂政禍國，作惡多端；在流寇攻到北京城下時，他們首先開門迎降，自言「吾輩富貴自在耳」。〔註85〕當清師到北京時，他們也隨故明文武迎多爾袞之駕，「以故明鹵薄御輦陳皇城外，跪迎路左，啟王乘輦入武英殿陞座」，〔註86〕清廷並未獎賞之，〔註87〕但仍保持舊制，在順治元年按十三衙門給太監品級。〔註88〕他們欲取得在前明時的權勢，七月，「請照舊例，遣內員徵收涿州、寶坻縣皇莊錢糧」，為多爾袞所拒斥。〔註89〕八月戶部議「內官監屬各廠地畝租銀，照御用監近例，歸併有司徵收，另項起解，以清冒破騷擾等弊」。〔註90〕宦官受此打擊，仍不死心，在十月順治帝頒即位詔大典時，擅自參與典禮，為戶科給事中郝傑所攻擊，他上奏云：

> 我國家深鑒往弊，痛絕中官，一切廠監錢糧，悉歸有司，遠邇臣庶，
> 無不歌頌；迺者頒詔大典，賜宴廷臣，突有內監數輩，先行拜舞，
> 辱朝廷而羞當世，莫此為甚，伏乞敕下禮部，凡遇朝賀，悉照舊典，

〔註83〕 同上卷一三，頁147～148。
〔註84〕 同上卷一四，頁157。
〔註85〕 《國榷》卷一○○，頁6042。
〔註86〕 《清世祖實錄》卷五，頁5。
〔註87〕 孟森「順治元年九月諸曹章奏跋」，《明清史論著集刊》，頁389。
〔註88〕 《清史》卷一一九，頁1428。
〔註89〕 《清世祖實錄》卷六，頁70。
〔註90〕 同上，卷七，頁79。

> 內監不得入班行禮。
>
> 得旨：內監原未贊禮，何得闌入朝班。〔註91〕

加以申斥。

二年六月，禮部左侍郎孫之獬上言，請處分故明宦官杜勳開門迎賊之罪，並言「至於閹人作何留用，作何防範，請敕內院慎重定議，勒石垂訓」；〔註92〕十二月，禮部奏言：

> 內監仍故明例，每遇朝參行禮，在文武諸臣之前，於體未合，嗣後
> 內監人員，槩不許與朝參，亦不必排班伺候。〔註93〕

清廷從之；清代宦官之無氣焰，固與清朝原有包衣之制，另設內務府掌管宮廷事務，太監職權大爲削減有關，而仕清明臣在清初屢請抑宦官也有功勞。

仕清明臣並請清廷革廠衛訪查人役之弊政；清朝定鼎北京之後，仍設錦衣衛，置指揮等官。〔註94〕二年，爲正本清源，更名鑾儀衛，定各官品秩，而廠衛餘孽仍思復故明之事權，有訪察廷臣之事；於是吏科給事中張國憲在三年上「亟禁訪役以釐前弊以正職掌」一疏，痛陳其弊；疏中先言前明廠衛之弊及清初處置之得當云：

> 明朝錦衣之設也，初以備儀衛重警蹕而已，嗣後日近左右，漸竊事
> 權，巧秘入告，小信結主，⋯⋯勢之兇橫，如虎如狼，計之羅織，
> 如鬼如蜮，迄今言及廠衛，猶有悚然驚喟然嘆者；幸我皇上洞見前
> 弊，易錦衣爲鑾儀，仰見聖睿淵微，令此輩顧名思義，洗滌肺腸，
> 盡其職掌，無復再逞故智也。

再言其故態復萌：

> 臣等辦事科中，聞有緝事員役，在內院門首訪察賜畫；夫賜畫特典
> 也，內院重地也，有何弊端容其緝訪，內院可訪，則在外有司何所
> 不至哉，此而不禁，弊將更勝前朝矣；況今各衙門滿漢同堂，精白
> 一心，凡有舉動，中外咸見，又何見此輩緝訪，無非欲因循假借，
> 爲之漸復舊習而已。

最後請清廷嚴禁之：

〔註91〕同上，卷一〇，頁118。
〔註92〕同上，卷一七，頁200。
〔註93〕同上，卷二二，頁271。
〔註94〕《清史》卷一一八，頁1398。

伏乞皇上嚴敕該衙門，令執事員役，各盡鑾儀職業，無復侵預別事。
〔註95〕

疏入，下廷臣議禁止；乃於七月得旨：「鑾儀衛專司扈從，訪緝事，一概禁止」，〔註96〕廠衛之禍始息。〔註97〕

　　另外在清初清制與漢制之間，衝突最大的就是髮制和衣冠，此為改朝易代之常事，但因清制與漢族傳統相差太多，仕清明臣大多數都主張行漢族固有之制，而（極少數）迎合清廷之意，對清廷決定嚴行清制有關。清朝一入北京，於五月三日即諭故明內外官民人等曰：「凡投誠官吏軍民，皆著薙髮，衣冠悉遵本朝制度。」〔註98〕但因反對者眾，乃於二十四日又諭「予前因歸順之民，無所分別，故令其薙髮，以別順逆，今聞甚拂民願，反非予以文教定民之本心矣，自茲以後，天下臣民照舊束髮，悉從其便」。〔註99〕並因仕清明臣之請，於七月諭曰：「目下急剿逆賊，兵務方殷，衣冠禮樂未遑制定，近簡用各官，姑依明式，速製本品冠服，以便蒞事」。〔註100〕此為清朝入關之初，雖欲行清髮服之制，因故明臣民的反對而暫依漢制。但也有一些明臣主動薙髮的，如故明大學士馮銓，翰林院檢討李若琳及侍講孫之獬〔註101〕等，以討好清廷；且有貪圖「倡先剃頭投順，加陞一級」之賞，而薙髮者，〔註102〕但多為同僚所不齒。〔註103〕

　　因為仕清明臣視薙髮為清漢禮樂制度之爭，故屢屢上言，並攻擊迎合清廷者，〔註104〕與清廷頗有爭執，此由《攝政王日記》中可看出：

　　　（二年五月二十九日）王上曰：「近覽章奏，屢以剃頭一事，引禮樂制度為言，甚屬不倫，本朝何嘗無禮樂制度，今不遵本朝制度，必欲從明朝制度，是誠何居心，若云身體髮膚受之父母，不敢毀傷，

〔註95〕《皇清奏議》卷二，頁283～286。
〔註96〕《清史》卷二四五，頁3785；《清世祖實錄》卷二七，頁322。
〔註97〕孟森：《清代史》，頁121。
〔註98〕《清世祖實錄》卷五，頁52。
〔註99〕同上，頁55。
〔註100〕同上，卷六，頁68。
〔註101〕《清世祖實錄》卷二○，頁240。
〔註102〕順治元年內外官署奏疏。
〔註103〕《研堂見聞雜錄》，頁268云孫之獬「陰為計，首薙髮迎降，以冀獨得歡心，乃歸滿班，則滿人以其為漢人也，不受；歸漢制，則漢以其為滿飾也，不容。」
〔註104〕《掌故叢編》，頁149，「趙開心參李若琳本」。

　　猶自有理，若諄諄言禮樂制度，此不通之說；予一向憐愛群臣，聽
　　其自便，不願剃頭者不強，今既紛紛如此說，便該傳旨叫官民盡皆
　　剃頭。」
　　大學士等啓言：「王上一向憐愛臣民，盡皆感恩，況指日江南混一，
　　還望王上寬容。」〔註105〕

可見清廷頗不以在禮樂制度上從明制爲然。不久清師下南京，俘福王；加上一些先已薙髮的仕清明臣，如孫之獬、李若琳上言：「陛下平定中國，萬事鼎新，而衣冠束髮之制獨存漢舊，此迺陛下從中國，非中國從陛下也。」〔註106〕於是多爾衮決心嚴令薙髮改服。

　　二年六月十五日，清廷諭禮部曰：

　　向來薙髮之制，不即令畫一，姑聽自便者，欲俟天下大定，始行此
　　制耳，今中外一家……，自今布告之後，京城內外限旬日，直隸各
　　省地方，自部文到日，亦限旬日，盡令薙髮。

且不許官員爲此事上奏：

　　若有復爲此事，瀆進章奏，欲將已定地方人民，仍存明制，不隨本
　　朝制度者，殺無赦。……其衣帽裝束，許從容改易，悉從本朝制度，
　　不得違異。〔註107〕

閏六月定頂帶品式十三等，「諭通行內外文武各衙門，如式遵行」〔註108〕在七月，更再申嚴令改衣冠，且說「官吏縱容者，訪出併坐」。〔註109〕

　　清廷的嚴令薙髮改服，在南方引起士民強烈的抵抗，在朝中也餘波蕩漾；仕清明臣爲清廷嚴令不許爲此事瀆奏，不許縱容人民違抗，於是群起攻擊迎合清廷薙髮的馮銓、李若琳、孫之獬；〔註110〕結果清廷以：

　　所劾馮銓、孫之獬、李若琳各款，俱無實跡，因馮銓自投誠後，薙
　　髮勤職；孫之獬於眾人薙髮之前，即行薙髮，舉家男婦，皆效滿裝；
　　李若琳亦先薙髮，故結黨同謀陷害。

於是攝政王諭曰「據爾所劾三人，皆係恪遵本朝法度者」，反而處罰部份上疏

〔註105〕《攝政王日記》，頁10。
〔註106〕《研堂見聞雜錄》，頁268。
〔註107〕《清世祖實錄》卷一七，頁198。
〔註108〕同上，卷一八，頁211～212。
〔註109〕同上，卷一九，頁226。
〔註110〕同上，卷二〇，頁240；《掌故叢編》，頁149～156。

彈劾者。〔註111〕

十月，又有仕清明臣欲保存漢族服髮之制於最後者，上疏請保存孔裔衍聖公之髮服；結果爲清廷嚴斥「薙髮嚴旨，違者無赦，孔聞謤疏求蓄髮，已犯不赦之條，姑念聖裔，免死，況孔子聖之時，似此違制，有玷伊祖時中之道，著革職。」〔註112〕三年十月，清廷再嚴令「有爲薙髮、衣冠……具疏者，一概治罪，本不許封進。」〔註113〕於清廷決策嚴行薙髮改服的過程中，可以看出清廷對薙髮嚴令的靈活運用，在初入關時，基礎未固，雖一度下令薙髮改服，見反對者眾，就主動撤銷了，而改由臣民自行決定薙髮與否；待下江南後，國基漸固，乃嚴令薙髮改服，不惜以武力來壓制反抗者，並利用少數迎合清廷的臣子，削弱仕清明臣的反對力量。

由前所述，可知仕清明臣以其習明故事，富於行政經驗，爲清廷所重用，在清初朝廷中佔有很重要的地位，並負起實際的行政責任，使清初政事不致凌亂無序。〔註114〕同時他們取代了清朝在關外時，引介明制的漢軍的地位，成爲清廷與明制間的媒介；他們建議清廷早立制度，並視清朝爲中國傳統儒家朝代的繼承者，建議並幫助清廷實行儒家傳統的典章制度；清廷也因在關外建立的制度，不足以統治中國，因著他們的引介，接受了中國固有的優越體制，故孟森先生說：「世祖開國之制度，除兵制自有八旗爲根本外，餘皆沿襲明制，幾乎無所更改」。〔註115〕

仕清明臣並建議清廷，防止明代宦官與廠衛的弊病，又在清廷欲行薙髮清服時，極力言其違反民意，但因清廷視髮服之制爲漢人服從與否的象徵，加上少數仕清明臣的迎合，清廷終於嚴行薙髮改服。總之，在清朝建國之初，仕清明臣運作政府，建議定制，並引介明制，對清朝制度的建立，產生了很大的影響。

〔註111〕《清世祖實錄》卷二○，頁240～241。
〔註112〕同上，卷二一，頁253。
〔註113〕同上，卷二八，頁336。
〔註114〕孟森：《清代史》，頁163。
〔註115〕孟森：《清代史》，頁117。

第三章　仕清明臣對清初統治漢人的影響

　　清朝以一文化落後，人口又少的異族，入關統治人口百倍、文化又高的漢人，却能獲致近三百年的國祚，其統治之成功，爲許多史家所稱道。〔註1〕而清朝流治漢人的成功，亦奠基於入關之初，接受仕清明臣的意見，能很快掌握到流治漢人的訣竅。本章即討論仕清明臣在清朝建國之初，盡心以漢族傳統的統治觀念，引導清廷建立正確的治漢政策，以及他們在清廷統治士大夫、一般人民及收拾人心的許多政策上，所產生的影響。

第一節　仕清明臣與清初治漢政策

　　清初治漢成功的原因，固然是基於在關外時長期漢化的經驗，及遼、金、元三朝統治中國的前車之鑑，但最主要的原因，則是在入主中國之初，能重用仕清明臣以漢治漢；仕清明臣深通民情，瞭解明末的弊政，能幫助清廷成功的統治，他們在得清廷的重用後，盡心以中國傳統的治道，引導清廷，幫助清廷以傳統的統治觀念來治理中國。

　　清朝在關外時，已有治漢人的經驗，並引用不少漢人及明朝降臣來助其統治，有名的如范文程、寧完我及洪承疇等，他們在順治元年入關時，即建議清廷爭取漢人民心，利用流寇攻陷北京，崇禎殉國的機會，以弔民伐罪的仁義之師爲入關的號召（詳見第一編第二章第一節），這已確定了清朝入關後安撫人心的大方向。

〔註1〕　如蕭一山：《清代通史》，卷上、「導言」，頁17～19，即極稱道清朝統治政策
　　　　之成功。

　　清廷在入關前，即欲以遼、金、元三朝統治中國的經驗為借鏡；太宗命大學士希福等「將遼、金、元三史，芟削繁冗，惟取其善足為法，惡足為戒，及征伐畋獵之事，譯以滿語」，〔註2〕此工作始於崇德元年五月，到四年六月完成，並於順治元年三月，敬繕成書，進於清世祖，希福奏云：

> 竊稽自古史冊所載，政治之得失，民生之休戚，國家之治亂，無不
> 詳悉具備；其事雖往，而可以詔今，其人雖亡，而足以鏡世，故語
> □善者吾師，不善者亦吾師，從來嬗繼之聖王，未有不法此而行者
> 也，遼金雖未混一，而遼已得天下之半，金亦得天下之大半，至元
> 則混一寰區，奄有天下，其法令政教，皆有可觀焉，……伏乞皇上
> 萬幾之暇，時賜省覽，懋稽古之德，弘無前之烈。〔註3〕

三史的譯成，必然提供了清廷後來治理中國時許多可為前車之鑑的地方；但是清廷在入關之前，才聽從漢臣的意見，改鈔掠為弔伐；三史也剛譯完繕好奏上，對定鼎北京治理中國之法，主要仍是賴仕清明臣的引導。

　　由於清廷重用故明臣僚，許多仕清明臣都盡心獻策，如元年六月順天巡撫宋權上治平三策時即云：

> 臣材淺罪重，蒙皇上錄用者，以臣為識途之老馬耳，聖主創業垂統，
> 問察邇言，而一得之愚不告我后，是不忠之大者，敢竭芻蕘，惟皇
> 上矜其冒昧而采之。〔註4〕

原任淮揚兵備道參議楊楨，於二年二月上疏時亦云：

> 蓋衰無可補遺無可拾者，神聖醇懿之軌也；勉披肝膽勉瀝丹赤者，
> 草茅靖獻之忠也；雖芹曝無裨於高深，冀茹納不遺乎菲。〔註5〕

仕清明臣，多以這種「謹抒一得之愚，仰祈聖明採擇」〔註6〕的態度，向清廷獻策。

　　仕清明臣常以傳統之治道，引介給清廷，告以行仁政爭取民心的重要，如楊楨在前疏中云：

> 孟子乃曰民為貴，社稷次之，此何以故，語云：民為邦本，本固邦
> 寧；又云民猶水也，水能載舟亦能覆舟，國家之安危，全在群情之

〔註2〕《清世祖實錄》卷三，頁36。
〔註3〕同上，頁35～36。
〔註4〕《皇清奏議》卷一，頁93。
〔註5〕同上，頁161。
〔註6〕《皇清奏議》卷二，頁225。

去就，……故欲定一時之太平，綿萬年之國祚，則收拾民心爲第一
義。〔註7〕

湖廣道監察御史高去奢啓言：

> 臣讀孟子之言曰：得天下有道，得其民，斯得天下矣；又曰：孰能
> 一之，曰不嗜殺人者能一之，蓋言天下大勢，直在邱民，而人心嚮
> 往，惟屬仁主，……乞皇上速敕行間，凡已降州縣，勿殘勿掠，俾
> 士民安輯，四海欣悅，而吳楚越閩皆聞風思歸，則天下可傳檄而定
> 也。〔註8〕

雲南道監察御史朱鼎延啓言：

> 竊聞國之本係於民，民之本係於恆產，故田園廬舍，民之性命繫焉，
> 性命固而國之元氣因之。〔註9〕

御史趙弘文言：

> 竊聞先賢論治，嘗曰：治天下有道，親賢遠奸，明而已矣；治天下
> 有法，信賞必罰，斷而已矣；治天下有本，禮樂教化，順而已矣。
>
> 〔註10〕

在《攝政王日記》中，亦有：大學士等奏「天視自我民視，天聽自我民聽，王
上奉天討罪，天下無敵，天意確有可憑」，〔註11〕及「臣願王上法堯舜文武之道，
以治天下。」〔註12〕等語；史科給事中莊憲祖奏云「祈以仁厚開國，於一切詔
諭德音，悉敷之以久大寬平，以爲收拾人心，招徠天下之本。」〔註13〕

　　仕清明臣如上述之以先聖先賢之言，導清廷行仁政以收人心的例子很
多，清廷多採納之，並接受了漢人視皇帝爲上天之子，〔註14〕及災異等觀念。
如順治二年五月，戶科給事中郝傑奏言天災頻見，得旨：「火災示敬，深惕朕
心，大小臣工，宜實加修省，共圖消弭。」〔註15〕十二月，禮部彙報歲終災
異，得旨：「災異迭見，朕衷深用兢惕，爾等大小臣工，俱當痛加修省，盡心

〔註7〕　同上，卷一，頁162～164。
〔註8〕　同上，頁187～190。
〔註9〕　同上，卷二，頁219。
〔註10〕　同上，頁225。
〔註11〕　《攝政王日記》，頁8。
〔註12〕　同上，頁16。
〔註13〕　《清世祖實錄》卷一九，頁234。
〔註14〕　《湯若望傳》，頁233，參見《清世祖實錄》卷九，頁107。
〔註15〕　《清世祖實錄》卷一六，頁183。

職業，共圖消弭。」；〔註16〕已儼然為傳統儒家王朝君主的姿態了。

清廷接受仕清明臣建議而定的統治政策，具體的表現於清朝開國之初的各恩詔，及實際的行事之中，如元年十月順治帝即位詔所列舉的數十條優恤人民的條款，及以此為藍本的二年四月頒於陝西等處的恩詔，和六月頒赦河南、江北、江南等處詔，完全以傳統儒家行仁政的觀念，來安民；其中許多是受了仕清明臣的影響，故孟森先生論及元年順治即位詔之功效時說：

> 此開國第一恩詔，適合人民苦於征納，思解倒懸之心，與未入關前對待關內方法截然不同；出以世祖登極詔書，實即攝政王聽納群言，熟察民瘼所得之結果；其餘培風化、收人望、敬禮先代帝王聖賢，守護明代陵寢諸端，皆合中國舊來崇尚，無復夷風；攝政王樂引漢人為滿洲舊人所嫉，此亦其所收之效也。〔註17〕

總之，因清廷能重用仕清明臣，得他們盡力輔佐，引介儒家統治觀念，得以定出正確的治漢政策，清廷這種以漢法治漢人的政策，收到很大的功效，以下各節分別論述之。

第二節　仕清明臣與清初籠絡士大夫

士大夫是傳統中國社會中的領導階層，他們在朝為官，在鄉為紳，對一般人民有很大的影響力，任何朝代（尤其宋朝以後）要成功的統治，都必須牢寵他們，故有皇帝「與士大夫共治天下」之說；〔註18〕清初對漢人士大夫的籠絡，極為成功，清廷以在關外時的經驗，參酌仕清明臣的建議，針對士大夫的需要，保障他們的政治前途與經濟利益，使漢人士大夫能接受清朝的統治。清朝對曾仕明朝的士大夫，不論是現任官或是致仕、罪廢者，都優予收用，此已於第一編第二章中論述過；本節則論清廷對未入仕的士大夫，如故明舉人、生員、以及鄉紳的籠絡，並探討其間仕清明臣的影響。

清初對士大夫最有效的籠絡手段，就是開科取士；清朝在關外時，已曾數次考舉人及生員，〔註19〕深知開科對漢人士大夫的吸引力；在入關之初，

〔註16〕同上，卷二二，頁270。

〔註17〕孟森：《清代史》，頁115。

〔註18〕參見 Hsiao-tung Fei "China's Gentry" 及 Chung-li C"The Chinese Gentry." 「與士大夫共治天下」出自李燾「續資治通鑑長編」卷二二一，葉四上。

〔註19〕參見陳文石「清太宗時代的重要政治措施」，中央研究院歷史語言研究所集刊

順天督學御史曹溶，即於六月上疏，請清廷先行廷試貢生，並優予授職，他說：

> 國家武功既彰，文明肇闢，求賢下士之心，遠邇已聞風景附，臣承命選貢，……請……於廩生中拔其尤者，……赴闕廷試，第其高下，簡授清華，次盡補州縣正官，然後人心鼓舞，仕路一新，……
>
> 此番龍飛首拔，四方所望，務宜優異，以收人心。〔註20〕

於是清廷就在十一月，廷試貢生，並優予任官，「上卷以知州用，上次卷以推官知縣用，中次卷以州判、縣丞、教職用」，〔註21〕這是清朝入關後，第一次考試授官；隨後即著手全國矚目的開科舉士。

清廷並於十月，順治帝即位詔中，沿襲明制，定會試於辰戌丑未年，各直省鄉試於子午卯酉年舉行，「凡舉人不係行止黜落者，仍准會試」；〔註22〕在二年四月對陝西等處的恩詔，及六月對河南、江北、江南等處的赦詔中，也同樣宣佈。〔註23〕順治二年正是各直省鄉試之年，仕清明臣紛紛爲此全國士子所注目的首科提出意見；首先，有許多人討論用八股文取士是否適當；三月山西道監察御史廖攀龍上疏，主張仍用八股，他說：

> 今當大比之年，適值開科之始，取士之規，亟宜早定，如八比文藝，波靡已極，說者謂法窮當變，然文僅八比，而爲正爲詭，多與其人之心術相符，或諄或澆，且與其時之氣運相應，尺幅似覺有靈，非往代詩賦所得倫埒者，故制舉仍當以經義爲主；第須妙選主司，釐正體式，黜誕浮而崇典雅，以開風氣之先。〔註24〕

四月禮科都給事中龔鼎孳上疏，請將舉人考試之內容，照洪武時例，將故明舊例「於論表判外，增用詩，去策改用奏疏」，〔註25〕清廷下旨「考試仍照舊例行」；於是清初的考試，全依明朝舊例舉行。

五月清師下江南，龔鼎孳奏言：「江南底定，宜舉賓興，亟遣學臣，往理科場諸務」，〔註26〕清廷下所司速議；其後江南學臣高去奢也有同樣建議，清

四〇本上，頁 323～326。

〔註20〕《皇清奏議》卷一，頁 105。

〔註21〕《清世祖實錄》卷一一，頁 127。

〔註22〕同上，卷九，頁 110。

〔註23〕同上，卷一五，頁 175；卷一七，頁 204。

〔註24〕《皇清奏議》卷一，頁 180～181。

〔註25〕《清世祖實錄》卷一五，頁 172。

〔註26〕同上，卷一六，頁 193。

廷仍於六月「命南京鄉試於十月舉行」。〔註27〕並於頒赦詔中令「各該地方鄉試、會試……俱照登極恩詔例行」。〔註28〕十二月高去奢又疏言，因南京國子監已裁，本省在監者與生員一體參加鄉試，要求增加江南鄉試中式額數二十名，清廷從之。〔註29〕三年正月禮部奏言：「龍飛首科，正士類彈冠之日，今年二月，會試天下舉人，其中式名額，及內簾房考官，均宜增廣其數，以收人才而襄盛治。」得旨：「開科之始，人文宜廣，中式額數，准廣至四百名，房考二十員，後不爲例。」〔註30〕

　　二月會試，三月殿試後，吏部右侍郎金之俊等，以故明舊例進士授官之法「不論名次，每選內外兼用，政體人情，均屬未協」，請予以變通，他說：

> 今開創之初，法宜變通，臣等擬二甲前五十名，選部屬，後二十名選評博中行；三甲前十名，選評博中行，十一名至二十名選知州，二十一名至三十名選推官，餘盡選知縣；庶政體人情，俱得其平。〔註31〕

清廷從之。

　　以上都是仕清明臣在清朝開國首科前後，以本身對科舉的瞭解，忠於職責，向清廷提出的建議，清廷多採納之，使考試順利進行；而清廷行開科取士之用意，實爲深知士大夫之重要，以科舉餌之耳，此可證之於一些關外降人及仕清明臣之疏奏；二年七月，因清廷嚴令薙髮、江南各地士子多率鄉人抗拒清師，浙江總督張存仁（關外降將）疏言：

> 近有借口薙髮，反順爲逆者，若使反形既露，必處處勞大兵剿捕；竊恩不勞兵之法，莫如速遣提學，開科取士，則讀書者有出仕之望，而從逆之念自息。〔註32〕

清廷是其言。三年給事中向玉軒以江南、浙江、湖廣人心疑畏、叛服靡常，請「其江浙湖廣鄉試，斷未有過今秋者，當即敕督學臣，念爲考校，以便舉行試典，使多士論誠，英雄入彀，士紳來，則人心安」，〔註33〕也是同樣的看法。

　　清廷並於三年會試後，定於四年再會試；二年十月大學士范文程上言：

〔註27〕同上，卷一七，頁 201。
〔註28〕同上，頁 204。
〔註29〕同上，卷二二，頁 263。
〔註30〕《清世祖實錄》卷二三，頁 278。
〔註31〕同上，卷二五，頁 293。
〔註32〕同上，卷一九，頁 225～226。
〔註33〕《皇清奏議》卷二，頁 261。

> 治天下在得民心，士爲秀民，士心得則民心得矣；宜廣其途以蒐之，
> 請於丙戌（三年）會試後，八月再行鄉試，丁亥（四年）再行會試。
〔註34〕

三年四月，大學士剛林等疏請「於本年八月再行科舉，來年二月再行會試，以收人才，其未歸地方，生員、舉人來投誠者，亦許一體應試」，〔註35〕清廷從之。由以上清初開科取士的過程中，可看出清廷視科舉爲籠絡士大夫之手段，而多借仕清明臣爲之籌畫進行；此外清廷並維持前明的貢生廷試，〔註36〕又命地方官送各地在籍的進士、舉人赴京銓選，〔註37〕也都是出於同一目的。

清廷爲籠絡生員士子，在清初還採仕清明臣之建議，作興學校；元年六月順天督學御史條陳學政六事，請立寓學於順天府，使羈旅無遺才之歎，〔註38〕清廷允之，於是「羈旅寒微皆得邀食祿」。〔註39〕曹溶於七月再條陳三事，請開支廩餼，賑助貧生，優恤死節，〔註40〕禮部議覆，俱如所請；〔註41〕其後曹溶又請設遼學，〔註42〕增設寓學廩額，〔註43〕清廷皆從之。國子監司業薛所蘊也於七月疏言：「國家創業之初，正宜作興學校之時，且省直州縣正印懸缺甚眾，與其權宜於異途，何如求才首善教養之餘。」〔註44〕請增加國子監官員，於是清廷在十月的恩詔中定「各處府州縣學食廩生員，仍准給廩，增附生員，仍准在學肄業，俱照例優免。」並增加本年份的貢生名額，賑濟各學貧生，保障國子監生利益等等。〔註45〕總之，使故明貢、監、生員既得利益，全予保障，並加以增額、賑濟；其後曹溶、薛所蘊及少詹事管國子監祭酒事李若琳，仍不斷上言學校事宜，〔註46〕使清初學校制度更完備，士子受到更好的贍養。

清廷對鄉紳也加以籠絡，保障其財產及利益；在清朝初入北京，南京擁

〔註34〕《清史列傳》卷五葉二上。
〔註35〕《清世祖實錄》卷二五，頁299。
〔註36〕同上，卷一五，頁166～167。
〔註37〕《魏貞庵先生（裔介）年譜》，頁12；《明清史料丙編》第三冊，葉269。
〔註38〕《皇清奏議》卷一，頁106。
〔註39〕《遇變紀略》，葉一五上。
〔註40〕《清世祖實錄》卷六，頁70。
〔註41〕同上，卷七，頁79。
〔註42〕同上，頁82。
〔註43〕同上，頁89。
〔註44〕順治元年內外衙門奏疏。
〔註45〕《清世祖實錄》卷九，頁110。
〔註46〕同上，卷一六，頁189。卷一九，頁233；卷二一，頁259。

立福王，許多北方各地的鄉紳避禍南逃，清廷於元年十二月，對逃亡鄉紳的財產處置，做了規定：

> 前明紳士歸順之後，又復逃竄，所司自當奏報，即人產入官，意在懲前警後，非朝廷利其所有；若未經歸順以前，止令有司察守，俟其投誠還給，不得一概籍沒。〔註47〕

到了二年五月下南京後，山東鄉紳都由南方絡繹回籍，登萊巡撫陳錦欲引前令，「請分別南竄日月，係未歸順以前者，准給故業，仍聽薦用；其在歸順以後者，似應酌議處分。」得旨：「回籍鄉紳，俱准赦罪」。〔註48〕十月戶部議覆鳳陽巡撫趙福星疏言：「南逃鄉紳，聞風向化，次第來歸，均爲朝廷臣子，何忍令其失業，漂泊無依，應免籍免，以廣皇仁。」〔註49〕清廷從之，完全保障鄉紳的財產。

由前述種種，可知清初對士大夫的籠絡頗費經營，尤其是對故明的舉人、生貢，不僅繼續行科舉，甚且增廣中式名額，又連歲開科，使士子未因亡國而無用武之地，且更增加入仕的機會，「不覺聞雞起舞」，〔註50〕紛紛參加考試，故孟森先生說：

> 明一代迷信八股，迷信科舉，至亡國時爲極盛，餘毒所蘊，假清代而盡洩之；蓋清人旁觀極清，籠絡中國之秀民，莫妙於中其所迷信，始入關則連歲開科，以慰蹭蹬者之心，……此所謂「天下英雄入我彀中者也」。〔註51〕

而仕清明臣的經驗與能力，適足爲清廷的工具；此外清廷的興學校，保障鄉紳利益，也都採自仕清明臣的建議，對故明生員及鄉紳，發生了很大的安撫作用。

第三節　仕清明臣與清初安撫一般人民

明朝末年社會、經濟問題重重，一般人民生活很苦，既有政府三餉加派等重稅，又有縉紳豪強以包攬、詭寄等方式逃避賦役的轉嫁，再加上不肖官

〔註47〕《清史列傳》卷七九，葉一九下。
〔註48〕《清世祖實錄》卷一八，頁 209。
〔註49〕《清世祖實錄》卷二一，頁 249。
〔註50〕《魏敏果公象樞年譜》，頁 13。
〔註51〕孟森：《明清史論著叢刊》，頁 391。

吏的重徵火耗，眞是「徵斂重重，民有偕亡之恨」，〔註52〕明朝因此而失去民心；流寇得以「均田」「免賦」爲號召，受到人民的歡迎而亡明，清朝在入關後，由深通民情的仕清明臣引導，能針對一般人民的痛苦，施行仁政予以安撫，卒能得民心而定天下。

清朝以仁義之師「乂安百姓」爲號召，入主北京，當時北京各地的荒殘，可由一些奏章中看出，如「臣巡行各處，一望極目，田地荒涼，四顧郊原，社灶烟冷」；〔註53〕「比年以來，遭流寇者，有不靖之烽烟；遇災荒者，流離逃亡；或赤地千里，由畿南以及山東，所在而是」；〔註54〕「畿南荒旱，小民飢饉，啖泥食草，面無人形」；〔註55〕這樣的例子很多，清廷雖知要行仁政以收民心，但實際的著手，多要由仕清明臣來建議進行。

仕清明臣因深通民情，瞭解明末種種弊政，向清廷提出了許多安撫人民的意見；在清朝定鼎北京之初，他們紛請除三餉等加徵弊政；六月兵部右侍郎金之俊啓言「聖朝之德意方新、畿旬之望恩甚切，乞天下蠲租之詔於直隸，以大慰民望」，〔註56〕清廷下所司速議；不久順天巡撫宋權上「治平三策」，請求：

> 一、盡裁加派弊政，以蘇民生，……今皇上救民水火，自當薄賦輕徭，定萬世久安長治之策。……今姑照萬曆初年賦役全書爲正額，其餘各項加增悉與蠲免，則百姓熙然樂業矣；至兵荒殘破之地，悉行豁免，尤恩出自上者也。〔註57〕

於是七月攝政王諭官吏軍民人等曰：

> 至於前朝弊政屬民最甚者，莫如加派遼餉……剿餉……練餉，惟此三餉，數倍正供，苦累小民，剝脂刮髓，……更有召買糧料，……重增一倍催科，巧取殃民，尤爲秕政，……自順治元年爲始，凡正額外，一切加派如遼餉、剿餉、練餉，及召買米豆，盡行蠲免。〔註58〕

確定除三餉等加徵弊政，並十月登極詔，及二年對陝西、江南等處的恩詔中，

〔註52〕《明季北略》卷二〇，頁1027～1028；「李自成僞檄」條。
〔註53〕《皇清奏議》卷一，頁125。
〔註54〕同上，頁156。
〔註55〕《清世祖實錄》卷一六，頁190。
〔註56〕《清世祖實錄》卷五，頁59；《皇清奏議》卷一，頁129～131。
〔註57〕《清世祖實錄》卷五，頁62；《皇清奏議》卷一，頁94～97。
〔註58〕《清世祖實錄》卷六，頁69。

都一再強調此點；此事對安撫人民，產生了很大的作用，故孟森先生說：「首則立除明季加派一事，能立起人民樂生之心，而天下已大致定矣」。〔註59〕

　　但在清初殘破之餘，即使只徵正額，人民也不易負擔，故仕清明臣又紛請清廷行蠲免；除前述金之俊、宋權之疏外，元年七月，招撫山東、河南侍郎王鰲永，請蠲免山東錢糧如河北例，清廷從之，〔註60〕並布十月恩詔中，蠲免拖久錢糧，並定各地免半、免三分之一例。〔註61〕仕清明臣仍不斷疏請減免，二年正月，總督河道楊方興疏請蠲免無主荒地之稅；〔註62〕五月，直隸巡撫周允以年成不好，請清廷「大沛汪濊，或蠲或賑，留此孑遺」；〔註63〕並有請改解京之物爲折色，以甦民命者；〔註64〕三年二月，順天巡撫宋權，以密雲天災田荒，請行蠲免；〔註65〕清廷多接受他們的意見，在順治初年，經常行賜復、免科、免役、災賑等仁政。〔註66〕

　　清初的賦役制度，沿襲明朝，有很多弊端，〔註67〕仕清明臣甚多上言，請清廷清理賦役之制；元年九月，山東巡撫方大猷啓言：「錢糧項款宜清，竝刻由單，俾小民易曉；凡熟地若干，現丁若干，納銀若干，米若干，定爲一冊，雖有積蠹，無容售其姦欺。」〔註68〕清廷命下戶部知之。十一月，山東道監察御史甯承勳奏言：「賦役之定制未頒，官民無所遵守，祈敕部……著定書冊，刊布海內，令州縣有司，遵照規條，戶給易知由單，庶愚民盡曉，而永遵良規矣。」〔註69〕十二月，眞定巡撫衛周允建議：「欲清荒田，法在丈量，欲清亡丁，法在編審，果能澈底清查，則錢糧自有實數，官吏無巧朦之弊，百姓免代賠之累矣。」〔註70〕保定巡撫王文奎疏請嚴禁優免太濫及取盈攤派等明季舊習；〔註71〕經仕清明臣對賦役弊端的陳請後，清廷終於在三年四月

〔註59〕　孟森：《清代史》，頁113～114。
〔註60〕　《清世祖實錄》卷六，頁71。
〔註61〕　同上，卷九，頁109。
〔註62〕　同上，卷一三，頁145～146。
〔註63〕　同上，卷一六，頁190。
〔註64〕　《清世祖實錄》卷一三，頁148。
〔註65〕　同上，卷二四，頁281。
〔註66〕　參見《清朝通典》，《食貨典》卷一六～一七。
〔註67〕　《清史列傳》卷七九，葉五五下。
〔註68〕　《清世祖實錄》卷八，頁97。
〔註69〕　同上，卷一一，頁136。
〔註70〕　同上，卷一二，頁138；《皇清奏議》卷一，頁123～128。
〔註71〕　《清世祖實錄》卷一二，頁138。

下令：

> 國計民生，首重財賦；明季私徵濫派，民不聊生，朕救民水火，蠲
> 者蠲，革者革，庶幾輕徭薄賦，與民休息，而兵火之餘，多借口方
> 策無存，增減任意，此者貪官猾吏，惡害去籍，將朝廷德意何時下
> 究，而明季叢蠹何時清釐；今特遣大學士馮銓，前往戶部，與公英
> 俄爾岱，徹底查核，……擬定賦役全書，進朕親覽，頒行天下，務
> 期積弊一清，民生永久，稱朕加惠元元至意。〔註72〕

而修賦役全書的工作，仍全委之於仕清明臣來完成。〔註73〕

仕清明臣並請清廷興農安民；元年八月，山東巡撫方大猷請將州縣衛所，荒地無主者，分給流民及官民屯種，「有主無力者，官給牛種，三年起科。」戶部議覆應如所請，乃敕撫按率屬實力奉行，清廷報可。〔註74〕二年二月，國子監司業薛所蘊疏言「河南受賊荼毒，村社盡墟，當專設勸農墾荒官，資以牛種，俟三年成熟，陸續補還。」奏下報聞。〔註75〕貴州監察御史劉明傑也請清廷「敕天下司，……躬歷郊原，率民力作，更令撫按察核，以所屬境內無荒土者註上考，如此則農事興而貢賦裕矣。」清廷下所司酌議。〔註76〕

仕清明臣也請清廷蘇商困；清廷在元年十月恩詔中，已令通免關津抽稅一年，並豁免一切明末加增商稅，嚴禁各地雜稅；〔註77〕到二年正月，長蘆巡塩御史吳邦臣以山東地方荒殘，商人星散，請「其額稅應先徵一半，餘緩至來歲帶徵。」清廷從之。〔註78〕五月河東巡塩御史劉今尹，以河東地方，「去年十月方出湯火，祈於順治二年春，定期徵解，以甦商力。」清廷從之。〔註79〕兵科給事中李運長，以清廷雖恩詔蠲免，而各地加徵如故，請「盡革加增之弊，以蘇商困。」〔註80〕

清初尚有許多沿襲明末弊政之處，仕清明臣也請改革，如元年七月順天巡撫柳寅東，陳民間疾苦二事，「一驛遞累民，……請速議徵銀召募俾小民得以肩

〔註72〕同上，卷二五，頁302。

〔註73〕《清世祖實錄》卷二八，頁338；《碑傳集》卷一〇，頁517、528。

〔註74〕《清世祖實錄》卷七，頁88。

〔註75〕《清史列傳》卷七九，葉四八下。

〔註76〕《清世祖實錄》卷一四，頁161；《皇清奏議》卷一，頁155～159。

〔註77〕《清世祖實錄》卷九，頁111。

〔註78〕同上，卷一三，頁146。

〔註79〕同上，卷一六，頁191。

〔註80〕《皇清奏議》卷二，頁213～215。

息，……一解京錢糧，頭緒紛雜，……請總計各款，分四季解府，彙解戶部，俾免賠累。」清廷下戶兵二部酌議。〔註81〕二年三月，順天巡撫宋權疏言「祖傳軍籍，隸在營路；選取民壯，隸在州縣；二差擾累，為民大害，允宜速罷。」清廷從之。〔註82〕閏六月，山西巡按黃徽允，以江南賦重，尤以漕白二糧與歲供絹布為甚，請「漕運官兌，則需索可省，白糧歸官解，則民困可蘇」清廷從之。〔註83〕此外仕清明臣尚請清吏治，〔註84〕及勿擾民者，如兵部右侍郎金之俊，請禁止滿洲官役，額外需索驛遞夫馬、廩糧、草料；〔註85〕巡視南城御史趙開心，請勿濫逐民間出痘者；〔註86〕順天巡撫傳景星請各王府分認山場，勿擾小民樵採〔註87〕……等，清廷都從其言。並在清初，特別注重安民，不許官兵擾民，〔註88〕及滿洲欺壓漢人。〔註89〕

　　總之，清初在仕清明臣的引導之下，施行了許多仁政，安撫一般人民，使人民由明末弊政的重擔中解脫出來，社會自然容易安定，達到了「行蠲免，薄稅斂，則力農者少錢糧之苦，而隨逆之心自清」〔註90〕的效果。

　　仕清明臣不僅建議清廷行善政，且在滿漢經濟利益衝突時，也挺身而出，為人民爭取利益。清初有圈地、投充、逃人等滿漢之間的衝突，此為清廷瞻徇滿人不得不行之策，〔註91〕但給漢人帶來許多不便，仕清明臣極力為漢人之利益上言。清廷行圈地之後，許多漢民被迫遷徙，雖有撥補，但多不償所失；〔註92〕兵科給事中向玉軒於二年二月奏言「民間墳墓，有在滿洲圈占地內者，許其子孫歲時祭掃，以廣皇仁。」清廷從之，〔註93〕並下令「凡圈占地內，所有民間墳墓，不許毀壞耕種，所植樹木，毋得砍伐，違者治罪。」〔註94〕順天巡撫

〔註81〕　《清世祖實錄》卷六，頁76。
〔註82〕　同上，卷一五，頁167。
〔註83〕　同上，卷一八，頁213。
〔註84〕　同上，卷一六，頁185；《皇清奏議》卷一，頁163～166。
〔註85〕　《清世祖實錄》卷一一，頁126。
〔註86〕　同上，卷一四，頁161。
〔註87〕　同上，卷二二，頁265。
〔註88〕　《清世祖實錄》卷五，頁53；卷七，頁80；卷八，頁95。
〔註89〕　同上，卷七，頁88；卷一五，頁173。
〔註90〕　同上，卷一九，頁227。
〔註91〕　孟森：《清代史》，頁121。
〔註92〕　參見劉家駒：《清朝初期的八旗圈地》，頁78～79。
〔註93〕　《清世祖實錄》卷一四，頁159。
〔註94〕　同上，頁160。

宋權疏言「近日換地之民，離其田園，別其墳墓，甫種新授之田，廬舍無依，籽種未備，遽令按畝起科，民隱堪恤，請特恩蠲租一二年，與民休息」疏下部議。〔註95〕六月，順天巡按傅景星奏言：

> 田地被圈之民，俱兌撥鹼薄屯地，若仍照膏腴民地徵輸，則苦累倍增，應照屯地原額起徵為便，倘額賦既減，支解不敷，再於支解額中，量為裁省。
>
> 下戶部知之。〔註96〕

三年正月清廷再次圈地時，他又疏請：

> 乞詔部發示所撥地畝，察其與去年之圈地相鄰者，不必復及他方，其莊房亦止於原地內所有者，不必圈及城內；更除大路、鎮、店免撥，以便行旅。
>
> 得旨允行。〔註97〕

投充也產生許多弊端，兵科給事中李運長二年上言，以「京城奸民，假充經商，投入王府，以恣非為」，請清廷除此弊政。〔註98〕三年四月，江南道監察御史蘇京奏言：

> 投充名色不一，率皆無賴游手之人，身一入旗，奪人之田，攘人之稼，其被攘奪者，憤不甘心，亦投旗下，爭訟無已，刁風滋甚，祈勑部嚴禁濫投。
>
> 事下戶部。〔註99〕

至於逃人問題，也因清廷對逃者與窩藏之人處罰太重，仕清明臣多上言請減輕處分。〔註100〕因為仕清明臣為圈地，投充、逃人問題的上言太多，損及滿洲的利益，於是清廷在三年十月諭「有為薙髮、衣冠、圈地、投充、逃人牽連五事具疏，一概治罪，本不許封進」。〔註101〕但仕清明臣的意見，也使清廷對滿人加以約束，避免太過侵奪漢人的利益，對清初的安民，貢獻很大。

〔註95〕同上，頁162。
〔註96〕同上，卷一七，頁198。
〔註97〕《清史列傳》卷七九，葉五〇上。
〔註98〕《皇清奏議》卷二，頁216。
〔註99〕《清世祖實錄》卷二五，頁300。
〔註100〕《掌故叢編》，頁164～165。參見劉家駒：《清朝初期的八旗圈地》，頁110～120。
〔註101〕《清世祖實錄》卷二八，頁336。

第四節　仕清明臣與清初收攬人心

　　清初除了針對漢人士大夫與一般人民的需要，施行籠絡與安撫之策外，又針對故明臣民思念舊朝故主的心理，予以適度的發洩，施行了許多收攬人心的舉動，如為崇禎帝后發喪改葬、議廟號，設官保護明帝陵寢；優禮明朝宗室、嬪妃，修明史，表彰忠義……等，冲淡了漢人對清朝以異族入主中國的排斥心理，其中有一部份，就是依仕清明臣的建議而施行的。

　　清朝本以為明帝報仇為出師的號召，故入北京之後，就極力攻擊流寇弒君之罪，而自言清朝的仁義五月四日清廷諭故明官員耆老兵民曰：

> 流賊李自成，原係故明百姓，糾集醜類，逼陷京城，弒主暴屍，括
> 取諸王、公主、駙馬、官民財貨，酷刑肆虐，誠天人共憤，法所不
> 容誅者，我雖敵國，深用憫傷，今令官民人等，為崇禎帝服喪三日，
> 以展興情著禮部、太常寺備帝禮具葬。
>
> 諭下，官民大悅，皆頌我朝仁義，聲施萬代云。〔註102〕

當時清朝官屬未定，於是明臣因清廷有「官員照舊錄用」之命，自相部署各種典禮；〔註103〕二十二日「以禮葬明崇禎帝后」，〔註104〕葬時「士民從者數萬，無不哀泣」。〔註105〕

　　六日，順天巡撫宋權上「治平三策」，首言請議崇禎廟號，以彰我朝厚德云：

> 今舊主御宇十有七年，聲色寶玩，毫無所嗜，思治天下而臣下不能
> 盡心職業，以致民窮寇起，卒成篡弒之禍，臣每清夜捫心，死有餘
> 辜；幸聖主殲賊復仇，祭葬以禮，每捧恩旨，惓惓以明朝為念，朱
> 姓概錫故爵，凡有血氣，莫不感泣，倘天恩隆重，勅下廷議，定廟
> 號，以光萬世，詔布天下，即三尺之童，誰不頌大聖人仁義至義盡，
> 四海傳檄而定，端在此舉矣。〔註106〕

此疏表露出當時仕清明臣的心態，希望清廷厚待故主，以減輕內疚；而清廷早已於入北京之初即命明臣議崇禎諡號。〔註107〕清廷的修崇禎陵墓，也得仕

〔註102〕《清世祖實錄》卷五，頁52。
〔註103〕《平寇志》卷一一，頁531～532。
〔註104〕《清世祖實錄》卷五，頁55。
〔註105〕《平寇志》卷一一，頁532。
〔註106〕《皇清奏議》卷一，頁96～97。
〔註107〕同註105。

清明臣的感激，修陵的工費，有部份即由他們認捐，〔註108〕修築時尚有人捐銀助工，〔註109〕修完後故明臣民的歌頌清廷德意云「使大明故主，不致淪沒於荒郊，君后升遐，猶享血食於後世，雖三代開國不踰於是也。」〔註110〕可見清初發喪、議諡、修陵之得人心，而此三事多賴仕清明臣之力而行。

　　清廷又尊禮明朝諸帝，於元年六月遣大學士馮銓祭故明太祖及諸帝，然後以明數已終於流寇之手，清驅逐流寇，爲繼明而起之新朝，〔註111〕於是將明太祖神牌遷入歷代帝王廟。〔註112〕清帝又下令保護明朝皇陵，〔註113〕八月「設故明十三陵司香官及陵戶，給以香火地畝，仍諭以虔潔禋祀，禁止樵牧，用稱國家隆禮前朝至意。」〔註114〕並且優禮故明嬪妃及宗室；對故明妃嬪於元年七月，令「各帶內使侍女一、二人，於空閒府第居住，戶部量給養贍，竝設守護。」〔註115〕然後常賜以銀兩、用具等。〔註116〕對宗室也表示寬大，元年五月即諭「朱姓各王歸順者，亦不奪其王爵，仍加恩養」，〔註117〕其後屢示優恤，二年閏六月令「明朝宗室……見在者，分別等次，酌給贍田，入民冊內，其則例戶部定擬」；〔註118〕七月「定歲給故明宗室贍養銀兩地畝」；〔註119〕三年正月「定故明宗室卹典」〔註120〕這都使人感激清朝的寬仁。

　　仕清明臣對明朝宗室的態度很微妙；元年清朝表示尊重故明諸王時，明臣有請以續明祀而被申斥；〔註121〕然後只敢請「安宗室以示優恤」；〔註122〕

〔註108〕《明清史料丙編》第三冊，葉二四八云崇禎改喪工價銀三千兩中，由文武公認七百五十兩。

〔註109〕《清世祖實錄》卷二一，頁258載三年十一月吳三桂捐銀一千兩佐陵工；《明清史料甲編》第二本，葉一二七載劉澤清捐銀一百兩助享殿之工。

〔註110〕《平寇志》卷一一，頁535。

〔註111〕《清世祖實錄》卷五，頁63。

〔註112〕同上。

〔註113〕《明清史料丙編》第三冊，葉222。

〔註114〕《清世祖實錄》卷七，頁90。

〔註115〕同上，卷六，頁76。

〔註116〕《清世祖實錄》卷一六，頁186～187：188：189：卷一七，頁201。

〔註117〕同上，卷五，頁52。

〔註118〕同上，卷一八，頁220。

〔註119〕同上，卷一九，頁232。

〔註120〕同上，卷二三，頁277。

〔註121〕同上，卷五，頁57。

〔註122〕《明清史料丙編》第五冊，葉402。

到二年仕清明臣連謝清廷優恤明宗室也被指責，於是不敢表示念舊朝。〔註123〕三年五月，清廷破獲明朝宗室有謀不軌者，吏部侍郎金之俊等奏言：「若等背負寬仁，謀為不軌，實法所宜誅」；〔註124〕由此可見，清廷實只欲以優恤明朝宗室來收攬人心，而絕不想故明臣民傾向故明宗室，故對明朝宗室加以限制，不許出仕；〔註125〕仕清明臣知清廷之意，而予以迎合。

清廷並因仕清明臣之請，而下令修明史；二年四月，御史趙繼鼎奏請纂修明史，并博選文行鴻儒充總裁纂修等官；〔註126〕清廷下所司，五月即遴派人員。〔註127〕清廷又命人翻譯洪武寶訓，三年三月書成，「上以寶訓一書，彝憲格言，深裨治理，御製序文，載於編首，仍刊刻滿漢字，頒行中外」。〔註128〕此二事也頗可收人心，孟森先生即以譯洪武寶訓，頒行天下一事，為「直自認繼明統治，與天下共遵明之祖訓，此古來易代時所未有；清以為明復仇號召天下，不以因襲前代為嫌，反有收拾人心之用。」〔註129〕

仕清明臣建議表彰忠義，也為清廷所採納。元年六月順天督學御史曹溶請「褒節義」，〔註130〕七月禮部議覆「至褒揚節孝，原屬舊制，自逆寇荼毒京師，誓節死難之臣，所在多有，宜聽學臣詳訪啟聞，卹其子孫，旌其門閭，以勵風節。」〔註131〕清廷從之；八月，曹溶啟請「旌表故明殉節大學士范景文……等二十八人」，清廷令「俟天下平定，再行察議」。〔註132〕十一月宣府巡撫李鑑請賜卹旌表故明巡撫朱之馮……等，清廷下所司；類似的例子很多。〔註133〕仕清明臣認為「使天下萬世知忠孝節義，炳若日星，其於有裨世道人心非淺也。」〔註134〕清廷採行他們的建議，自然有助於收攬人心。

總之，清廷於不影響其統治地位之處，故示大方，讓故明臣民念舊朝故

〔註123〕多爾袞《攝政日記》，頁2～3。
〔註124〕《清世祖實錄》卷二六，頁309。
〔註125〕同上，卷一八，頁219；卷一九，頁227；卷二〇，頁243。
〔註126〕《清世祖實錄》卷一五，頁173。
〔註127〕同上，卷一六，頁183～184。
〔註128〕同上，卷二五，頁291。
〔註129〕孟森：《清代史》，頁117。
〔註130〕《皇清奏議》卷一，頁104～105。
〔註131〕《清世祖實錄》卷六，頁65～66。
〔註132〕《清世祖實錄》卷七，頁89；《明清史料丙編》第三冊，葉233。
〔註133〕《清世祖實錄》卷一一，頁128；卷一七，頁201；卷二一，頁259；卷二四，頁286～287。
〔註134〕《明清史料甲編》第一冊，葉152。

主之恩，得以發洩，轉而感激清朝的寬仁大德，實爲收攬人心最高明的方法。
仕清明臣助清廷爲崇禎葬祭、議諡、修陵，修明史，褒節義，都是無損於清
廷，而可博眾譽之事；至於對人民仍有號召力的故明宗室，清廷只予以表面
上的優恤，實際上處處提防，仕清明臣知清廷之意後也主張嚴處。〔註135〕世
傳仕清明臣爲清廷擘畫的「十從十不從」，〔註136〕也是利用人民念舊的天性，
於一些小節上予以讓步；由以上措施可見仕清明臣在清初收攬人心的成功
中，扮演著重要的角色。

　　清朝對漢人的成功統治，致使國祚綿長，且有長期的盛世，甚爲後人所
稱道；而清朝入關建國之初，能以正確的方法來統治漢人，實爲鞏固其統治
地位的關鍵；清朝在關外時，雖已有統治漢人的經驗，但是在初入中國、天
下未定時，要治理人口多、文化高的漢人，且要爭取民心以定天下，非借重
深通民情的仕清明臣的協助不可；而仕清明臣在得清朝重用後，盡心爲清擘
畫，針對明末的弊政和人心的需要，提出許多寶貴的建議，對清初的成功治
漢與爭取民心，產生了很大的助力。

　　清廷在仕清明臣的協助下，實行了高明的治漢政策；對士大夫極力籠絡，
恢復開科取士，使士子有進身之階；又保障鄉紳財產，使士大夫利益絲毫未因
亡國而受損，自然能接受清朝的統治；對一般人民也極力安撫，在財政困難之
下，仍除明末加派弊政，並屢行免賦，減輕人民的負擔，使民心安定下來；反
觀南明，賢如史可法，面對財政困難時，尚言：「天下半壞，歲賦不過四百五十
餘萬，將來軍餉繁費，則練餉、剿餉等項未可除也。」〔註137〕天下大勢，由此
可知。清廷又能行尊禮前明故主、宗室等德政，以弔民伐罪來強調統治的合理，
使人民不以清朝爲異族而排斥之，終能一統天下，鞏固統治的地位。

　　仕清明臣對清初建國發生了很大的影響，史家也頗有論及者，如云金之
俊「凡北虜開國方略，一時咸出其手，當因當革，條理井井。」〔註138〕陳之

〔註135〕如金之俊請誅明宗室謀反者，《清世祖實錄》卷二六，頁309；孫之獬在江西
　　　　請將明宗室散居各省，同上書，卷二五，頁299；及洪承疇在江南之殺明宗
　　　　室。
〔註136〕十從十不從指「男從女不從，生從死不從，陽從陰不從，官從隸不從，老從
　　　　少不從，儒從而釋道不從，娼從而優伶不從，仕官從而婚姻不從，國號從而
　　　　官號不從，役稅從而語言文字不從」，相傳爲洪承疇或金之俊建議清廷實行以
　　　　安撫人心；參見十葉野聞上卷，頁21～22；清代吏治叢談卷一，頁11。
〔註137〕《國榷》卷一○一，頁6082。
〔註138〕《清秘史》，頁14「金之俊限制滿洲策」。

遴「機智敏練，嫻習掌故，一切時政，因革釐定，俱出其手。」〔註139〕對洪承疇更盛言世祖之倚承疇，承疇之教世祖，〔註140〕在清史稿中還特因此云:「國初大政，皆定自太祖、太宗廟，世謂承疇實成之，誣也。」〔註141〕像這些盛行的傳說，並無具體證據，多出於稗官野史，雖知仕清明臣的重要，但不免有言之過甚之處，本編三章據《清世祖實錄》及當時仕清明臣的章奏，看出他們對清初的統一天下、建立制度及統治漢人各方面，確實有很大的影響，〔註142〕這主要因爲仕清明臣具有足夠的專業知識與豐富的行政經驗，又深通民情，瞭解明末的弊政，能對清廷提出許多具體的建議；此外，他們又能以最適於治理傳統中國的儒家政治原則，來導引清廷，使清朝雖以異族入主中國，却能不全恃武力，而以傳統中國的方式來治天下，不僅順利建國且爲清朝成功的統治，奠下良好的基礎。

〔註139〕《清代名人手扎甲集》，頁 16。

〔註140〕參見洪文襄公奏對，及孟森:《明清史論著集刊》，頁 475。

〔註141〕《清史》卷二三八，頁 3730。

〔註142〕朱希祖先生在順治元年內外官署奏章序中云:此冊所錄，大半係貳臣奏疏，如馮銓、洪承疇、龔鼎孳、孫承澤、金之俊、王鰲永、衛周允、沈維炳、薛所蘊、劉餘祐等，皆見於貳臣傳，清初開國諸設施，實爲彼爲所規畫，上列諸人之疏，即可窺見一斑。

結　論

　　官僚組織在傳統中國政治演變中，扮演的重要角色，為中外學者所一致公認，如韋伯（Max Weber）認為中國傳統的官僚制度，是使傳統中國獲致長期政治穩定的重要因素。〔註 1〕白樂日（Etienne Balazs）認為官僚階級組成的官僚體系，精於管理技術，組織龐大而有效率，是維繫中國社會結構安定達二千年的最重要因素。〔註 2〕余英時先生以官僚制度是治理帝國所必不可少的一套行政機器，沒有這套機器，君權本身即無法發揮。〔註 3〕許倬雲先生亦云：官僚組織有其特殊功用，在馬上得天下的皇權，必須依賴士大夫治天下。〔註 4〕這些都與中國傳統「天下雖得之馬上，不可以馬上治」、〔註 5〕「皇帝與士大夫共治天下」〔註 6〕的說法相近似，說明了官僚組織的重要，和君權與官僚組織之間的密切關係。但近代史家對此所做的研究，多注意於傳統皇朝正常運作的時期，對於改朝換代政治動盪時官僚組織與君權的關係，較少論及，尤其是涉及邊族入主中國建立征服王朝時，前朝的官僚組織與邊族統治者之間的結合，及他們對邊族成功建國的影響，實值得做更進一步的研究；本文即以「仕清明臣」為中心，做這個嘗試。

〔註 1〕　Gerth & Mills "From Max Weber: Essays in Sociology" p.416～420.參見余英時：《歷史與思想》，頁 62。

〔註 2〕　Etienne Balazs "Chinese Civilization and Bureaucracy" p.20～21.參見《食貨月刊》七卷四期書評。

〔註 3〕　參見余英時：《歷史與思想》，頁 52。

〔註 4〕　許倬雲「傳統中國社會經濟史的若干特徵」，《食貨月刊》一一卷五期，頁 207。

〔註 5〕　陸賈對漢高祖說「居馬上得之，豈可以馬上治之乎」，《史記》卷 97。

〔註 6〕　《續資治通鑑長編》卷二二一，葉四上。

　　明朝末年，各方面都呈現覆亡之勢，〔註7〕流寇李自成與滿洲皆虎視眈眈，想要取而代之，這時朝中「官僚黨局已成」，〔註8〕臣子們只顧私利，不能為君主分憂，面對亂局只存著「天塌自有長人頂」〔註9〕的心理，故明思宗認為「諸臣皆亡國之臣」，〔註10〕流寇也攻擊「臣盡行私，比黨而公忠絕少」，〔註11〕官僚組織與君主已呈離心之狀。終於在崇禎十七年，李自成進入北京，滅亡明朝並接收明臣建立偽順，但四十二日後，又在清朝與吳三桂聯軍壓迫下，退回西安，清朝成了北京的新主人。

　　在這個變局中，北京城中的故明臣僚只能任人擺佈；李自成入北京時，明臣除少數殉節者外，都落入偽順的掌握中，偽順初時宣布錄用明臣，但對明臣除拘囚三品以上者外，對四品以下員並無一定的錄用標準，故明臣「一時罣入仕籍者，非必願仕之臣，其不入仕籍者，亦非盡不願仕之者也」。〔註12〕加上流寇對官僚的厭惡，在財政困難之下，不久就對明臣加以拷掠索餉，開始時僅拷掠大官及不願入仕者，後來漸及於已仕順者，加上其他無遠見的作為，明臣對順也由失望而離心，多潛逃出北京，使偽順在北京不能建立健全的行政組織，以鞏固政權，且影響到吳三桂的投清，而失敗了。故論者認為李自成失敗的主因係不脫盜賊本性，毫無遠見失掉仕宦縉紳的同情。〔註13〕西方學者也認為未得士大夫及高級文武官員的支持，為李自成失敗的一大原因。〔註14〕於是偽順在北京的統治，因逼隕君父，拷掠官僚，只徒然為清朝的入關，製造了千載難逢的良機。

　　反之，清朝雖為異族，但經在關外長期漢化，却能行遠較流寇更接近儒家傳統的政策，得漢臣之助，以弔民伐罪、乂安百姓、官復其官……等號召入關，在吳三桂幫助之下進入北京。清朝之入主北京，固然有些僥倖的成份，但其對明臣的態度，無疑的更鞏固了統治地位，清廷寬大收用明臣，不咎既往，且廣薦舉之途，大收罪廢明臣，使得曾仕偽順的明臣，在名節已不全之下，再仕清朝；而罪廢明臣更樂於有機會再仕官。相形之下，在南京空擁正

〔註7〕　《明史》卷九七〈流寇傳〉，頁 7948。

〔註8〕　同上。

〔註9〕　《甲申傳信錄》卷四，頁 67。

〔註10〕　《國榷》卷一〇〇，頁 6034。

〔註11〕　《平寇志》卷九，頁 429。

〔註12〕　《甲申傳信錄》卷五，頁 73。

〔註13〕　李文治：晚明民變，頁 165。

〔註14〕　Franz Micheal "The Origin of Manchu Rule in China" p.113.

統之名的福王政權，承繼了明末的腐敗與黨爭，立「從賊案」要處罰曾仕順的明臣，更逼使明臣入仕清朝，幫助清廷下江南，因此明臣之仕清成為漢奸，有部分實為流寇與南明無遠見的失策造成的，加上清廷寬大收用的正確政策，使得清廷得與故明官僚組織相結合。

　　官僚組織在亂世時，似乎無能自保，但對於治天下則有很高的效率與能力；仕清明臣後經清廷寬大收用並重用，對清初的成功建國有很大的貢獻；仕清明臣幫助清廷統一天下；不僅勸清廷討流寇、下江南，促成統一，並且能出任實際的招撫工作，與八旗勁旅及明朝降將的武力相輔相成，剿撫並用，對清朝的統一中國有很大的幫助。仕清明臣又取代了漢軍的地位，成為朝中官僚組織的主幹，使清廷能很快的建立完整又富於經驗的行政系統，他們並引介明制，幫助清廷訂立適於統治中國的各種制度。仕清明臣又以他們對民情及明朝弊政的瞭解，建議清廷行仁政，籠絡士大夫，安撫民眾，收攬人心，幫助清廷統治漢人；故論者皆以為明臣之仕清，對清朝統治中國，起了決定性的作用。

　　綜觀明清之際官僚組織的表現，可看出這些故明文臣，雖對明朝而言為不忠，但他們仍忠於中國的儒家傳統。明臣在仕偽順時，有不少人即以儒家行仁政、敬天、收人心……等觀念，來儒化李自成，希望他能成大業；後來因偽順所作所為，違反了儒家原則，明臣對偽順才漸由失望而離心。明臣入仕清朝，一部份即因清廷以士大夫能接受的儒家觀念來號召，明臣仕清之後，更以儒家的觀念向清廷提出種種建議，請清廷行傳統的漢制、漢法、行仁政、蠲租薄賦、開科興學……等事，甚至在清漢制度與經濟利益發生衝突時，仍堅持儒家傳統的禮儀服制與愛民的主張不惜與清廷相抗。清廷大部份接受了他們的意見，使得清朝得以成功建國、統治漢人。另一方面也促使清朝儒家化、中國化，中國傳統的制度與文化，得以不因受異族統治而遭破壞；從這個角度來看，仕清明臣在保全漢族制度文化上，有很大的功勞。

　　總之，明臣在明末表現出許多官僚組織腐化的地方，對明朝的亡國應負部份責任；在明亡之後，他們只重個人身家的利益，苟且偷生不肯殉節，在道德上自有可詬病非議之處；但官僚組織有其特殊的功能，為任何欲得天下的政治團體，由軍事力量轉化為政治力量所必須爭取的，故偽順、清朝都仍收用他們，而偽順無遠見，並不真知明臣的重要性，以道德上的缺失攻擊、迫害他們，終以未能得明臣的支持而失敗；清廷則不論前非，寬大收用，保

障他們的利益與前途，得以與明臣結合、統治中國。明臣得清廷重用後，表現出官僚組織長於治理的特點，助清成功的建國與統治；而且他們的忠於儒家傳統文化，促使清朝成爲一個儒化的朝代，延續了許多漢族固有的制度和文化。

參考書目

一、史　料

1. 《明清史料》，甲編，丙編，中央研究院歷史語言研究所（以下簡稱史語所）編刊，維新書局。

2. 《順治元年內外官署奏疏》，北大國學研究所刊，史語所藏本。

3. 〈順治年間奏疏〉，《掌故叢編》，國風出版社。

4. 《多爾袞攝政日記》，筆記五編，廣文書局。

5. 《明清檔案存真選輯三集》，李光濤編著，史館所專刊三八。

6. 《清太宗實錄》，華文書局。

7. 《清世祖實錄》，華文書局。

8. 《皇清奏議》，仁和琴川居士編輯，文海出版社。

9. 《天聰朝臣工奏議》，史料叢刊初編，羅振玉編，文海出版社。

10. 《順治元年工曹章奏》，史料叢刊初編，羅振玉編，文海出版社。

11. 《順治元年禮曹章奏》，史料叢刊初編，羅振玉編，文海出版社。

12. 《洪承疇章奏文冊彙編》，吳世拱輯，明清史料彙編三集，文海出版社。

13. 《甲申傳信錄》，清·錢𫍣撰，中國近代內亂外禍叢書，廣文書局。

14. 《幸存錄》，清·夏允彝撰，中國近代內亂外禍叢書，廣文書局。

15. 《續幸存錄》，清·夏元淳撰，中國近代內亂外禍叢書，廣文書局。

16. 《鹿樵紀聞》，清·吳偉業撰，中國近代內亂外禍叢書，廣文書局。

17. 《東林始末》，清·吳應箕撰，中國近代內亂外禍叢書，廣文書局。

18. 《北使紀略》，清·陳洪範撰，中國近代內亂外禍叢書，廣文書局。

19. 《明亡述略》，佚名撰，中國近代內亂外禍叢書，廣文書局。

20. 《研堂見聞雜錄》，佚名撰，中國近代內亂外禍叢書，廣文書局。

21. 《烈皇小識》，清・文秉撰，中國近代內亂外禍叢書，廣文書局。

22. 《虎口餘生紀》，清・高斗樞撰，中國近代內亂外禍叢書，廣文書局。

23. 《纖言》，佚名，中國近代內亂外禍叢書，廣文書局。

24. 《東南紀事》，清・戴名世撰，中國近代內亂外禍叢書，廣文書局。

25. 《三朝野紀》，清・李遜之撰，中國近代內亂外禍叢書，廣文書局。

26. 《國難難臣鈔》，佚名撰，中國近代內亂外禍叢書，廣文書局。

27. 《遇變紀略》，明・聾道人述，明清史料彙編三集，文海出版社。

28. 《甲申紀變錄》，明・錢邦芑編，明清史料彙編三集，文海出版社。

29. 《甲申忠佞紀事》，明・錢邦芑記，明清史料彙編三集，文海出版社。

30. 《綏寇紀略》，清・吳偉業撰，明清史料彙編三集，文海出版社。

31. 《清史》，清史編纂委員會，國防研究院印行。

32. 《明史》，清・張廷玉等撰，鼎文書局。

33. 《十二朝東華錄》，清・蔣良騏撰，王先謙改編，文海出版社。

34. 《清朝通典》，清高宗敕撰，新興書局。

35. 《清朝通志》，清高宗敕撰，新興書局。

36. 《清朝文獻通考》，清高宗撰，新興書局。

37. 《清史列傳》，清國史館修，中華書局。

38. 《國史列傳》，東方學會編，新文豐出版社。

39. 《碑傳集》，清・錢儀吉編，文海出版社。

40. 《清朝開國方略》清・阿桂等修，文海出版社。

41. 《洪文襄奏對》，京都榮祿堂藏版光緒癸巳年刊刻本，史語所藏。

42. 《魏敏果公象樞年譜》，口授子學謚等手錄，商務印書館。

43. 《魏貞庵先生（裔介）年譜》，清・魏荔彤編，商務印書館。

44. 《皇朝經世文編》，清・賀長齡編，世界書局。

45. 《聖武記》，清・魏源撰，世界書局。

46. 《國榷（附北游錄）》，清・談遷撰，鼎文書局。

47. 《小腆紀年》，清・徐鼒撰，明清史料彙編四集，文海出版社。

48. 《明季北略》，清・計六奇撰，明清史料彙編四集，文海出版社。

49. 《明季南略》，清・計六奇撰，明清史料彙編四集，文海出版社。

50. 《庭聞錄》，清・劉健撰，明清史料彙編三集，文海出版社。

51. 《閱世編》，清・葉夢珠撰，明清史料彙編六集，文海出版社。

52. 《平寇志》，清·管葛山人輯，廣文書局。

53. 《耐菴考史錄》，清·不著撰人，筆記六編，廣文書局。

54. 《石渠餘紀》，清·王慶雲著，文海出版社。

55. 《養吉齋叢錄》，清·吳振棫撰，文海出版社。

56. 《天香閣隨筆》，明·李介立撰，筆記小說大觀，新興書局。

57. 《謏聞續筆》，明·佚名撰，筆記小說大觀，新興書局。

58. 《社事始末》，清·杜登春撰，藝海珠塵，清乾隆南滙吳氏聽彝堂刊本。

二、專　書

1. 《明代史》，孟森撰，華世出版社。

2. 《清代史》，孟森撰，正中出版社。

3. 《清代通史》，蕭一山撰，商務印書館。

4. 《清朝全史》，日·稻葉君山撰，但燾譯，中華書局。

5. 《明清史》，李洵撰。

6. 《明朝史略》，李光璧撰。

7. 《南明史略》，謝國楨撰。

8. 《明清史論著集刊》，孟森撰，世界書局。

9. 《明清史論集》，李光濤撰，商務印書館。

10. 《明清史論叢林，李光璧編。

11. 《晚明史籍考》，謝國楨撰，藝文印書館。

12. 《清開國史料考》，謝國楨撰，文海出版社。

13. 《清史雜筆（第一、二輯)》，陳捷先撰，學海出版社。

14. 《清史述論》，孫甄陶撰，九思出版社。

15. 《明清之際黨社運動考》，謝國楨撰，商務印書館。

16. 《清初流入開發東北史》，謝國楨撰，開明書局。

17. 《晚明民變》，李文治撰，中央研究院社會科學研究所叢刊二三種，中華書局。

18. 《明季流寇始末》，李光濤撰，史語所專刊之五一。

19. 《清朝初期的八旗圈地》，劉家駒撰，台大文史叢刊。

20. 《清初政治發展史論集》，劉家駒，商務出版社。

21. 《順治康熙年間的財政平衡問題》，劉翠溶撰，嘉新水泥文化基金會。

22. 《清代軍機處組織及職掌之研究》，傅宗懋撰，嘉新水泥文化基金會。

23. 《明清政治制度》，陶希聖、沈任遠合著，商務印書館。

24. 《清代中央政治制度》，楊樹藩撰，商務印書館。

25. 《明清史事叢談》，莊練（蘇同炳）撰，學生書局。

26. 《湯若望傳》，魏特著，楊丙辰譯，商務印書館。

27. 《清代吏治叢談》，伍承喬編，文海出版社。

28. 《清稗類鈔》，徐珂編，商務印書館。

29. 《十葉野聞》，許指嚴撰，文海出版社。

30. 《清史論》，不著撰者，文海出版社。

31. 《昭代名人尺牘小傳正續編》，吳修輯，立德出版社。

32. 《清代名人手扎甲集》，吳長瑛輯，文海出版社。

33. 《蒙古漢軍與漢文化研究》，孫克寬撰，文星書局。

34. 《北亞游牧民族與中原農業民族間的和平戰爭與貿易之關係》，札奇斯欽撰，國立政治大學叢書，正中書局。

35. 《邊疆文化論集》，中華文化出版事業委員會編印。

36. 《邊疆史研究──宋金時期》，陶晉生撰，商務印書館。

37. 《東北史論叢》，姚從吾著，正中書局。

38. 《中國歷代政治得失》，錢穆撰，香港東南出版社。

39. 《中國考試制度史》，鄧嗣禹撰，學生書局。

40. 《古代中國文化與中國知識份子》，胡秋原撰，香港亞洲出版社。

41. 《歷史與思想》，余英時撰，聯經出版社。

42. 《中國知識階層史論（古代篇）》，余英時撰，聯經出版公司。

43. 《蛻變中的中國社會》，李樹青撰，三人行出版社。

三、論文（已收入個人論文集者不錄）

1. 〈清代的崇儒與漢化〉，呂士朋撰，《國際漢學會議論文集》。

2. 〈清朝入關前的文化發展對他們後來漢化的影響〉，管東貴撰，《史語所集刊》四〇本上。

3. 〈入關前滿洲兵數與人口問題的探討〉，管東貴撰，《史語所集刊》四一本第二分。

4. 〈滿族的入關與漢化〉，管東貴撰，《史語所集刊》四三本第三分。

5. 〈清太宗時代的重要政治措施〉，陳文石撰，《史語所集刊》四〇本上。

6. 〈滿洲八旗的戶口名色〉，陳文石撰，《史語所集刊》四三本第二分。

7. 〈清代滿人政治參與〉，陳文石撰，《史語所集刊》四八本第四分。

8. 〈清代八旗蒙古漢軍政治參與研究〉，陳文石撰，陶希聖先生八秩榮慶論

文集。

9. 〈清代的奴僕買賣〉，陳文石撰，《食貨月刊》一卷一期。

10. 〈清代中央政權形態的轉變〉，李宗侗撰，《史語所集刊》三七本上。

11. 〈清初統治形態的演化〉，傅宗懋撰，《國立政治大學學報》第九期。

12. 〈明末士風與清初之降人〉，李學智撰，《趙鐵寒先生紀念論文集》。

13. 〈孔有德、耿仲明降清始末及明史黃龍傳考〉，李學智撰，《幼獅學報》一卷一期。

14. 〈清初滿漢社會經濟衝突之一斑〉，馬奉琛撰，《食貨半月刊》四卷六、八、九期。

15. 〈順治朝的逃人及投充問題〉，陶希聖撰，《食貨半月刊》三卷十一期。

16. 〈清初奏摺制度起源考〉，莊吉發撰，《食貨月刊》四卷一、二期。

17. 〈南明史地位與研究意義〉，周家安撰，《明史研究專刊》第二集。

18. 〈西域和中原文化對蒙古帝國的影響和元朝的建立〉，札奇斯欽撰，《大陸雜誌》三〇卷十期。

19. 〈金元之際元好問對於保全中原傳統文化的貢獻〉，姚從吾撰，《大陸雜誌》二六卷三期。

20. 〈以元朝治下的蒙古官職爲中心的蒙漢關係〉，日·宮崎市定撰，胡其德譯，《食貨月刊》五卷八期。

21. 〈征服王朝〉，日·村上正二撰，鄭欽仁譯，《食貨月刊》一〇卷八、九期。

22. 〈傳統中國社會經濟史的若干特性〉，許倬雲撰，《食貨月刊》一一卷五期。

四、英文專書

1. Karl A. Wittfogel & Feng Chia-Shêng "History of Chinese Society-Liao" The American Philosophical Society. Philadelphia, March 1949.

2. Owen Lattimore "Studies in Frontier History "Collected Paper 1928～1958, Oxford University Press 1962.

3. Franz Micheal "The Origin of Manchu Rule in China: Frontier and Bureaucracy as Interacting Force in the Chinese Empire" 虹橋書局翻印。

4. J. B. Parsons "Peasant Rebellions of the Late Ming Dynasty" Published for the Association for Asian Studies by the Univ of Arizona Press, Tuscon, Arizona, 1970.

5. Thomas A. Metzger "The Internal Organization of Ch'ing Bureaucracy: Legal, Normative and Communication Aspect" Cambridge, Mass, Harvard Univ Press 1973.

五、英文論文

1. Frederic Wakeman Jr. "The Shun Interregnum of 1644" "From Ming to Ching, Conquest, Region and Continuity in 17th Century China" p.41～87. Edited by Jonathan D. Spence and John E. Wills. Jr., New Heaven and London, Yale University Press 1979.

2. Angela N.S.Hsi. "Wu San-kuei in 1644. a Reapprasal", The Journal of Asian Studies, Vol. 34, No.2 (Feb., 1975), pp. 443～453.

清代前期湖北的人口、商業化與農業經濟變遷

謝美娥　著

作者簡介

謝美娥，現任國立成功大學歷史系助理教授。專長為清代經濟史、清代臺灣經濟史，近年研究主要以清代米價史為主，著有《清代臺灣米價研究》一書。

提　要

　　清代農業的成長模式為由人口增長引起移民墾殖、擴充農作區，進而促進區域之間的貿易，增進商品交流，形成總產出的增加，稱為「廣泛性成長」（Extensive Growth）。可知，人口、商業化是清代經濟發展的主要動力。本書以湖北為個案，探討這兩種動力如何影響其農業經濟發展。

　　本書認為，以十八世紀中期為界，湖北農業經濟歷經兩個階段，主要是糧食供需地位的轉變及農業商業化愈趨明顯。第一階段，當人口持續大量增加，以擴大糧食作物生產為導向，增加糧食供給；但人口繼續增加，糧食有餘程度遞減；此時棉作生產尚未大幅擴張，部份粗級棉布能遠銷他省，品質較高的棉布仍相當倚賴輸入。第二階段，當人口仍然持續增加，擴張糧食作物生產已屬有限，糧食供給已顯不足；但因商業化更為普遍，商業網脈較前深化，棉作生產逐漸大幅擴張，本地已能生產精品棉布，與原有的粗級棉布一同輸出，湖北棉布市場圈相對擴大。此中，湖北農業部門相應的變遷包括小麥及美洲新作物（玉米、洋芋）的推廣（平原土地利用的有效性及山區開發），一年兩穫多熟制愈為深化（稻麥輪作制、稻與春花輪作制的普及）以及植棉與棉布的輸出擴張。直至清末，湖北農業經濟的發展完全沒有超出這一模式。

目

次

表 次

引用文獻代稱

CS：《清實錄》，前二碼為冊數，後四碼為頁數

CQ：乾隆朝軍機檔，其後數字為檔案編號

CG：光緒朝軍機檔，其後數字為檔案編號

KKH：《康熙朝漢文硃批奏摺彙編》，前二碼為冊數，
　　　後三碼為頁數

KKM：《康熙朝滿文朱批奏折全譯》，其後數字為頁數

KYH：《雍正朝漢文硃批奏摺彙編》，前二碼為冊數，
　　　後三碼為頁數

KQ：《宮中檔乾隆朝奏摺》，前二碼為冊數，後三碼為
　　　頁數

KJ：《宮中檔嘉慶朝奏摺》，第一、二碼為冊數，第三、
　　　四碼為輯數，最後三碼為頁數

KD：《宮中檔道光朝奏摺》，其後為數字為檔案編號

KX：《宮中檔咸豐朝奏摺》，其後為數字為檔案編號

KG：《宮中檔光緒朝奏摺》，前二碼為冊數，後三碼為
　　　頁數

第一章 緒 論

第一節 研究動機〔註1〕

　　農業經濟是傳統中國經濟中最爲重要的一個部門，晚至二十世紀三〇年代，仍然有將近百分之八十的就業人口集中於這個部門。〔註2〕雖然十九世紀後期農業生產漸漸滲入現代科學技術和機械化的影響，但是它所產生的眞正變革實則更晚。儘管如此，傳統農業的生產方式供給長期以來人口增加所需的糧食，也提供手工業部門生產原料。在現代化農業出現之前，傳統農業有其因應不同需求而形成的成長模式，不能忽略。這種成長模式即王業鍵所說的「廣泛性的成長」（extensive growth），其發展過程大致是由人口增長引起移民墾殖擴充農作區，進而促進區域之間的貿易，增進商品交流，形成總產出的增加。其中，有關區域之間的商品交流部份，糧食及原料多從「開發中區域」流向「已開發區域」，而手工業產品、技術知識和資本則是自後者輸出至前者。〔註3〕

　　清代農業經濟的整體發展特徵大致如上所述，隨著人口和商業交流的增進，「開發中區域」的人口增加和耕作區擴張最爲明顯。而「開發中區域」之中的「內地」各省——湖北、湖南、四川、陝西、和甘肅，在清代並非首

〔註1〕一九九六年起筆者在王業鍵先生主持的大型研究計畫「清代糧價的統計分析與歷史考察」進行期間，從其中的分支計畫「清代糧食作物的分布、生產及人口增減」獲得相當多的教導與啓示，影響筆者至巨。

〔註2〕王業鍵，〈清代經濟芻論〉，《食貨月刊》復刊 2.11（1973.2）：1。

〔註3〕王業鍵，〈清代經濟芻論〉，頁 3～4、6、8。

度開發，其農業多半因爲明末清初天災人禍遭受破壞，繼而在清代重新開墾。〔註4〕尤其是居於長江中上游的四川、湖南，人口移入後使其農業得以復甦，至十八世紀已經以大量糧食輸出至長江下游見稱，形成清代米糧「西穀東運」的格局。經過清初的農業復墾，四川、湖南的例子確實符合王業鍵所說的由「開發中區域」輸出糧食至「已開發區域」。尤其湖南，直至清末仍有富饒的米糧供給外省。〔註5〕

　　至於湖北的復墾，也與湖南、四川大致在同一時期，同爲省外人口移入的目標地。清人魏源曾描述清初的人口遷移流往長江上游移動的情形：

> 當明之季世，張賊屠蜀民殆盡，楚次之，而江西少受其害。事定之
> 後，江西人入楚，楚人入蜀，故當時有「江西塡湖廣，湖廣塡四川」
> 之謠。〔註6〕

巨大的人口遷移流對清初湖北人口的增加是明顯的，外地人口移入的浪潮甚至持續至道光年間。〔註7〕在十七世紀後半期至十八世紀初期，人口增加、農業生產復甦後，湖北也與四川、湖南一樣，以輸出餘糧至「已開發區域」而著稱：

> 湖北在康熙年間戶口未繁，俗尚儉樸，穀每有餘，而上游之四川、
> 湖南人少米多，商販日至……遂號稱産米之鄉。〔註8〕

> 湖北路通八省，係一衝要之地，人少積蓄，家鮮蓋藏，歲即有秋，
> 多乘江流之便，米穀運至江浙糶賣。〔註9〕

〔註4〕 王業鍵分「開發中區域」爲「邊地」和「內地」二部份，「邊地」包括東北、廣西、雲南、貴州、臺灣，見王氏，〈清代經濟芻論〉，頁10，註14。

〔註5〕 相關研究請參見重田德，《清代社會經濟史研究》（東京：岩波書店，1975），頁1～65。Peter C. Perdue, *Exhausting the Earth: State and Peasant in Hunan, 1500～1850.* Cambridge, Massachusetts: Harvard University Press, 1987. 張麗芬，〈湖南省米糧市場産銷研究〉，國立台灣大學歷史研究所碩士論文，1990。R. Bin Wong and Peter C. Perdue, "Grain Markets and Food Supplies in Eighteenth-century Hunan," in Thomas G. Rawski and Lillian M. Li ed., *Chinese History in Economic Perspective.*（Berkeley and Los Angeles, CA: University of California Press, 1992）（Reprinted by SMC Publishing INC., Taipei, 1993）, pp. 136～137.

〔註6〕 魏源，《魏源集》（北京：中華書局，1976），頁388，〈湖廣水利論〉。

〔註7〕 張國雄，《明清時期的兩湖移民》（西安：陝西人民教育出版社，1995），頁18～19。

〔註8〕 CS130098。

〔註9〕 此爲一七二五年湖北布政使鄭任鑰所奏，見KYH06507。

不過，大約自雍正時期起，向來以「湖廣熟，天下足」號爲穀倉地位的「湖廣」逐漸不包含湖北；甚至「湖廣又仰給於四川」的供需現象形成時，所謂的「湖廣」又多指湖北而言。〔註10〕這意味自清初以來湖北人口的增加，使其農業經濟又一次面臨新的轉折。也是雍正時期，湖北地方官對稻米以外的糧食作物（小麥爲主）多所推廣，而民間也不斷地向高阜山陵地帶推廣種植美洲新作物。〔註11〕

　　然而更值得注意的是，儘管湖北餘糧輸出日形消減，其商業運輸地位的重要性則日益增加。當川、湘米糧源源輸往長江下游時，漢口鎮逐漸發展，形成長江貿易線上下游之間的樞紐。不僅米糧的販運如此，其他商品亦然。十八世紀中期漢口鎮「鹽、當、米、木、花布、藥材六行最大，各省會館亦多」。〔註12〕從事長途貿易的各地商人皆視漢口爲「船馬頭」，乃至號稱「天下貨物聚賣第一大馬頭」，足見湖北轉運貿易的興盛。〔註13〕時人提及湖北，不再言其供給外省餘糧，而是以武漢爲首，愈來愈強調其原本漸趨繁榮的商業轉運機能。〔註14〕同時，有關湖北棉布、棉花輸出的記載也愈多。〔註15〕

〔註10〕　則松彰文，〈雍正期における米穀流通と米價變動──蘇州と福建の連關を中心として〉，《九州大學東洋史論集》14（1985.12）：181，註9。重田德，《清代社會經濟史研究》，頁8～10。

〔註11〕　KYH25004。Ping-ti Ho, *Studies on the Population of China, 1368～1953*（Cambridge, Massachusetts: Harvard University Press, 1959）, pp. 149～153.

〔註12〕　賀長齡輯，《清朝經世文編》（台北：文海出版社，1979），卷40，頁15。

〔註13〕　吳中孚，《商賈便覽》（1792年序），卷3，頁32。黃印，《錫金識小錄》（1752），卷1，頁7。

〔註14〕　武漢地區的商業繁榮及其轉運機能，可從以下資料看出。一七二三年湖廣總督楊宗仁說：「湖廣漢口一鎮乃八省通衢，五方雜處，商賈聚集之所」，一七五一年湖廣總督恒文也說：「武昌省環繞大江，路通九省，商民輻輳，一望連雲……漢陽爲附郭首邑，地廣人稠，在在村莊如同劇市，所轄漢口尤爲楚中之首鎮，舸舳迷津，室廬億萬，千萬雜處，事務紛糅……」，一七五五年湖北布政使沈世楓同樣提到：「武昌省城及漢口一鎮爲川楚米糧聚會之所」。十八世紀晚期章學誠的描述更爲貼切：「蓋十府一州商賈所需於外部之物，無不取給於漢鎮，而外部所需於湖北者，如山陝需武昌之茶，蘇湖仰荊襄之米，桐油、墨煙下資江浙，杉木、煙葉遠行北直，皆於此取給焉。」以上資料見KYH01399，KQ02144，KQ13123。章學誠，《湖北通志檢存稿》（1791～1801），收於王宗炎編，劉承幹校訂，《章氏遺書》（吳興劉氏嘉業堂刊本，1922），卷24，頁26。

〔註15〕　湖北經濟作物當然不只棉花，還有茶、絲、麻等，但是相較之下，其他作物不如棉花及棉織品的發展來得顯著。

十七世紀晚期湖北曾有棉布銷至廣東和西北，十八世紀中期本省生產的棉花和棉布更吸引秦、晉、滇、黔、川等商人遠來收買。〔註16〕同一時期，棉花與棉布的販賣早已進爲漢口鎮六大行業之一。至二十世紀初期，棉花是武、漢、黃、德、安、荊六府的出產大宗。〔註17〕當時漢口貿易額最高的八大行之中，棉花仍然爲其中一項重要商品。〔註18〕漢口商業長期以來的滋榮，大大地促進湖北農業商業化的進展，而農業商業化的進展又轉而刺激漢口商業，增強其轉運機能。

　　根據上述，人口和商業化因素顯然與湖北農業經濟的改變關係相當密切。十七世紀時的湖北還與湖南、四川並列爲糧食輸出省，進入十八世紀，湖北農業部門經歷了重大的調整，十八世紀中期以後棉布、棉花逐漸成爲輸出大宗，與湖南、四川長期以糧食剩餘輸出的農業特徵大異其趣。清代湖北農業經濟的變遷是相當巨大的，其成因則與人口、商業極爲有關。然而探討湖北農業經濟的變遷軌跡，並從人口與商業化二個主要變數去考察的專著，目前仍然缺乏，此即本文立意以湖北爲個案研究的旨趣所在。

　　另一方面，將湖北置於「已開發區域」（手工業產品、資本）與「開發中區域」（糧食、原料）之間的交流關係來看，湖北的例子似乎不完全符合此一區域架構。根據上文概略的觀察，湖北在雍正時期以後農業生產已大致不再有餘糧向長江下游外運，而棉布輸出晚至十九世紀依然廣及雲南、貴州、陝西、山西、四川、湖南等省。〔註19〕至遲在十八世紀中期，湖北已經向「開發中區域」各省輸出手工業產品，正如「已開發區域」之於「開發中區域」的商業交流一般。然而，有關這方面的研究仍然不多，有必要再一次探討和釐清。〔註20〕因此，透過湖北農業經濟變遷軌跡及其成因的掌握，筆者將順帶檢討區域框架的問題。

〔註16〕屈大均，《廣東新語》（北京：中華書局，1985），卷15，頁426。《漢陽縣志》（1748），卷10，頁1。《江陵縣志》（1794），卷22，頁52。山本進，〈清代四川の地域經濟──移入代替棉業の形成と巴縣牙行〉，《史學雜誌》100.12（1991.12）：12。

〔註17〕《湖北通志》（1921），卷24，頁39。

〔註18〕《夏口縣志》（1920），卷12，頁12。

〔註19〕山本進，〈清代湖廣の水稻業と棉業〉，《史林》70.6（1987.11）：27。

〔註20〕有關清代地域經濟的研究，尤其湖北與外省之間的商品交流關係方面，目前只見山本進有著作面世，請詳本章第二節的討論。

第二節 研究史回顧及研究問題

　　人口和商業化是學界最常用於探討農業經濟變遷的兩個變數，曾應用於山東、江南、廣東、福建、湖南等省的區域研究之中，並形成兩種相互關聯的見解。筆者擬以這兩種研究見解爲參照，對湖北的研究概況加以分析。

一、農業經濟變遷的兩種見解

　　經濟學家 Walt Whitman Rostow 認爲，帝制時代的中國還是處於傳統社會階段，在這個階段中農業收成的豐歉在很大程度上影響人口的多寡和生活水準的高低。〔註 21〕社會的生產以糧食生產最爲重要，人口多寡固然受農業生產的制約，事實上人口也是影響農業生產的重要變數。關於人口與農業經濟問題的討論，以何炳棣和 Dwight H. Perkins 的研究最具代表性。

　　何炳棣認爲中國農業的核心爲作物制度，作物的改善使原有的土地利用改變，進而增加糧食生產，是人口增長的有利因素。從宋代到近代，他舉出作物制度長時期穩步改善的三個變化：第一，自十一世紀初引進占城稻之後，經過改良和廣泛傳播，至元明時代西南各省、兩湖地區都已經普遍栽種。第二，小麥、大麥、小米和高粱等北方旱地作物向南推廣，尤其是小麥，十八世紀地方官的勸諭頗爲有效，在水稻地區確實逐漸擴大。第三，美洲新作物——花生、甘薯、玉米、馬鈴薯——傳入，相對於舊有的大麥、小米、高粱等旱地作物而言，這些作物更具有高畝產和高適應力的優勢。這三項變化對土地利用各有不同的影響。早熟稻的改良和傳播適合擴展水源條件較好的丘陵地，不但確保雙季稻的成功，也延長了長江流域的經濟霸權，更使兩湖成爲中國的穀倉。小麥和大麥在明末清初時期大部份與邊際土地的利用相關聯，大小麥向南方推廣使稻麥輪作的雙種制成爲可能。美洲糧食作物的傳播則進一步使乾旱的丘陵、山區和不適合稻作或穀物的瘠薄沙地納入利用，影響最爲顯著的是十八世紀向長江流域內地省份的移民和山區開發。〔註 22〕

　　Perkins 也從人口與糧食生產著眼，他研究中國六百年來的農業發展，發現十五世紀到十九世紀初期中國人口增加了五至六倍，而糧食產量的增長確實也能跟上人口的增長，他認爲這主要是因爲耕地面積的擴大和單位面積產

〔註21〕 羅斯托著，饒餘慶譯，《經濟發展史觀》（香港：今日世界出版社，1965），頁20～22。

〔註22〕 Ping-ti Ho, *Studies on the Population of China*, pp. 169～195.

量的提高所致。經過他的估計，1400～1770 年間的農業增產由前者所得的比
例高於 1770～1850 年，而由後者所得的比例在 1770～1850 年間仍然略有提
升。〔註 23〕換句話說，以擴大耕地面積來增加糧食產量的方式，進入十九世
紀相形踟躕，主要靠糧食畝產的提高。傳統社會用以提高糧食生產和單產的
方法，包括新品種的改良（早熟稻的抗旱、抗災能力）、耕作方式的改變（水
稻向北推廣、雙季稻、以及稻與其他作物輪作的兩穫制）、美洲新作物的傳入、
以及水利投資。無論耕地面積的擴充或耕地畝產的增加，人口的增長都是主
要動力。〔註 24〕Perkins 這種觀點正如 Ester Boserup 所說的，人口的成長會引
起持續的技術變更，並進而反應在生產上。〔註 25〕

　　除了人口與農業經濟的關係之外，農業部門與其他部門，尤其是與商業
部門之間的關係，也是討論農業經濟變遷不可忽視的課題，並且引起學者相
當大的興趣。像 Evelyn Sakakida Rawski, Ramon H. Myers, David Faure, Loren
Brandt 等人都曾致力於這方面的研究。Rawski 以十六世紀的福建及十八世紀
的湖南做個案比較，其餘學者則著重十九世紀末至二十世紀初期的農業經
濟。Myers 以河北和山東部份農村為對象，Faure 以廣東和江南為範圍，Brandt
則是以長江中下游六省（兩湖、江西、安徽、江蘇、浙江）進行區域研究。
整體而言，他們都強調商業化是推動農業部門變化的重要動力，對市場、市
鎮、貿易所得均有定性及定量的衡估，同時也注意農村經濟的生活水平問題。
研究十九世紀至二十世紀的學者，更強調現代化交通運輸設備的助益和國際
貿易市場的誘力，或商業化程度的深化與擴展等因素對農村經濟的正面刺激。

　　商業化對農業經濟究竟產生怎樣的正面影響？根據 Rawski 的說法，水運
系統的有無是商業化的指標，位近水運的鄉村，農民與商業相連繫的可能性
變大。福建漳州和湖南長沙的例子，顯示商業化的擴張刺激當地農民改善農
耕技術，像稻米品種和施肥技術的改良、水利建設的投入，使畝產有所增加，
生活水平提高。〔註 26〕商業化的擴張影響農耕技術的改善（趨向集約耕種），

〔註 23〕 Dwight H. Perkins, *Agricultural Development in China, 1368～1968*（Chicago:
　　　　　Aldine Publishing Company, 1969）, pp. 13, 23, 26, 33.

〔註 24〕 Dwight H. Perkins, *Agricultural Development in China*, pp. 37～53, 63.

〔註 25〕 Albert Feuerwerker, "Chinese Economic History in Comparative Perspective," in
　　　　　Paul S. Ropp ed., *Heritage of China: Contemporary Perspectives on Chinese
　　　　　Civilization*（University of California Press, 1990）, p. 230.

〔註 26〕 Evelyn Sakakida Rawski, *Agricultural Change and the Peasant Economy of South
　　　　　China*（Cambridge, Massachusetts: Harvard University Press, 1972）, pp. 5～6, 96,

進而提高農民生活水平，這在 Myers 的著作中也獲致相似的結論。〔註 27〕不過，Rawski 所說的商業化擴張是指國內長程貿易的成長引起的市鎮增加，而 Myers 所論多半是指由對外貿易引起的城市及市鎮工商業的發展而言。強調外貿的影響在 Faure、Brandt 的著作中益形重要。Faure 認爲 1870 年代至 1920 年代江南、廣東種植出口經濟作物非常興盛，這種景氣爲當地農村帶來的好處，即使是佃農也能獲得較高的生活水平。〔註 28〕Brandt 則更進一步提出估計數據，企圖證明二十世紀初期的商業化比十九世紀末期更加擴展，而且確實有利於鄉村農戶。〔註 29〕

　　另一種商業化力量的影響，是使農業部門內發生由糧食生產轉向以經濟作物生產爲重心的現象。清代長江下游平原棉桑專業區的發達，最能代表這種型態的區域經濟。當時全國植棉最卓著的地區密集地分布在江南的松江、太倉、海門廳、通州、寧波、紹興等屬，松江府、太倉州、海門廳、通州棉田面積甚至佔去耕地的三分之二，江寧、鎮江、常州以種桑植棉維生者亦復不少。〔註 30〕松江、太倉是棉紡織工業中心，蘇州府則集棉織、

120～121. Mark Elvin 對 Rawski 解釋福建的人口、貿易增加和湖南的水利增加頗有意見，他認爲這兩個地區在某個時期各自的貿易和水利的成長，在某種程度上是因爲處於恢復期之故。此外，對於 Rawski 所謂單位面積產量上升、佃農總所得增加之說，王業鍵認爲作者忽略了因集約耕種而提高耕作成本的計算，以及移民人口增加導致人均耕地減少而使佃農收益減少的可能性。Mark Elvin 的評論見 *The Journal of Asian Studies*, 32.1（November 1972）：141～142. 王業鍵的評論見《香港中文大學中國文化研究所學報》6.1（1973）：351～354。

〔註 27〕 Ramon H. Myers, *The Chinese Peasant Economy*（Cambridge: Harvard University Press, 1970）, pp. 184～214.證明河北、山東地區農民生活水平並未降低，似乎只是 Myers 書中的部份主題。王業鍵認爲 Myers 著作最大的價值在於，對於以「折衷理論」（the eclectic theory）解釋近代中國農村經濟停滯不前的論見，提供有力的例證。見《香港中文大學中國文化研究所學報》4.2（1971）：549～551。

〔註 28〕 David Faure, *The Rural Economy of Pre-Liberation China*（Hong Kong: Oxford University Press, 1989）, pp. 136～163.

〔註 29〕 Loren Brandt, *Commercialization and Agricultural Development in East-Central China*（Cambridge: Cambridge University Press, 1989）, pp. 3～13.

〔註 30〕 KYH13339，KYH06179，KYH27114，KQ14803，KQ25525，KQ26147，KQ39184。乾隆四十年（1775）兩江總督高晉提到，松江府、太倉州、海門廳、通州等所屬各縣種棉花多於種稻，「每村莊知務本種者不過十分之二三，圖利種棉者十分之七八。」見賀長齡輯，《清朝經世文編》，卷37，頁2，〈請海疆禾棉兼種疏〉。Yeh-chien Wang, "Food Supply and Grain Prices in the Yangtze Delta in the Eighteenth Century," in Yung-san Lee and Ts'ui-jung Liu ed.,

絲織二種工業於一地。〔註 31〕此外,杭州、嘉興、湖州三府是全國最重要
的蠶桑中心。〔註 32〕這裡的蠶桑集約程度(指勞動力與資本投入的程度)
不但提高,還比水稻的集約程度更為深化。李伯重認為這顯示農業經營重
心從已經相當集約的水稻生產,轉向更高度集約的蠶桑生產,出現桑爭稻
田的現象。〔註 33〕

　　至於棉作,除了宜棉不宜稻的地方因較好的市場價格刺激農民擴種,以
及因為地理生態改變使稻作自然轉為棉作之外,〔註 34〕事實上也有原本適合
稻作的地區轉而棄稻襲花,致使棉爭稻田的現象發生,像松江、太倉、崇明
等地即是:

> (太倉州)州地宜稻者亦十之六七,皆棄稻襲花。(崇禎年間)〔註 35〕

> (崇明)邑境西受江水,土淡宜稻;東瀕海,土坟壤雜沙,宜黍、
> 麥、粱、菽、玉蜀黍、薯芋之屬;外沙鹵性尤重,宜粱黍,然全境
> 種棉者十六七。〔註 36〕

> 松江、太倉、通州地方……究其種棉而不種稻之故,並非沙土不宜
> 于稻,蓋緣種棉費力少而獲利多,種稻工本重而獲利輕,小民惟利
> 是圖,積染成風,官吏視以為常,亦皆習而不察。……又究其所以

The Conference on Modern Chinese Economic History.（Taipei: The Institute of Economics, Academia Sinica, 1989）, II, pp. 423～424. 王業鍵、黃瑩玨,〈清中葉東南沿海的糧食作物分布、糧食供需及糧價分析〉,收於王業鍵,《清代經濟史論文集》(台北:稻鄉出版社,2003),(二),頁 79～117。

〔註 31〕Yeh-chien Wang, "Food Supply and Grain Prices in the Yangtze Delta in the Eighteenth Century," p. 424.

〔註 32〕KYH03227,KYH22307,KYH28491,KQ21409,KQ24391,KQ35040。

〔註 33〕李伯重,〈「桑爭稻田」與明清江南農業生產集約程度的提高〉,《中國農史》1985.1:1～11。

〔註 34〕如江蘇嘉定縣,在萬曆以前「境內塘浦涇港大小三千餘條,水道通流,猶可車舟,民間種稻者十戶而九」,其後「江湖壅塞,清水不下,濁潮逆上,沙土日積,旋塞旋開,漸淺漸狹,既不宜於禾稻,如取辦於木棉……」,因此自十六世紀晚期以來即專種棉花。見徐新吾,《鴉片戰爭前中國棉紡織手工業的商品生產與資本主義萌芽問題》(揚州:新華書店,1981),頁 6～7。

〔註 35〕崇禎《太倉州志》,卷 15,頁 31,轉引自劉石吉,《明清時代江南市鎮研究》(北京:中國社會科學院出版社,1987),頁 12,表一:明清時代江南木棉種植區域及概況。

〔註 36〕民國《崇明縣志》,卷 4,頁 3,轉引自劉石吉,《明清時代江南市鎮研究》,頁 13,表一:明清時代江南木棉種植區域及概況。

稻多費工本之故，則因田間支河汊港淤塞者多艱于車水，工本不無

多費。（乾隆四十年）〔註37〕

可見棉作擴種的原因極多，宜稻之地農田水利不彰也是促使棉爭稻田現象產
生的一個要因。但若純就市場因素而言，蘇南、浙西的農業變遷情況極為相
似，相對於糧食作物所能獲得的比較利益，擴植或轉植經濟作物似乎更能刺
激農民的理性選擇。

　　然而像長江下游地區農業經濟的結構性轉變，在清代其他地區可能不多
見。根據 Myers 的研究，二十世紀初期以前，河北中部某些縣份一個世紀以
來一直是植棉專業區，當地農戶以出售經濟作物換取糧食所需。但是冀魯一
帶最典型的土地利用型態，是農戶大部份的土地用在為自家消費而生產，僅
一小部份土地種植經濟作物，作為購買其他生活必需物質之用。有一些縣份
則是 1900 年以後因鐵路運輸發展和外貿擴張的關係，才迅速轉為專業種植單
一的經濟作物。〔註38〕據此推測，很可能農業部門的結構性變遷 —— 由糧食
作物生產轉為以經濟作物生產為重心的變遷，在十九世紀末至二十世紀初期
以後才趨於明顯。在這之前，一省之內或許只有局部地區如此。除了蘇南、
浙西，類似的結構性轉變在清代廣東也可以看到。同樣的，廣東的經濟作物
專業化地區也是局部性，集中於珠江三角洲一帶。〔註39〕再者，Rawski 等人
所關注的農業經濟變遷，似乎不在於經濟作物與糧食作物之間是否發生替代
現象，而是隨著商業化力量的加深，經濟作物是否相應地擴大種植，副業生
產（紡紗織布）是否跟著興盛。

　　不論是探討人口或商業化與農業經濟變遷的關係，上述諸位學者都傾向
肯定這兩個變數對農業經濟的正面影響。但是結合人口與商業化，黃宗智的
著作卻堅持負面的評價。透過華北和長江三角洲二個區域的研究，黃宗智認
為在人口遞增壓力和長期商品化二種力量的作用下，華北形成貧農經濟，長
江三角洲的鄉村手工業則產生「過密型增長」現象。〔註40〕儘管黃宗智對於

〔註37〕 高晉，〈請海疆禾棉兼種疏〉，見賀長齡輯，《清朝經世文編》，卷37，頁2。

〔註38〕 Ramon H. Myers, *The Chinese Peasant economy*, pp. 185～186.

〔註39〕 陳春聲，《市場機制與社會變遷 —— 十八世紀廣東米價分析》（廣州：中山大
　　　　學出版社，1992），頁28。

〔註40〕 黃宗智認為華北的經營式農場在人口壓力及商業化作用下，可依需要解僱或
　　　　吸收勞動力，但是往往向地主制經濟轉化（高利貸與商業）以及向上流動進
　　　　入官、紳體系，因此難以持續存在。家庭式農場則因無法解僱自家剩餘的勞
　　　　動力，被迫投入高密度的勞動，使耕作趨向內捲化，勞力邊際報酬遞減，甚

農民生活水平的看法與 Rawski 等人的結論有出入，但是認爲明清以來漸次發達的商品化經濟（商業化）和人口長期增加的刺激，使經濟作物——尤其是棉花的種植逐漸納入作物種植系統，和使家庭手工業趨於商品化生產（棉布），則與 Rawski 等人相近。

　　綜合上述研究結果，對於人口、商業化與農業經濟變遷的關係，可歸納爲兩種見解。第一，當人口增加，農業生產要素將會相應地調整，亦即勞動力增加、耕作技術改善（作物品種、輪作制度）、資本投入提高（肥料、水利建設），提升糧食單產量及總產量，邁向集約耕種。第二，當商業化擴張，將導致三種可能的農業經濟變遷：一爲農耕技術改善，集約經營；次爲經濟作物擴大栽植，家內副業生產漸趨重要；再次爲引起農業部門的結構性轉變——以糧食作物爲主的生產轉爲以經濟作物生產爲重心，或家內副業生產轉向專業化，亦即農戶收入較大比例繫於經濟作物生產或副業生產。

二、有關湖北的兩種見解

　　前述兩種見解大部份得自沿海區域、十九世紀晚期至二十世紀初期的研究著作，至於十九世紀中期以前清代其他區域是否也有類似的現象？清代各省人口在十九世紀中期以前均普遍增長，而且在幾個重要的省際移民潮之中，無論是向長江流域高地或漢水流域的開發，湖北是人口變動明顯的一省，也位於清代「開發中區域」內。〔註 41〕另一方面，清代的長程貿易在市場區和貿易幹線上均有擴展，特別是東西流向的長江線重要性日增，而漢口的興起正標示這種商業連結趨勢，也代表市場區由長江中游向上游延伸。〔註 42〕可以想見的是，清代湖北農業經濟的變遷，必然與這兩個變數（人口、商業

　　至下降至雇傭勞動工資和家庭生計需要的水平以下。至於長江下游平原雖然經歷高度商品化，但是鄉村手工業的單位工作日報酬遞減，是家庭勞動力密集化所致。見黃著，《華北的小農經濟與社會變遷》（香港：牛津大學出版社，1994），頁 309～314；《長江三角洲小農家庭與鄉村發展》（香港：牛津大學出版社，1994），頁 81～97。

〔註41〕全漢昇、王業鍵，〈清代的人口變動〉，收於全著《中國經濟史論叢》（香港：新亞研究所，1972），第二冊，頁 586～599。Ping-ti Ho, *Studies on the Population of China,* pp. 143～153.

〔註42〕I-chun Fan, "Long-distance Trade and Market Integration in the Ming-Ch'ing Period 1400～1850," （Ph. D. Dissertation of Department of History, Stanford University, 1992）, pp. 113, 115, 127, 290～291.

化）息息相關。

　　據此，筆者擬從這兩方面檢討湖北的研究情況。在人口方面，龔勝生係根據載籍數字建構人口數量，他認爲乾隆初年兩湖的人口壓力問題已經存在，至十九世紀前半期人口壓力效應顯著。人口壓力引起了省內和省際的土地開發，包括零星土地的利用、改旱地爲水田、推廣接茬作物以及廢水塘爲田等活動。但是人口壓力下的土地開墾更使生態環境嚴重破壞、災害頻繁、糧食收成減少，以至於區域經濟水平下降。〔註 43〕同樣處理人口問題，張國雄不估計人口量，他進行田野調查，蒐集族譜資料，據以分析兩湖的移民歷史，以及證明人口移入增加的正面效益——垸田生產水平提高、增加糧食總產量、輸出餘糧，形成「湖廣熟，天下足」的局面。〔註 44〕此外，張家炎以江漢平原爲研究範疇，認爲移民增加促使農業開發，農業開發則是刺激商人活動和農村市鎮發展的主因。因此，江漢平原不但米糧能輸出，也有大量棉布輸出。不過，他認爲平原區的棉作比例仍未超過糧食作物，湖北丘陵區和沿邊山區才有經濟作物比例超過糧食作物的情形發生。〔註 45〕

　　在商業化方面，劉翠溶和 William T. Rowe 的著作都以十九世紀湖北的商業發展爲背景，貢獻可觀。劉氏的研究結果顯示，由於國際市場的需求，湖北商業化農業有所發展，原棉、茶葉、豆類、煙草、桐油等經濟作物輸出量均不斷增加。而 1877～1914 年海關資料顯示，漢口原棉出口量的增加從 1900 年起尤其明顯。〔註 46〕Rowe 的鉅著，目的在檢驗「公共領域」（public sphere）理論應用於中國傳統城市的可行性。有關漢口興起的時空條件以及它在十九

〔註 43〕接茬作物的推廣是指變水田一穫爲水旱兩收，區域經濟水平下降指糧食收成下降。龔勝生，《清代兩湖農業地理》（武漢：華中師範大學出版社，1996），頁 32、237～247。

〔註 44〕與龔勝生不同，張國雄較強調人口對糧食生產的正面貢獻。張國雄、梅莉，〈明清時期江漢——洞庭平原的人口變化與農業經濟的發展〉，《中國歷史地理論叢》1989.4：97～113；〈明清時期兩湖移民的地理特徵〉，《中國歷史地理論叢》1991.4：77～109。張國雄，《明清時期的兩湖移民》，頁 165～199。

〔註 45〕張家炎也認爲湖北消融人口過剩的主要方式是墾荒和向外移民，並且導致生態環境的破壞。至於哪些府縣屬於經濟作物比例超過糧食作物地區，他並未說明。張家炎，〈明清江漢平原的農業開發對商人活動和市鎮發展的影響〉，《中國農史》1995.4：40～48；〈明清長江三角洲地區與兩湖平原農村經濟結構演變探異〉，《中國農史》1996.3：65、67。

〔註 46〕Ts'ui-jung Liu, *Trade on the Han River and its Impact on Economic Development, c. 1800～1911*（台北：中央研究院經濟研究所，1980）, pp. 106～107。

世紀以前的發展史，敘述得相當細密。而對於十九世紀漢口商業的繁榮景象，Rowe 認為至少在 1890 年以前西力的影響並非主流，長期建構起來的本地商業網絡所發揮的功能，才是使漢口更趨向區域商業都市的主要動力。他也認為，漢口人口在十九世紀增加顯著，到十九世紀末期人口已將近一百萬，證明單靠貿易確實能夠支撐這樣大的城市。〔註47〕

Rowe 以張之洞的改革作為湖北較大程度受西力影響的時代分水嶺，實與蘇雲峰一樣。據蘇雲峰研究，十九世紀末二十世紀初期湖北農業部門的現代化，因政府關注較少、投資有限，沒有發生根本的變革。至 1900 年代，農民生產收入僅能勉強維持。然而商業方面，在漢口開埠、洋商進入及使用現代化交通運輸之後，漢口商業的興盛狀況與時日進。以漢口為中心的對外貿易額，自 1880 年代至 1910 年代，除了天災人禍年外，各年均有增加。〔註48〕

劉翠溶等人探討的時程都在十九至二十世紀初期期間，Rowe 和蘇雲峰只談商業部門如何的發達，較不涉及商業與湖北農業經濟的關係。相較之下，山本進對十九世紀以前商品經濟影響地域經濟的發展型態則著墨較多。他認為地域的不均等性會因商品經濟的發達而愈加擴大，核心地域的吸引力強，周緣地域的從屬性高。基於此種假設，他研究廣東與廣西、崇明與安徽、湖北與湖南、湖北與四川等地域的交換關係時，發現清代的地域經濟可歸納為兩種發展型態：「特化」與「移入代替化」。「特化」是指集中生產競爭力強的商品，在全國市場中締結有利的交易關係，像福建、廣東等沿海地域選擇砂糖、煙草的生產。「移入代替化」是指移植能夠有效吸收本地剩餘勞動力的產業，如湖北、四川等種植棉花和發展棉織業。他認為至少在清代前期，湖北移植棉織業，與四川、湖南形成了棉出糧入的分業和交換關係。〔註49〕

〔註47〕 William T. Rowe, *Hankow: Commerce and Society in a Chinese City, 1796～1889*（Stanford University Press, 1984）（Reprinted by SMC Publishing INC., Taipei, 1987）, pp. 42, 76～89.

〔註48〕 蘇雲峰，《中國現代化的區域研究（1860～1916）：湖北省》（台北：中央研究院近代史研究所，1981），頁 397～415、491～498、569。

〔註49〕 山本進把湖北劃為「移入代替化」類型的地域經濟，意謂湖北跟隨先進地帶（江南）的經濟模式發展其方向。透過地區之間的交換關係，山本進更認為清代長江中上游，以漢口為中心，已構築成一個中規模的地域經濟圈，域圈的核心是湖北、四川，周緣則是雲南、貴州、湖南等地。山本進，〈清代四川の地域經濟──移入代替棉業の形成と巴縣牙行〉，頁 131；〈清代長江中上流域の商業網〉，《歷史學研究》689（1996.10）：1～15。

　　不論是西力的介入或傳統根基的影響，商業發達了，植棉和棉紡織跟著興盛，對十九世紀以前和以後的湖北而言，都有類似的刺激。但也有學者認為，人口增加到相當程度時，也同樣產生推波效果。山田賢假設：在清代人口增加和剩餘人口向長江、漢水上游移動的大潮流中，湖北可能因為瀕臨地域開發的「臨界點」和人口壓力的上升，才以棉布生產與商業化作為新的「移動戰略」（mobility strategy），向長江上游地帶輸出手工業產品換取糧食。〔註50〕徐凱希也提出人口壓力說，他認為乾嘉之際人均耕地減少的趨勢，增加了農業生產的壓力，使農民必需另尋新出路──植棉織布。農戶植棉織布均以自給為主，紡紗織布後剩餘的棉花最多只在墟集市場上流通，屬於小農之間的盈虛調劑，進入長距離流通的量極少。〔註51〕

　　若將上文有關湖北的研究，對應本節第一個部份歸納出來的兩種見解來看，學界也形成了兩種見解。第一，關於人口方面：（1）人口增加後導致生產水平的提升，主要在江漢平原地區。（2）人口壓力出現，其舒緩方式或云土地開墾，或云發展植棉織布。（3）人口壓力刺激開墾，也間接促使自然環境嚴重破壞。第二，關於商業化方面：（1）自十九世紀中期至二十世紀初期，在國外需求帶動之下，湖北原棉輸出增加，供應國外市場。但十九世紀中期以前，湖北棉花擴植及織布興盛也與傳統商業的發達有關。（2）農業開發是刺激商業發展的重要因素。（3）清代湖北農業部門，只有部份地區經濟作物超過糧食作物，江漢平原區沒有發生由糧食作物轉為以經濟作物為主的結構性變遷。

三、研究問題

　　前述湖北研究的兩種見解，以探討人口與農業經濟變遷者較多，而商業部門的發展雖然受到學者的重視，但是探討商業與農業經濟變遷的相互關係

〔註50〕「移動戰略」係取自 Skinner 區域集鎮體系理論的延伸概念，指地方體系（local systems）中出現的人口移動方式。在山田賢看來，清代湖北商人向四川、湖南輸出棉花及棉織產品的商業活動現象，與 Skinner 所謂非農業技術的移民策略甚為相似。至於人口增加到如何程度，才是他所謂的「臨界點」，文中並未細論。山田賢，〈中國史における人の移動と社會變容〉，收於社會經濟史學會編，《社會經濟史學の課題と展望》（東京：有斐閣，1992），頁 350～351；《移住民の秩序》（名古屋：名古屋大學出版會，1995），頁 8～9。

〔註51〕徐凱希，〈近代湖北植棉業初探〉，《中國農史》1991.2：100～102。

者仍相當欠缺，以下分項討論其問題。

　　首先，探討人口與農業經濟變遷者，以大陸的農業地理學者居多，他們能夠考慮到糧食作物、經濟作物、輪作制度以及水利建設等各方面的改變，甚至建立衡量區域經濟水平的判準。〔註52〕但是他們對於利用人丁數推算人口變動的部份太過於樂觀，最常見到的做法是以丁口比例再造人口量。〔註53〕由這種方式得出的人口數與載籍田畝數計算出人均耕地比例之後，再據以論述人口壓力，做法尤其令人困惑。人丁數無法用以計算人口數，這是自何炳棣的鉅著問世以來，學界早已肯定的事。載籍耕地數字向來偏低，利用它來計算人均耕地，其值不可信。〔註54〕

　　此外，人口壓力如何定義也是一個棘手的問題，龔勝生、張家炎等人並未提及。曾有學者定義人口壓力為：「相對於土地的承載力而形成的人口過剩狀況。」〔註55〕但是所謂「土地承載力」、「人口過剩」其實與人口壓力一詞一樣，都只是理論上的陳述，難以驗證。龔勝生、徐凱希、山田賢倡論湖北人口壓力出現於乾、嘉時期之說，也不無疑點。何炳棣認為，即使至十九世紀中期，由於有鄂西高地的全面開發，湖北還是主要的人口淨增區。〔註56〕因此，把湖北人口增加的現象等同於人口壓力的論點實屬不妥，尤其將作物

〔註52〕 龔勝生以人口密度和墾殖指數相乘，以其乘積開方，所得數值即為該區域農業經濟水平值。這個做法頗受大陸學界的好評。龔勝生，《清代兩湖農業地理》，頁288～291。吳宏岐，〈龔勝生《清代兩湖農業地理》讀後〉，《中國歷史地理論叢》1996.4：197～199。紫燕，〈《清代兩湖農業地理》評介〉，《中國農史》1997.2：106～108。

〔註53〕 龔勝生，《清代兩湖農業地理》，頁18～53。張家炎，〈明清江漢平原的移民及其階段性人口增長〉，《中國社會經濟史研究》1992.1：38～45、95。

〔註54〕 人口數字與耕地數字都偏低，其人均耕地值可能過低，也可能過高，或者兩相平衡。在一七七六至一八五〇年間，人口數字大致可靠而耕地數字偏低的情況下，人均耕地值是過高的。據王業鍵的研究，清代「已開發區域」未負擔稅額的耕地大約佔該區耕地面積的四分之一，而「開發中區域」未負擔稅額的耕地在十八世紀中期約佔該區耕地面積的12%，至二十世紀初期竟佔二分之一之多。載籍耕地數字顯然不可靠，無法利用。Yeh-chien Wang, "Review: Man and Land in Chinese History: An Economic Analysis by Kang Chao,"*Harvard Journal of Asiatic Studies*, 50.1（1990）：407～409. Yeh-chien Wang, *Land Taxation in Imperial China, 1750～1911*（Cambridge, Massachusetts: Harvard University Press, 1973）, pp. 96～97.

〔註55〕 朱國宏，《人地關係論——中國人口與土地關係問題的系統研究》（上海：復旦大學出版社，1996），頁49。

〔註56〕 Ping-ti Ho, *Studies on the Population of China*, p. 152.

推廣、耕作改制等各項開墾活動全部歸於人口壓力所致，這種見解更值得懷疑。筆者認爲，與其動輒歸諸人口壓力，不如從人口增減的角度重新瞭解清代湖北的人口變動趨勢。再者，在人口大量增加的作用之下，土地開墾、植棉紡織兩種方式很可能都存在於湖北，而且有時期及地域上的差異，未必如龔勝生、張家炎所說只有土地開墾一途，或如徐凱希、山田賢所假設的只有植棉與輸出棉布單一方向的發展。

其次，湖北各時期商業的發展向爲學者所關注，探討商業影響農業經濟者，多強調棉作和棉紡織業的重要。一八六一年漢口開埠，國外市場因素逐漸加深影響，學者對這個部份的研究已很清楚。但是探討十九世紀中期以前，傳統商業發展如何影響湖北的棉作和棉紡織業的發展者則不多見，對於湖北棉布市場也少有完整的研究。

再次，商業化若對經濟作物有刺激作用，則經濟作物的發展是否也影響糧食的供給，改變了主要糧食作物（如稻、麥）與經濟作物的種植分配？主要糧食作物是否逐漸成爲市場生產的「經濟作物」，而農民日食以雜糧作物替代？經濟作物的發展與糧食供給能力之間的連結，山本進和張家炎稍有涉及，但都是概念上的加強，未見進一步的分析。其實，多數的大陸學者樂觀地認爲，湖北在清前期有不少的商品糧外運，他們歸因於商品經濟的發達所致。另一方面，他們又不能忽視湖北棉布輸出的現象，因此歸納出湖北爲「糧棉兼重」型的農業經濟型態。〔註57〕筆者認爲，他們經常把湖北在十九世紀中期以前的糧食供給情形與湖南併論，或將江漢平原與洞庭平原等量齊觀，容易混淆湖北的個別發展，也未區別湖北在不同階段的糧食供給情形。湖南糧食作物與商業化的關係已有 Rawski 論證，農戶所得較大部份倚賴糧食作

〔註57〕 所謂清前期係指鴉片戰爭以前。譚天星，〈清前期兩湖地區糧食產量問題探討〉，《中國農史》1987.3：29～37；〈簡論清前期兩湖地區的糧食商品化〉，《中國農史》1988.4：60～68；〈清前期兩湖地區農業經濟發展的原因及其影響〉，《中國農史》1990.1：43～53。張建民，〈「湖廣熟，天下足」述論──兼及明清時期長江沿岸的米糧流通〉，《中國農史》1987.4：54～61。張國雄，〈明清時期兩湖外運糧食之過程、結構、地位考察──「湖廣熟，天下足」研究之二〉，《中國農史》1993.3：40～46；〈「湖廣熟，天下足」的經濟地理特徵〉，《湖北大學學報》（哲學社會科學版），1993.4：70～78；〈「湖廣熟，天下足」的內外條件分析〉，《中國農史》1994.3：22～30。梅莉，〈明清湖北農業區域特徵分析〉，《中國歷史地理論叢》1993.4：91～108。張家炎，〈清代江漢平原水稻生產詳析〉，《中國農史》1991.2：25～33。周兆銳，〈清代前期湖北省經濟布局研究〉，《湖北大學學報》（哲學社會科學版）1989.2：79～83。

物，其餘糧情形至十九世紀末期仍然豐富。〔註58〕在商業化的作用下，湖北十九世紀中期以前的情形，是否如張家炎等人所言，糧食有餘且棉布又有發展，還是如山本進所論，以發展棉作和輸出棉布來彌補糧食生產的不足，或是兩種情形都存在於湖北？這也是目前學者尚未釐清之處。

第三節　研究架構

人口和商業化對農業經濟的影響，最終都將關聯到糧食和棉布的供給狀況。由於考慮到可能有時期上的差異，筆者初步綜合湖北糧食供需狀況、棉布的供給情況，提出以下的研究架構。

糧食供需狀況方面，據湖北地方督撫、布政使的觀察，康熙時期（1662~1722）湖北「穀每有餘」，十八世紀中期的情況可能是「本地之米僅可供本地之用」，進入十九世紀已轉爲「本省所產之米尚不敷本地民食」。〔註59〕如果這幾位地方官的評估沒有太大的偏誤，則湖北糧食盈虛的轉折點似乎在十八世紀中期（或十八世紀後半期）。

棉布方面，在十七世紀晚期湖北的「大布」和「椿布」已進入長距離貿易，遠銷廣東和西北。〔註60〕但是根據康熙時人葉夢珠所記，上海棉布的行銷情形：

> 棉花布吾邑所產已有三等，而松城之飛花、尤墩眉織不與焉。上闊尖細者曰標布，出於三林塘者爲最精，周浦次之，邑城爲下，俱走秦晉京邊諸路。……其較標布稍狹而長者曰中機，走湖廣、江西、兩廣諸路，價與標布等。……更有最狹短者曰小布，闊不過尺餘，長不過十六尺，單行於江西之饒州等處。〔註61〕

〔註58〕 光緒21年（1895）漢口米市「在昔米石多來自川湘，今則川米到者寥寥，惟湘南仍舳艫相接。」見李文治編，《中國近代農業史資料》（北京：三聯書店，1957），第一輯，頁478。

〔註59〕 康熙時期湖北「穀每有餘」之說見CS130098。一七四八年，湖北布政使嚴瑞龍認爲：「湖北地土遼闊，素稱產米之鄉，祇緣年來生齒日繁，本地之米僅可供本地之用。」見CQ003795。又一八○二年總督吳熊光及湖北巡撫全保稱：「本年楚省秋收雖尚豐稔，各屬山多田少，本省所產之米尚不敷本地民食，向藉川米以資接濟。」見KJ1611496。

〔註60〕 屈大均，《廣東新語》，卷15，頁426。《德安府志》（1685），卷8，轉引自山本進，〈清代湖廣の水稻作と棉業〉，頁24，第17條引文。

〔註61〕 葉夢珠，《閱世編》，收於《上海掌故叢書》（台北：學海出版社，1968），第

葉氏所云「湖廣」應包括湖北，理由有二：第一，康熙時期奏摺所見，治湖北者向稱「湖廣巡撫」，治湖南者稱「偏沅巡撫」；〔註62〕第二，「大布」、「椿布」和「中機」雖然都是棉布中的次級品，但是湖北要到十八世紀中期才能自產「中機」，在這之前江南「中機」在湖北還有市場。〔註63〕因此筆者認為，康熙時期湖北仍然有江南棉布輸入，且為本地不能生產的別型棉布。至十八世紀中期，湖北已能自產「中機」，向長江上游及西北各省輸出，與江南棉布爭搶市場。〔註64〕

可見，從清初至十九世紀，湖北糧食先是有餘後為不足，棉布方面，初期尚需輸入江南較高技術品質的棉布，其後逐漸有能力自製同等級棉布，並向外輸出繼續擴大市場。基於以上考察，筆者認為湖北大致歷經以下兩個階段的發展：

> 第一階段，當人口持續大量增加，湖北主要以糧食作物的生產擴張為導向，增加糧食供給；但人口繼續增加，糧食有餘程度遞減；此時棉作生產尚未大幅擴張，部份粗級棉布雖能遠銷他省，但是對於品質較高的棉布仍有相當程度倚賴輸入。

> 第二階段，當人口仍然持續增加，糧食作物的生產擴張已屬有限，糧食供給已顯不足；但因商業化更為普遍，商業網脈較前深化，棉作生產逐漸大幅擴張，本地已能生產精品棉布，與原有的粗級棉布一同輸出，湖北棉布市場圈相對擴大。

其中，階段分期以十八世紀中期以前為第一階段，十八世紀中期之後迄十九世紀中期為第二階段。可用簡圖表示，圖1.3.1中A欄為階段分期，B欄為作

　　一集，頁497～498。

〔註62〕一六六四年設「湖廣巡撫」及「偏沅巡撫」，見CS040175。

〔註63〕藤井宏並不肯定葉夢珠所說的江南棉布市場一定截然的劃分為：標布銷華北、中機銷華中和華南，他認為即使清代華北、華中棉織業興盛，仍不能完全排擠江南棉布。其次，他認為棉布有精粗之別，運銷廣東的咸寧大布屬於大眾化消費的棉布，而松江梭布則是棉布中的高級品。見藤井宏，〈新安商人の研究〉（一），《東洋學報》36.1（1953.6）：15，37。

〔註64〕藤井宏引乾隆《漢陽府志》（1747）卷28中的小布，以及乾隆《漢陽縣志》（1748）卷10中扣布的行銷情形，認為湖北十八世紀織布業興起，以咸寧為中心，成為江南棉布的勁敵。作者又引乾隆《南匯縣志》卷15云「布，以木棉為之，一曰扣布，俗稱小布，又名中機」，認為漢陽的小布及扣布實即中機。藤井宏，〈新安商人の研究〉（一），頁15～16。

物擴張導向，C 欄爲糧食盈虛程度，D 欄爲棉布輸出入情形。

圖 1.3.1：研究架構簡圖

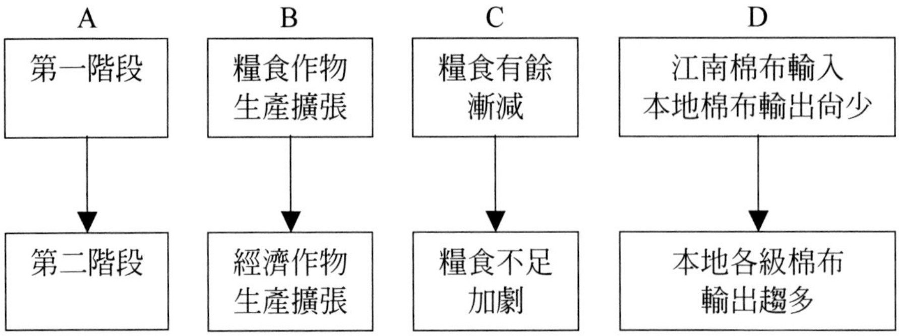

A	B	C	D
第一階段	糧食作物生產擴張	糧食有餘漸減	江南棉布輸入本地棉布輸出尚少
↓	↓	↓	↓
第二階段	經濟作物生產擴張	糧食不足加劇	本地各級棉布輸出趨多

　　根據這樣的研究架構，筆者在第二章擬先討論湖北農業經濟從清初到十九世紀中期的變遷特徵，論證湖北乃是先擴展糧食作物的多樣化，再邁向經濟作物的擴張。其農業經濟變遷大致包括三項：（1）糧食作物方面，爲小麥、美洲新作物（玉米、洋芋爲主）的擴植；（2）輪作制度方面，爲稻與小麥輪作制、稻與春花輪作制的普及，以及雙季稻區的小幅擴展；（3）經濟作物方面，爲棉作擴張的明顯化。第三章將處理三個課題：第一，先釐清湖北人口變動的趨勢，及其商業化的發展程度；第二，探討農業經濟的各項變遷與人口因素的關聯，觀察糧食供需狀況與人口、商業化程度之間的關係，以及其間的區域差異。第三，探討湖北棉布市場的發展脈絡，兼而檢討「已開發區域」和「開發中區域」的區域框架。其中，在掌握農業經濟變遷特徵方面，筆者觀察的重點以農業土地利用爲主。在辨明商業化程度方面，將從農村集市（市鎮）的數量分析以及主要商業城市的興起評估商業化的普及情況。最後，根據考察結果，檢討本章第二節有關湖北農業經濟變遷的兩種見解。

　　本文使用的史料，主要是宮中檔奏摺、清實錄、及方志三種。方志以在台灣所能參閱到的版本爲限，大約二百種（連通志在內），包括明清二朝各種線裝及善本書。

第二章　農業經濟的變遷——糧食作物多樣化與經濟作物的擴展

　　觀察農業經濟變遷最直接的管道是土地利用型態。因為自然地理、人文環境、社會制度等條件相互綜合響影之後，其結果即反映在土地利用上。土地利用型態不但反映農經部門如何肆應人口成長，它也象徵複雜的市場關係之間的微妙平衡。〔註1〕就這個角度而言，清代前期湖北的土地利用型態歷經了三個重大的變遷：（1）糧食作物方面，主要是小麥及美洲新作物（玉米、洋芋）的推廣，不僅增加平原土地利用的有效性，也惠及山區的開發；（2）輪作制度方面，為一年兩穫多熟制的深化，包括稻麥輪作制和稻與春花輪作制的普及，而雙季稻制也略有發展；（3）經濟作物方面，主要是棉花種植的擴張，棉花為湖北農村手工業最重要的原料，影響湖北農業經濟型態的發展導向。值得注意的是，以上各項變遷的轉捩期都發生在十八世紀中期前後，其轉變後的樣貌至十九世紀前半期大致底定。直至清末，湖北農業經濟的發展軌跡完全沒有超出這個範疇。

第一節　小麥、美洲新作物的推廣

　　康熙六年（1667）湖北與湖南分省而治，最初為八府一衛，至十九世紀中期析為十府一直隸州。〔註2〕其自然地景西北高而東南低，長江、漢水各

〔註1〕 Evelyn Sakakida Rawski, *Agricultural Change and the Peasant Economy of South China*, p. 51.
〔註2〕 一六六四年湖廣省設有左、右二布政使司，一六六七年左布政使司改為湖北

貫東西、南北，在江漢之間湖泊眾多，號爲「千湖之省」，向有「三山六水一分地」之稱。〔註3〕這種地形正如乾隆十九年（1754）布政使沈世楓的觀察：

> 湖北地方沃野芊綿，素稱產穀之鄉。西北一帶襄、鄖、宜、施四府地勢高阜，山多水少；東南一帶武、漢、黃、安、德、荊六府係江漢下游，地處卑濕。〔註4〕

湖北卑濕地居多，形成水田多旱地少的格局，武、漢、黃、安、德、荊六府大多是水田，襄、鄖、宜、施四府則是以旱地耕作爲主，可大致區分爲「水田」與「旱地」兩大農業區域（見圖 2.1.1）。〔註5〕本章各項討論課題都將置於這兩大農業區來談。

小麥和傳入中國的美洲新作物（在湖北主要是玉米、洋芋）在兩大農業區的發展趨勢，是小麥向「水田區」成功地擴張，而玉米、洋芋的擴展則改變了「旱地區」的糧食作物結構。湖北種植小麥的歷史可遠溯戰國時代，但是在水稻地區擴種小麥獲得較大進展則是宋代才開始。〔註6〕這時期小麥在湖北擴植的情形如何不得而知，然而從南宋紹熙二年（1191）陸九淵對荊門、當陽一帶農作物分布的描述來看，「水田區」種麥已爲常態，只是水稻收後接植小麥的情形仍然未見。〔註7〕及至明代，湖北各府方志物產都有小麥的記載，

布政使司，才稱湖北省。牛平漢，《清代政區沿革綜表》（北京：中國地圖出版社，1990），頁 228～246。清代湖北行政區沿革見附錄一：1667～1850 年湖北行政區沿革表、附圖。

〔註3〕 China: Imperial Maritime Customs, *Decennial Reports, 1882～1891*, p. 183.就地理面積的分配而言，湖北地貌應爲「七山一水二分田」，指山地與丘陵面積佔70%，平原 20%，水面面積 10%。參見周兆銳主編，《湖北省經濟地理》（北京：新華出版社，1988），頁 4、16。

〔註4〕 KQ10245。

〔註5〕 清代湖北地形基本上與現代差別不大，一八一四年襄陽鎮總兵官蕭福祿說：「荊門、當陽一帶則非襄陽、河南可比，麥麵爲次，總以稻穀爲重。」符合現代學者根據地形分襄樊、荊門、宜昌、松滋一線所做的劃分，以西爲「旱地區」，以東爲「水田區」，本文採用這種分法。應該說明的是，這種分區只是大致的分野，事實上「水田區」的丘陵高阜存在旱作種植，而「旱地區」的平地近水處也有水田耕作。KJ3926783。周兆銳，《湖北省經濟地理》，頁 7。

〔註6〕 湖北省社會科學院歷史研究所，《湖北簡史》（武漢：湖北教育出版社，1994），頁 162。Ping-ti Ho, *Studies on the Population of China*, pp. 177～178.

〔註7〕 陸九淵，〈與章德茂書〉：「此間田不分早晚，但分水陸。陸田者只種麥、豆、麻、粟，或蒔蔬栽桑，不復種禾，水田乃種禾。」意謂水田種稻，旱田種麥、豆、麻、粟之類，沒有稻麥輪作。轉引自《湖北簡史》，頁 200。

「水田區」植麥可能有所進展。不過，根據雍正十一年（1733）湖廣總督邁
柱的觀察，雍正四年（1726）以前湖北植麥最廣的地區仍然侷限在「旱地區」
的鄖陽、襄陽兩府：

> 再照北南兩湖，惟鄖、襄兩府種麥，其餘各府州屬種麥者甚少。

〔註8〕

據邁柱奏摺，一七三○年代，漢陽府、鄖陽、襄陽三府爲湖北三大小麥主要產
區。鄖陽、襄陽府屬「旱地區」種麥耕地比例都在百分之八十以上；漢陽府
屬「水田區」，種麥耕地達百分之七十。「水田區」的安陸府和黃州府麥的種
植亦廣，分別爲百分之六十和百分之五十（見圖 2.1.2）。〔註9〕再據乾隆十二
年（1747）陳宏謀所言：

> 湖北一省德安、襄陽、鄖陽三府界連西北，風土相似。其餘皆濱江面
> 湖，多主稻田，其種麥不過十之二三。……惟臣二十年以前經過楚地，
> 見麥田寥寥無多，今即高高下下麥隴平舖，與西北無異。〔註10〕

雖然陳宏謀對於「水田區」種麥比例的評估與邁柱的估計頗有出入，然而兩
者所見卻都一致肯定一七二○年代以後「水田區」植麥迅速擴展的趨勢。至一
七五○年代，被視爲種植小麥甚廣的地區爲漢陽、黃州、德安和襄陽四府，「水
田區」另外三府「地勢平坦，窪下地畝皆種麥禾」。〔註11〕至此全省種麥比例
已達十之六七，「水田區」植麥才算普遍，其擴展成效是空前的，遠超過以往
各時期。〔註12〕

　　小麥之所以能在湖北擴植，除了風土適宜之外，清政府從中央到地方的
積極努力功不可沒，而「水田區」瀕江一帶大小湖地星羅棋佈的地形，以及
水患頻仍的自然因素刺激，更具推波助瀾之效。如邁柱所述：

> 自聖明御宇，首重民食，屢頒訓旨，令督撫諸臣督率有司勸農佈種，

〔註 8〕　KYH25004。
〔註 9〕　KYH25004。
〔註10〕　CQ000781。
〔註11〕　KQ07836～837。此時期鄖陽府未列入小麥最廣的地區，並非該府的小麥耕地
　　　　　減少，而是美洲新作物的引種和山區開墾改變了整府的糧食作物分布結構，
　　　　　請續見下文敘述。
〔註12〕　一七二七年御史傅敏認爲湖北種麥「僅有十之五六」，同年巡撫憲德則說「僅
　　　　　有拾分之四五」，但一七五四年巡撫張若震估計有十之五六，一七六四年總督
　　　　　李侍堯則認爲有十之六七。可見十八世紀二○至六○年代正是湖北小麥擴展最
　　　　　爲快速的時期。KYH09140～141，KQ08243，KQ21381。

因而民間漸次種麥，豐收穫利。……自五年水潦之後，臣甫經到楚，諭令地方官勸民竭力種麥，次年豐收之後伏水方至，閭閻大得麥息之濟，從此種麥者甚多。至於湖北種麥分數又倍於湖南，臣察其情由，緣楚北湖地較多於湖南。近年湖北百姓咸知麥熟在伏汛之前，即遇大水，二麥先已登場，足食無憂，遂將素未種麥之湖地遍處種麥。〔註13〕

雍正皇帝對於推廣小麥相當熱衷，地方督撫也不敢輕忽，但是最重要的是，小麥對於避免水患貽害進而提高湖地利用的經濟效益極為明顯，引起農民的興趣。乾隆四十四、五十四年（1779、1789）督撫也都奏報，水災過後隔年，小麥種植確實較往昔更為廣泛。〔註14〕「水田區」瀕江臨湖的窪地或較為劣級的隙地，似乎更加倚賴小麥收成：

（漢川縣）在垸內地畝原因勢居窪下，……農民惟以春收二麥、秋種雜糧為務，每年春麥大概有收。〔註15〕

像漢陽縣湘三里、湘五里等處，形勢俱屬卑下，「地土俱係黃壤，止堪種麥」，「每年惟藉水汛遲長早消隨時栽種」，若「春水遲發，麥收有望即係豐年」。〔註16〕

當十八世紀中期小麥在「水田區」較為全面普植之際，玉米和洋芋在「旱地區」的傳佈也熾烈展開。然而在此以前，湖北方志關於玉米的記載並不多。嘉靖《歸州志》（1564）記有玉麥一項，玉麥即玉米，俗稱包穀，這應該是玉米最早在湖北引種的記錄。〔註17〕清初至一七五○年期間的玉米栽種只見咸

〔註13〕KYH25004。
〔註14〕KQ47238，KQ70811，KQ71773。
〔註15〕《皇清奏議》（1796～1820），卷56，頁26。
〔註16〕《漢陽府志》（1747刊本），卷12，頁11、17。
〔註17〕何炳棣、郭松義和陳樹平都認為「玉麥」（御麥）即玉米。郭、陳二人引萬國鼎《五穀史話》，認為湖北引種玉米最早的年代為康熙八年（1669），沒有標明出自何種方志，龔勝生認為應是康熙《漢陽府志》（此志台灣未見藏本，筆者無法求證）。萬、郭、陳等人可能是以「玉米」名稱首度出現於史料而言，若以「玉麥」名稱出現的年代而言，則以嘉靖《歸州志》（1564）最早。不過，曹樹基力排眾議，主張明代「玉麥」（或御麥）原是小麥的一個品種，均非玉米，兩者混稱互釋始於田藝衡《留青日札》（1572），以「御麥」等同於「番麥」（玉米），時代愈後混稱愈多。值得注意的是，湖北在康熙八年以前有三種方志都只記「玉麥」，沒有玉米或其別稱出現：嘉靖《歸州志》（1564，卷1，頁44）、萬曆《鄖陽府志》（1578，卷12，頁1）和康熙《咸寧縣志》（1667，

寧、漢陽、枝江、鶴峰四縣方志有記載。〔註18〕一七五〇年至十九世紀是玉米載於方志最多的時期，十八世紀後半期玉米產區達二十五個州縣之多，至十九世紀增爲三十八個州縣（見圖2.1.3）。尤其十八世紀後半期，鄖陽、宜昌、施南三府大半種植玉米，襄陽府的穀城、南漳、均州三處山地也多所出產，成爲貧民日常糧食。〔註19〕乾隆十八、十九年（1753～54）間湖廣總督開泰採買兩湖玉米運濟江蘇時，隨州和通山也是重要的玉米產區。〔註20〕事實上，十八世紀玉米在「水田區」只佔秋糧作物中極少的比例，如武昌、漢陽、德安一帶：

> 應山、孝感、黃陂、漢陽、江夏等縣……種黃豆、棉花、芝麻、包穀者約十之二，種稻田者約十之八。〔註21〕

在荊州府江陵縣，玉米只種於傍山之處或洲田，「非與稻糧並重」。〔註22〕直至十九世紀，儘管「水田區」種植玉米州縣稍有增加，仍無法替代稻麥或其

卷1，頁20）。其中《歸州志》將「玉麥」歸爲小麥類，《咸寧縣志》也列入麥類。可是康熙八年以後湖北各方志從未出現「玉麥」，麥屬作物也沒有「玉麥」一名，所有玉米的別稱之中也沒有「玉麥」，而是玉蜀黍、玉高粱、玉包穀、包穀等名詞最爲常見。（見附錄二）玉米原爲美洲傳來的新作物，本地無以名之，被冠上與本地作物相近的作物名稱並不爲怪。如同田藝衡稱玉米爲「御麥」、「番麥」一般，玉米初傳入湖北被歸爲麥類也是可能的。而且「玉麥」一稱主要出現於鄖陽府和歸州，與明代後期移民運動方向相符。因此，筆者贊同何、郭、陳三人的看法，將「玉麥」視同玉米，惟有如此才能解釋何以康熙八年以前有「玉麥」無玉米，而康熙八年以後有玉米無「玉麥」。以上討論參見何炳棣，〈美洲作物的引進、傳播及其對中國糧食生產的影響〉，收於《大公報在港復刊三十周年紀念文集》（香港：大公報編輯部，1978），701～714。陳樹平，〈玉米和番薯在中國傳播情況研究〉，《中國社會科學》1980.3：187。郭松義，〈玉米、番薯在中國傳播中的一些問題〉，《清史論叢》7（1986.10）：80。曹樹基，〈玉米和番薯傳入中國路線新探〉，《中國社會經濟史研究》1988.4：62～66。龔勝生，《清代兩湖農業地理》，頁130。
〔註18〕《咸寧縣志》（1667年刊本），卷1，頁20。《枝江縣志》（1740年刊本），卷1，頁21。《鶴峰州志》（1741），卷下，頁18。龔勝生，《清代兩湖農業地理》，頁130。
〔註19〕KQ04461，KQ07837，KQ24846，KQ35287。方志資料除了前引《襄陽府志》、《房縣志》之外，乾隆時期載有玉米的方志包括《鄖西縣志》（1773年刊本），卷4，頁1。《竹山縣志》（1785年刊本），卷11，頁1。《東湖縣志》（1763年刊本），卷5，頁1。
〔註20〕KQ07126、KQ07640。
〔註21〕KQ18462。
〔註22〕KQ07126。《江陵縣志》（1794），卷22，頁2。《荊州府志》（1757），卷18。

他秋糧。

清初至十八世紀前半玉米的擴植應該不限於咸寧、漢陽、枝江、鶴峰四縣，必然包括了「旱地區」部份的州縣。尤其是實施改土歸流之後，移民進入開墾，當然也使玉米的種植向宜昌、施南府屬山區傳佈。〔註23〕此外，十九世紀前半期，湖北、四川、陝西三省邊境的南山老林和巴山老林有「江廣黔楚川陝之無業者僑業其中，以數百萬計，墾荒種地」栽植包穀、蕎、豆、燕麥。〔註24〕而包穀的高產量和易適性顯得更為優勢，進一步取代了山區原有的秋季主要糧食作物——粟米。據嚴如熤（1759～1826）的描述，直至十八世紀晚期，鄂西山區主要的糧食作物系統還是夏麥、秋粟，但玉米的迅速傳佈卻改變了這種結構：

> 數十年前山內秋收以粟穀為大庄，粟利不及包穀，近日遍山漫谷皆包穀。包穀高至一丈許，一株常二三包，上收之歲一包結實千粒，中歲每包亦五六百粒。種一收千，其利甚大，蒸飯作饞、釀酒飼豬均取於此，與大小二麥之用相當。故夏收視麥，秋成視包穀，以其厚薄定歲豐歉。〔註25〕

更早以前，十六世紀鄖陽府「盡樹菽麥」，夷陵州（東湖）則是夏收麥、秋穫粟。〔註26〕十八世紀中期，鄖、宜兩府秋收雖然還「多有產粟」之處，但是玉米已經成為形容鄂西三府作物特色最主要的名詞了，重要性位居菽、粟之上。〔註27〕至十八世紀晚期，鄖陽府：

> 六屬崇山峻嶺，平疇水田十居一二，山農所恃以為饔飧者，麥也、蕎也、粟也，總以玉蜀黍為主。〔註28〕

鄖陽府以外，歸州的糧食作物結構至十九世紀也已經轉成以玉米為主、粟為次的樣貌：

〔註23〕KQ04461。

〔註24〕老林腹地跨越湖北鄖陽府各縣以及宜昌府興山、巴東、東湖、歸州等縣。CS330206～0207。

〔註25〕嚴如熤，《三省邊防備覽》（1822）（江蘇廣陵古籍刻印社，1991），卷12，頁19～20。

〔註26〕夷陵州雖然夏收麥、秋穫粟，但並非一年兩穫輪作，而是「山田磽确，民先期斫木火之，名曰畬田，以種麥，麥登伺雨後佈芽又火之，乘土熱下粟，既收即委其地，及八、九年又復一種，云十年一佃。」見《荊州府志》（1532），卷1，頁38。《湖廣總志》（1591），卷35，頁10、13～14。

〔註27〕KQ07836～837，KQ09300。

〔註28〕《鄖陽府志》（1797～1809），卷4，頁7。

土宜種植，……其餘悉以包穀爲本，雜種菽粟，地氣高寒，歲幸一
穫。〔註29〕

因此小麥的推廣和玉米的迅速傳播，使湖北出現以擴植小麥爲主的地區，和
以擴展玉米爲主的地區，其格局在十八世紀中期形成（見圖2.1.4）。〔註30〕特
別是後者，已經成功地更替了當地原有的作物系統。直至十九世紀沒有其他
作物能替代玉米的角色，玉米在鄂西地區是種得最多最廣的糧食作物，也是
民間正糧。〔註31〕

　　除了玉米以外，洋芋的種植亦能有效增加山區瘠土的利用，產區大部份
集中在十九世紀鄂西三府（見圖2.1.5）。〔註32〕在這之前，乾隆時期只見鄖西
縣產有「土豆」（洋芋）。〔註33〕洋芋較玉米晚入鄂西山區，十九世紀初期才
較多見。多半種於山中最高寒地帶，玉米無法種植的地方則種洋芋充食，一
般作爲正糧或備爲歉歲療飢救急之用，這在鄂西山區各縣大致相同，例如：

〔註29〕《歸州志》（1866），卷2。頁16。
〔註30〕一七五四年按察使明德以小麥和玉米分別各府，鄖、宜、施三府以玉米爲多，
　　　　其餘各府小麥爲多，見KQ17836～837。
〔註31〕《恩施縣志》（1808），卷4，頁24。《宣恩縣志》（1863）卷10，頁1～2。《來
　　　　鳳縣志》（1866）卷28，頁5。《咸豐縣志》（1865）卷8，頁2。《利川縣志》
　　　　（1865）卷10，頁9～10。《利川縣志》（1894）卷7，頁13。《建始縣志》（1841）
　　　　卷3，頁13。《建始縣志》（1866）卷4，頁9。《宜昌縣志》（1864）卷11，頁
　　　　23～24。《興山縣志》（1884）卷14，頁1。《巴東縣志》（1866）卷11，頁1。
　　　　《長樂縣志》（1875）卷12，頁10。《歸州志》（1866）卷2，頁16～17。《鶴
　　　　峰州志》（1822）卷6，頁1。《保康縣志》（1866）卷1。《竹谿縣志》（1867）
　　　　卷14，頁2。《竹山縣志》（1805）卷4，頁5。《房縣志》（1865）卷11，頁9
　　　　～10。
〔註32〕洋芋即馬鈴薯、土豆。龔勝生將羅漢芋也視同洋芋，筆者則期期以爲不妥。
　　　　根據《興山縣志》（1884），卷14，頁1：「羅漢芋，芋之別種……亦名鬼芋……
　　　　邑產最多者名洋芋，可成粉，即鬼芋類也。」洋芋只是與羅漢芋相類的作物。
　　　　龔勝生，《清代兩湖農業地理》，頁145。十九世紀洋芋產區出自下列方志所載：
　　　　《宜都縣志》（1866），卷1下，頁23。《房縣志》（1865），卷11，頁11。《竹
　　　　山縣志》（1865），卷6，頁2。《保康縣志》（1866），卷1。《宜昌府志》（1864），
　　　　卷11，頁7～8。《長陽縣志》（1866），卷1，頁1。《巴東縣志》（1866），卷
　　　　11，頁7～8。《長樂縣志》（1875），卷12，頁10～11。《鶴峰州志》（1822），
　　　　卷7，頁17。《施南府志》（1871），卷10，頁4，卷11，頁6。《恩施縣志》（1864），
　　　　卷7，頁2。《宣恩縣志》（1863），卷10，頁1～2。《咸豐縣志》（1865），卷8，
　　　　頁2。《建始縣志》（1841），卷3，頁10、13。《建始縣志》（1866），卷4，頁
　　　　9。《鄖西縣志》（1886），卷5，頁23。
〔註33〕土豆應是洋芋。何炳棣，〈美洲作物的引進、傳播及其對中國糧食生產的影
　　　　響〉，頁716。

（保康）歲飢有榆皮、橡實、老鴉、蒜磨、芋……葛粉、羊芋粉……等可食。〔註34〕

（房縣）洋芋產西南山中……淺山中多包穀，至深山處包穀不多得，惟燒洋芋為食……近則有力之家多收芋稞以為粉，亦間有積以致富者。〔註35〕

（長樂）羊芋……向無此種，近來處處有之，土人以之佐糧，又可作粉出境外，換布購衣。〔註36〕

（鶴峰州）陽芋……邑高荒土瘠，民人多遠徙，近十餘年來得此代糧，弁以飼豬，雖遇歉歲無大虞。〔註37〕

（施南府）郡中最高之山，地氣苦寒，居民多種洋芋。〔註38〕

（咸豐）洋芋高山最宜，實大常芋數倍，食之無味，且不宜人，山人資以備荒。〔註39〕

　　另一種雜糧作物——番薯，與洋芋同樣在十九世紀較為多見，但是它在湖北推廣緩慢，分布遠不如福建和山東普遍。〔註40〕湖北最早有番薯記載的資料是乾隆《枝江縣志》（1740年刊本），稱為「番芋」。〔註41〕乾隆《崇陽縣

〔註34〕《保康縣志》（1866），卷1。
〔註35〕《房縣志》（1865），卷11，頁11。
〔註36〕《長樂縣志》（1875），卷12，頁10。
〔註37〕《鶴峰州志》（1822），卷7，頁17。
〔註38〕《施南府志》（1871），卷10，頁4。
〔註39〕《咸豐縣志》（1865），卷8，頁2。
〔註40〕陳樹平，〈玉米和番薯在中國傳播情況研究〉，頁197。
〔註41〕《枝江縣志》（1740），卷1，頁22。據《武昌縣志》（1885），卷3，頁18：「番薯，遍地種之，俗名為例諮，有紅白二色，性宜沙土，蔓生蔽野，人以為糧，本出琉球國。高宗純皇帝特命中州等地給種教藝，俾佐粒食，自此廣布蕃滋。」可見番芋即番薯。曹樹基強調方志中提到的薯、紅薯、薯蕷實非番薯，筆者認為曹說不完全正確。薯蕷非番薯，這可以確定，但是紅薯應該就是番薯。例如《德安府志》（1685），卷8，頁5云：「山藥，一名薯蕷」。《來鳳縣志》（1866），卷29，頁6～7同時載有薯蕷與番薯不同的屬性和名稱：「諸藥，……一種大如臂、長尺餘，形如腳板，俗呼腳板薯。又一種形圓而長如山藥者，名薯山藥。……有紅白二種。甘藷，……來自海外，俗名番薯，因其色紅，又名紅薯。種法或用藤插入地，或切片栽之，一畝可收數十石。……乾隆五十一年，張若淳請敕直省勸種甘藷，以為救荒之備，山東巡撫陸燿著有甘藷錄頒行。」《竹山縣志》（1865），卷6，頁2也說「番薯即紅朮」。至於薯，《長樂縣志》（1875），卷8，頁2：「諸，有紅白二種，俗名諮，一名番薯，外保

志》（1752 年刊本）亦有番薯，稱爲「地瓜」。〔註42〕十九世紀番薯在鄂西地區種植最多，其次才是「水田區」的武昌府和黃州府（見圖 2.1.6）。〔註43〕鄂西低山地區「山行平曠處皆開稻田」，農民「除稻穀外，以甘藷爲接濟正糧」，而「山谷貧民不常飯稻，半以包穀、甘薯、蕎麥爲饔飧」。〔註44〕在「水田區」靠山陵的地方，如武昌縣「靈溪、馬蹟鄉多山，生齒繁不足以供食，乃墾爲地螺旋而上，高下相承無少隙，播種番薯、秫、豆之類」。〔註45〕崇陽縣「田宜稻、山宜藷」，山鄉番薯「遍處皆是……山民多用以當糧」。〔註46〕大冶縣到了十九世紀中期也「山藷廣種，邑三鄉瀕水，粒食不甚饒裕，賴藷以濟其不及」。〔註47〕或如蒲圻縣，雖然以生產稻米爲主，但是「稻以供租稅，若非賓祭必不食」，田家自食以番薯、芋類爲主。〔註48〕可見十九世紀「水田區」栽植番薯主要是因爲：（1）人口增加而主要糧食供給不足時；（2）山鄉地瘠或水鄉物產貧乏的地方；（3）在平常年，主要糧食支付租課之後田家口糧不足，必須倚賴其他雜糧作物濟食。十八世紀中後期湖北已經引入番薯，很可

以爲佐粱。」則薯即番薯。不過《咸豐縣志》（1865），卷 8，頁 2 云：「薯有數種，其味甘，山地多種之，清明下種，芒種候翦藤插之，霜降後收掘窖藏之，可作來年數月之糧。」形容狀似番薯卻未直指名稱。而《咸寧縣志》（1882），卷 4，頁 42 則分藷（薯）爲三種，玉枕藷、雪藷及番藷（地瓜）。可見番薯有時直稱薯，有時總括在薯類作物之內。然而方志中有時只云薯，並未標明何種薯，無法明確分別。本文暫將所有有薯的州縣都視同番薯產地。曹樹基，〈玉米和番薯傳入中國路線新探〉，頁 74。

〔註42〕　《崇陽縣志》（1752），卷 3，頁 171。

〔註43〕　《崇陽縣志》（1866），卷 4，頁 53。《大冶縣志》（1867），卷 2，頁 21。《咸寧縣志》（1882），卷 4，頁 42。《武昌縣志》（1885），卷 3，頁 18。《黃安縣志》（1869），卷 1，頁 42。《蘄州志》（1882），卷 3，頁 15。《廣濟縣志》（1872），卷 1，頁 27。《枝江縣志》（1866），卷 7，頁 1。《宜都縣志》（1866），卷 1 下，頁 23。《襄陽縣志》（1874），卷 3，頁 15。《鄖西縣志》（1866），卷 5，頁 23。《竹山縣志》（1865），卷 6，頁 2。《興山縣志》（1884），卷 14，頁 1～2。《長樂縣志》（1875），卷 8，頁 2。《宜昌府志》（1864），卷 11，頁 25。《來鳳縣志》（1866），卷 29，頁 6～7。《宣恩縣志》（1863），卷 9，頁 1。《利川縣志》（1865），卷 4，頁 8。《咸豐縣志》（1865），卷 8，頁 2。《恩施縣志》（1864），卷 6，頁 12。《建始縣志》（1841），卷 3，頁 11。

〔註44〕　《宣恩縣志》（1863），卷 10，頁 1～2。《來鳳縣志》（1866），卷 28，頁 5。《施南府志》（1871），卷 10，頁 3。

〔註45〕　《武昌縣志》（1885），卷 3，頁 14。

〔註46〕　《崇陽縣志》（1866），卷 1，頁 77；卷 4，頁 53。

〔註47〕　《大冶縣志》（1867），卷 2，頁 21。

〔註48〕　《蒲圻縣志》（1836），卷 4。

能當時也有出於這三種情形而擴植番薯者。而且番薯引入湖北之初，或許沒有引起方志撰寫者太多的注意，因此十八世紀番薯的種植範圍可能還要更廣，不只枝江和崇陽二縣。

綜合小麥、玉米、洋芋和番薯在湖北傳播的情形：在第一階段期間（十八世紀中期以前）所擴展的糧食作物主要是小麥，玉米、洋芋和番薯的盛行主要在第二階段（十八世紀中期以後至十九世紀中期）。玉米在十八世紀後半期的傳播尤為迅速，而洋芋及番薯要到十九世紀才見增植。其次，小麥擴展是指在「水田區」推廣的成效顯著，番薯在兩大農業區皆有發展，而玉米和洋芋則是以「旱地區」為其主要的延展範圍，如張之洞所述：

> 至施南、鄖陽二府屬境皆係山陬，宜昌府屬亦多傍山之地，歷年產稻較少，民食以包穀、芋、薯為大宗。〔註49〕

圖 2.1.1：清代湖北水田、旱地分區及各府人口密度（1820）圖

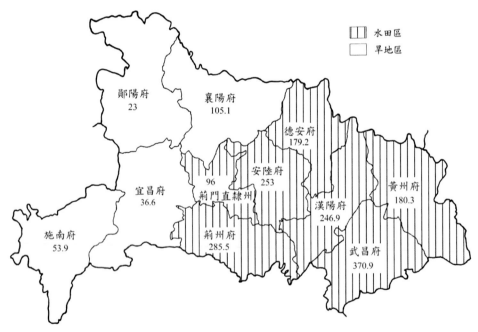

數字來源：人口數取自《嘉慶重修一統志》卷 344～352，土地面積取自一九三六年湖北省政府發布的各縣面積數（平方公里），筆者依各縣所屬清代府別加總而成各府面積數，見佚名，《湖北省之土地利用與糧食問題》（台北：成文出版社有限公司，1977），頁 24121～24123。

〔註49〕CG137851。

圖 2.1.2：十八世紀初期湖北小麥耕地佔各府耕地比例

數字來源：KYH25004。

圖 2.1.3：十八、十九世紀湖北玉米分布圖

圖 2.1.4：十八世紀中期湖北小麥、玉米分區圖

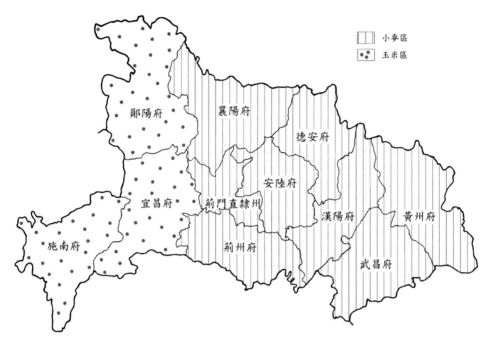

圖 2.1.5：十九世紀湖北洋芋分布圖

圖 2.1.6：十九世紀湖北番薯分布圖

第二節　輪作制度的轉變

　　前節曾論及小麥在「水田區」的推廣情形，其結果除了栽植小麥的地區
增加之外，事實上也對湖北的一年兩穫制有所影響，主要是在推廣稻麥輪作
制和稻與春花輪作制的種植範圍方面。此外，有關雙季稻是否擴大輪作範圍，
以及是否邁向一年三穫制等問題也在此處一併討論。

一、小麥的推廣與稻麥輪作制〔註 50〕

　　曾有學者引唐元和年間（806～820）元稹「年年四五月，蠶實麥小秋」、
「年年十月暮，珠稻欲垂新」詩句，認為湖北稻麥輪作制已出現於九世紀初
期荊州地方。〔註 51〕唐代湖北植麥範圍集中在均州、宜城、荊門等沿漢水流

〔註 50〕稻麥輪作制中的麥，通常指大麥和小麥，合稱二麥。但大麥常會用於飼畜、
　　　　肥料，小麥對民食較為重要，次於稻米，因此筆者行文僅以小麥敘述，暫略
　　　　大麥。
〔註 51〕《湖北簡史》，頁 162。

域，以及荊州一帶。〔註52〕荊州、襄州、鄂州地方雖然也種稻，但是就本文前一節引陸九淵「陸田者只種麥、豆、麻、粟，或蒔蔬栽桑，不復種禾」之語來看，直至宋代「荊襄之間，沿漢（水）上下，膏腴之田七百里」的「水田區」，還是以水田植稻、陸田種麥的一年一種制為主。〔註53〕再根據李伯重研究，稻麥複種為集約程度較高的種植制度，在同一塊土地上實施複種必須要求更多的人力和資本投入，以及水旱排灌技術、育種等條件，而八世紀的江南地區正好可以滿足這些條件，稻麥輪作制出現，並在一定範圍內得到推廣。〔註54〕九世紀湖北農業環境是否滿足上述條件，頗值得懷疑。唐時稱為「荊楚大地，稻田麥地」的湖北，似乎不太可能出現稻麥複種。歷史上在水稻區擴種小麥的策略首見於四世紀早期，以及十世紀後期至十三世紀初期二度由官方推廣，第二次推廣的範圍廣及湖北。〔註55〕在這幾個世紀期間，湖北水田種麥的推廣方興未艾，我們不能排除出現稻後接植小麥的可能性，可惜沒有確切的資料佐證。

　　不過，推究湖北稻麥輪作制的發展軌跡，也不是完全沒有線索可循。就作物的生長期而言，稻麥複種除了節候、熱量、地土條件之外，水稻插秧期與小麥成熟期的早晚必須配合，否則實行稻麥輪作制的可能性就不高。湖北水稻分早、中、晚三種，早稻秧期在四月，中、晚稻秧期在四月中旬至六月中旬之間。〔註56〕小麥收穫多在四月，也有三月下旬或晚至五月中旬才收穫

〔註52〕華林甫，〈唐代粟、麥生產的地域布局初探〉（續），《中國農史》1990.3：29～30。

〔註53〕引文出自《宋史・朱震傳》，見《湖北簡史》，頁199。

〔註54〕李伯重，《唐代江南農業的發展》（北京：農業出版社，1990），頁108～120。

〔註55〕Ping-ti Ho, *Studies on the Population of China*, pp. 178.

〔註56〕湖北早、中、晚稻的生長季節見KYH22087，KYH32465，KQ11561，KQ17325，KQ17755，KQ17586，KQ24565，KQ30637，KQ31042，KQ43211，KQ47238，KQ60154。按現代作物學的分類，水稻生長期是依水稻品種的感光性（日照長度）、感溫性（溫度高低）及基本營養生長等特性，區分為早稻、中稻、晚稻三種。生長期在90～120天者為早稻，120～150天者為中稻，150～180天者為晚稻。清代檔案及方志文獻中的早、中、晚稻雖然也有早種早熟、晚種晚熟的含意，但是三稻所含的品種不會相同。例如漢川縣：「稻有粳糯之分，粘者為糯，不粘者為粳。而粳之早者又為秈。……粳有早、中、晚三種，最早曰掉頭黃、摸地早、五十早、黃金都，秈屬也，皆六月熟。其次曰黃豆早、雙頭早、湖南早、禾大翻、大子紅、小子紅、大葉早，以大葉早為大宗，皆七月熟。再次曰竹稈青、亂麻線、油紅占、黃毛占、青占子，皆八九月熟。……最後曰晚穀，十月熟。」可見早、中、晚稻的含意還包括品種分類的不同，

者（見表 2.2.1）。〔註 57〕四、五月換季收麥栽秧，對實施稻——麥輪作並沒有妨礙。

　　另外，促使稻麥輪作制擴大發展的重要因素，是小麥的迅速推廣。一七二六年，蕭奭《永憲錄》記載：「湖廣稻麥再熟」，一七三二年巡撫王士俊也報告：「農民又得於刈稻之田乘時種麥」。〔註 58〕顯見稻麥輪作制已存在於湖北，只是它的普及程度不清楚。蕭奭所稱湖廣雖然泛指兩湖，但「稻麥再熟」恐怕是指湖北而言，因為雍、乾時期小麥在湖南的推廣成效遠不如湖北顯著。雍正二年（1724）湖南巡撫魏廷珍奏報：

　　　　湖南地方宜稻不宜麥，州縣中俱以種稻為事，其報到種麥者甚少，
　　　　即一縣之中種麥者亦不過十分之一耳。〔註59〕

二年後巡撫布蘭泰也說「湖南所屬栽種禾稻者多，布種二麥者少」。〔註60〕一七三三年湖南種麥較多的地區是常德、辰州、永州、桂陽等府州，但各府小麥所佔耕地比例普遍低於湖北。〔註 61〕根據本文前節所論，湖北雍正時期小麥迅速擴種，至十八世紀後半期，小麥種植幾乎普及各州縣及湖地低窪處。而湖南方面，乾隆時期官員仍然聲稱「南省地不宜麥，所種原少」。〔註62〕一七八四年，湖南最多只有二十九州縣種麥，為清初以來植麥最廣的時期，但仍未達全省州縣數的二分之一。〔註 63〕由於自然環境的先天制宜，在湖廣擴種小麥而成果斐然的是湖北，以致於當時的人形成「湖北地多於田宜於種麥，湖南田多於地，兼之山高水冷，種麥較少」的印象。〔註64〕

　　　　三類各含不同的品種，不相統屬。見《漢川圖記徵實》（1895），冊 4，頁 35
　　　　～36。《農業辭典》（南京：江蘇科技出版社，1980），頁 683～684。《中國大
　　　　百科全書・農業》（北京：中國大百科全書出版社，1990），Ⅰ，頁 157。
〔註 57〕KKH01342，KQ02520，KQ17278，KQ17325，KQ43177。
〔註 58〕KYH23282。蕭奭語轉引自龔勝生，《清代兩湖農業地理》，頁 254。
〔註 59〕KYH02960。
〔註 60〕KYH07191。
〔註 61〕據邁柱所奏，湖南常、辰、永、桂種麥者皆十分之五，其餘各府都低於此數，
　　　　而湖北九個府州之中只有武昌、荊州、歸州三府州低於這個比例，見
　　　　KYH25004。
〔註 62〕KQ24790。（再找乾時麥少，不宜麥之奏摺補之）
〔註 63〕KQ60147。
〔註 64〕KQ08640。

表 2.2.1：清代湖北水稻、「春花」生長季節表

陽　曆	1	2	3	4	5	6	7	8	9	10	11	12
陰　曆	12	1	2	3	4	5	6	7	8	9	10	11
季　節	冬	春			夏			秋			冬	
單季稻：早　稻				○	※	◎	◎	◎				
中　稻					※中	※	※中	◎	◎	◎		
遲　稻								◎				
中遲稻									◎			
晚　稻					※中	※	※中		◎	◎	◎	
雙季稻（早稻～晚稻）				※			◎※	※	◎	◎	◎	
雙季稻（白芒兒）						◎換季						
雙季稻（撒穀）							◎換季					
大小二麥				◎下	◎	◎中				○	○	
油菜（子）				◎下					○	○	○	
蠶　豆				◎下							◎	
蕎麥（蕎麥）									◎			

○：泡種、播種、佈種　　※：插秧、插蒔、佈插、栽插　　◎：收穫、登場
上、中、下：上旬、中旬、下旬
資料來源：康、雍、乾、嘉各朝宮中檔奏摺及各府州縣方志。

　　十八世紀前半期湖北小麥迅速傳佈期間，稻麥輪作制也跟著普遍起來。一七四七年陳宏謀看到當時本來種麥無多的「水田區」各府，已經轉為「種稻之田亦多種麥，刈麥之後方又種稻，為時不及即種晚稻」的情景，形成早稻——小麥、或晚稻——小麥的兩種型式。〔註65〕事實上，不僅是早稻、晚稻，中稻也進入稻麥輪作體系。湖北稻作以早稻最為普及，平陽地暖之處優先種植早稻，在三稻之中佔十之三四。〔註66〕康熙時巡撫陳詵即道：

　　　　楚省年事與江浙不同，早禾俱在六月望前後收成，一切南漕二糧及
　　　　民間租課皆於早禾取辦。……故早禾遍處播插，而晚禾則視地之近
　　　　水者方種。其高阜之處多種菉豆、芝麻、棉花、黃豆以及粟米雜糧，
　　　　而年之高下則以六月早禾收成為定。〔註67〕

〔註65〕CQ000781。
〔註66〕KYH04450，KYH22681。
〔註67〕KKH02671。

> 楚省年歲俱以六、七月早收者爲準……其七月以後民間或種晚禾，
> 或種雜糧。〔註68〕

直至嘉慶朝，地方官同樣報告：

> 楚北地本上腴，性宜早稻，是以大田蒔插爲多，而農民望歲之心較
> 之中、晚二禾尤爲殷切，目下幸穫有收。〔註69〕

稍次的田地，土性不宜早稻，才種中、晚二稻。〔註70〕然而中稻（或遲稻）
種得不多，晚稻在三稻之中也只佔十之二三而已，在十八世紀後半期都融入
輪作制。〔註71〕這個時期稻麥輪作制的地區究竟擴大到如何程度，目前沒有
確切的資料可瞭解。不過，十八世紀中期以後關於稻麥複種的記載顯得多了
起來。地方官的奏摺中常常描述稻、麥接茬的情形：每當「時屆小滿，二麥
次第刈穫，農民趕緊翻犁水田，治種插禾」，「九月間大田刈穫即已播種二
麥」。〔註72〕這種景象已經完全不同於十八世紀初期陳詵所說的早禾之後種
植雜糧的兩穫制。其次，前節曾提到十八世紀中期湖北多作時節小麥面積已
達十之六七，「水田區」擴種小麥的同時，也加速稻麥輪作區的擴大。依此
概推，稻麥輪作區如果未達此一比例，也有可能接近這個比例亦未可知。此
外，部份方志也記有稻麥複種的敘述可供參考，例如石首縣「四月，自穀雨
後農事交作，栽苗收麥」，枝江「水田有春麥秋稻者」，武昌縣「春刈麥，秋
穫稻」。〔註73〕荊門直隸州、遠安也都是四月收麥栽秧，七月收稻，九月播

〔註68〕KKH03059～060。陳詵提到早禾之後種晚禾的問題，後文將討論。

〔註69〕KJ0302417～418。

〔註70〕KYH22795，KQ39737。

〔註71〕KQ15836，KQ43755，KQ49579，KJ3624309～310。遲稻在七、八月收穫，
中遲稻八月熟，穫期皆介於早稻與中晚稻之間。蒲圻、武昌、孝感、麻城、
黃岡、黃安、廣濟、德安府、江陵、松滋、宣恩等縣均種。見《蒲圻縣志》（1738），
卷2，頁13。《蒲圻縣志》（1836），卷4。《武昌縣志》（1885），卷3，頁16。
《麻城縣志》（1670），卷3，頁6。《麻城縣志》（1882），卷10，頁14。《黃
岡縣志》（1789），卷1。《黃岡縣志》（1848），卷1，頁57。《黃岡縣志》（1882），
卷2。《黃安縣志》（1869），卷1，頁41。《廣濟縣志》（1872），卷1，頁27。
《德安府志》（1685），卷8，頁1。《德安府志》（1888），卷3。《江陵志》（1662
～1722），卷1。《松滋縣志》（1869），卷3，頁22。《宣恩縣志》（1863），卷
10，頁1～2。

〔註72〕KQ21274，KQ30416，KQ47355，KQ49579，KQ53170，KQ72813，KJ0403207，
KJ1913246，KJ2114385，KJ3121348，KJ3926511。

〔註73〕《石首縣志》（1886），卷3，頁54。《枝江縣志》（1866），卷7，頁1。《武昌
縣志》（1885），卷3，頁4。

種菜麥。〔註74〕

　　總之，稻麥輪作制在清初只存在於較小範圍，其後隨著小麥的推廣，至十八世紀中期已超越原本較為普遍的早稻——雜糧制，轉為以稻麥輪作制為主，而且三稻皆進入這個輪作體系。

二、稻與春花輪作制的傳佈

　　稻與春花輪制與稻麥輪作制一樣，是水旱輪作的一年兩穫制，不同的是「春花」為包含二麥、油菜和豆類等多種作物的統稱。「春花」一詞首先出現於十七世紀前半期的浙江嘉興府，概指春收麥、豆而言。但在這之前，十五世紀末年江蘇吳江縣有「春熟」之語，指秋播麥和油菜的春熟作物。〔註75〕在十七世紀的《沈氏農書》和《補農書》之中，對「春花」的栽培管理有詳細的記載。〔註76〕「春花」種植的特色，是它結合了重要的食用作物和油料作物，除了供給牲畜飼料和人類的油食營養，提高土壤肥力使土壤養料的供需相對平衡之外，在秋收糧作未穫之前的青黃不接時節，麥豆成為農家的糧食所資，有調節主要穀物價格的機能。〔註77〕相對於舊有的稻麥輪作制而言，稻與春花輪作制是新型式的一年兩穫制。根據川勝守的研究，這種一年兩穫而多熟的種植制度至十八世紀已經普及於長江流域各省，而且「春花」作物群包含的範圍更為彈性：麥類作物以大小二麥為主，有時會包括蕎麥；菜類作物以油菜為主，也包括瓜類和各種蔬菜作物；豆類作物有蠶豆、豌豆、菉豆等項。〔註78〕

　　根據前文，「春花」必有油料作物在內，但「春花」作物群之一的油菜，在十六世紀湖北方志中，只見於《德安府志》和《鄖陽府志》（只竹谿一縣）。

〔註74〕　《荊門直隸州志》（1809），卷11，頁3～4。《遠安縣志》（1866），卷4，頁2～3。

〔註75〕　川勝守，《明清江南農業經濟史研究》（東京：東京大學出版會，1992），頁109、111。「春花」起源於長江下游地區，但所包含的作物群多有歧異，或指小麥與油菜，或指二麥、油菜、蠶豆，也有指麥、豆、紫雲英。李伯重研究江南，界定「春花」為包含糧食、油料等作物的水稻後作作物群。見李氏，〈明清江南種稻農戶生產能力初探〉，《中國農史》1986.3：2。

〔註76〕　川勝守，《明清江南農業經濟史研究》，頁112～118。

〔註77〕　李伯重，〈天、地、人的變化與明清江南的水稻生產〉，《中國經濟史研究》1994.4：116。川勝守，《明清江南農業經濟史研究》，頁116～117。

〔註78〕　川勝守，《明清江南農業經濟史研究》，頁119～151。

〔註79〕一七一一年三月湖北巡撫陳詵奏報「楚省……麥、荳盈疇，春花遍野」，
稍後湖廣總督鄂海又奏：

> 湖北省八府屬各州縣來報：麥子收成有七、八分至十分餘，大麥收
>
> 成有十分餘，菜子收成有八、九分至十分餘等語。〔註80〕

據此則十八世紀初期「春花」似乎已經普及於湖北全省各地。但是根據方志
的記錄，順治、康熙時期（1644～1723）只有六種不同的州縣志載錄油菜，
乾隆時期（1736～1795）有十二種，同治時期（1862～1874）有二十二種，
光緒時期（1875～1908）有十四種，為數不多。〔註81〕這可能是因為早期方

〔註79〕《德安府志》（1517），卷2，頁12。《鄖陽府志》（1578序），卷12，頁2。

〔註80〕KKM0716～0717，KKH03388～389。

〔註81〕順治、康熙時期六種方志為：《大冶縣志》（1683），卷1，頁14；《通城縣志》
（1672），卷1，頁18；《麻城縣志》（1670），卷3，頁6；《京山縣志》（1673），
卷1，頁19；《潛江縣志》（1694），卷8，頁41；《遠安縣志》（1661），卷1，
頁15。乾隆時期十二種方志為：《蒲圻縣志》（1738），卷2，頁14；《漢陽府
志》（1747），卷28，頁3；《黃岡縣志》（1789），卷1，頁58；《蘄水縣志》（1794），
卷2，頁35；《蘄州志》（1755），卷2，頁14；《黃梅縣志》（1789），卷5，頁
1；《鍾祥縣志》（1795），卷5，頁26；《江陵縣志》（1794），卷22，頁3；《鄖
西縣志》（1773），卷4，頁6；《東湖縣志》（1763），卷5，頁1；《鶴峰縣志》（1741），
卷下，頁18；《荊門州志》（1754），卷15，頁2。同治時期二十二種方志為：
《大冶縣志》（1867），卷2，頁21；《蒲圻縣志》（1866），卷1，頁3；《江夏
縣志》（1869），卷5，頁37；《崇陽縣志》（1866），卷4，頁54；《續輯漢陽
縣志》（1868），卷9，頁3；《鍾祥縣志》（1867），卷2，頁13；《枝江縣志》
（1866），卷7，頁1；《松滋縣志》（1869），卷3，頁23；《監利縣志》（1872），
卷8，頁5；《棗陽縣志》（1865），卷12，頁2；《宜城縣志》（1866），卷3，
頁30；《鄖縣志》（1866），卷4，頁40；《竹山縣志》（1865），卷6，頁1；《鄖
西縣志》（1866），卷5，頁23；《房縣志》（1865），卷11，頁10；《東湖縣志》
（1864），卷5，頁4；《巴東縣志》（1866），卷11，頁2；《建始縣志》（1866），
卷4，頁10；《利川縣志》（1865），卷4，頁8；《來鳳縣志》（1866），卷29，
頁6；《荊門直隸州志》（1868），卷6，頁1；《遠安縣志》（1866），卷2，頁1。
光緒時期十四種方志為：《武昌縣志》（1885），卷3，頁17；《孝感縣志》（1882），
卷5，頁32；《沔陽州志》（1894），卷4，頁71；《漢陽縣志》（1883），卷1，
頁20；《麻城縣志》（1877），卷10，頁14；《蘄州志》（1884），卷3，頁15；
《蘄水縣志》（1880），卷2，頁41；《應城縣志》（1882），卷1，頁46；《潛
江縣志》（1879），卷8，頁41；《京山縣志》（1882），卷1，頁16；《江陵縣
志》（1876），卷22，頁3；《興山縣志》（1884），卷14，頁1；《長樂縣志》（1875），
卷8，頁2；《利川縣志》（1897），卷7，頁13。其中，同治時期的大冶、蒲
圻、漢陽、鍾祥、鄖西、東湖、荊門州、遠安，其乾隆時期的縣志已載有油
菜。光緒時期的麻城、京山、潛江，其康熙志已載有油菜；漢陽、蘄水、蘄
州、江陵，其乾隆志已載有油菜；利川在同治志已載有油菜。

志存留下來的數量較少，而且油菜並非重要的糧食作物，方志不一定會載入。

十八世紀中期油菜以黃州府種植最多，可能鄂東地區分布較為普遍，這在湖廣總督吳達善的奏摺中可以看到：

> ……迨入湖北境之黃梅縣，經由廣濟、蘄水、黃岡、武昌等縣以至省城……因地氣較早，大麥間有吐穗，小麥亦長發茂盛，菜子揚花高至二三尺，極為蓬勃可觀。……自湖北起程路經武昌府屬之江夏、咸寧、蒲圻等縣……所種麥、豆皆已吐穗，小麥長至一二尺，其菜花春立，俱極豐盛。〔註82〕

而十八世紀後期武昌和黃州二府還是處處「春花」，一七八三年巡撫姚成烈描述：

> 自江夏起程前赴黃岡、廣濟、黃梅各邑，弔取印委各員開造底冊，按戶抽查……。至一路高低田畝播種二麥春花……經過黃梅、廣濟、蘄州以至江夏等處，皆於十七十八日密雨優霑，麥隴蔬圃日增榮茂。
>
> 〔註83〕

至十九世紀，種植油菜的州縣已經增多（見圖2.2.1）。〔註84〕

湖北地方官在奏摺中直言「春花」者並不多，但是以「春花」各項作物條奏者則又不少。雍正六年地方官奏報「入春以來……麥、豆、菜子等苗俱皆暢茂條達，春花可卜豐收」，七年年初例奏雨水情形時又言「春花有望」。〔註85〕乾隆二十一年（1756）總督碩色奏報：

> ……經由湖北之武昌、漢陽、荊州、宜昌、襄陽、安陸、德安、黃州等府所屬州縣地方一路察視春花情形，今歲入春以來雨澤均調，所種大麥現已黃熟漸次收割，小麥亦俱結實，蠶豆、菜子、雜糧等項各皆茂盛。〔註86〕

二十八年又奏：

> 今時屆仲冬，麥苗長發之候，……春花可期。〔註87〕

〔註82〕KQ24146，KQ24198。

〔註83〕KQ58367。

〔註84〕同治、光緒年間為期僅四十餘年，種植州縣變化應該不會太大，此處計數十九世紀種植油菜的州縣時，包括同治時期二十處，光緒時期十四處（不重覆計數）。油菜為次要食用作物，各縣方志未必一一記載，因此實際上的油菜分布州縣數目應該還要更多。種植州縣來源見本章註81。

〔註85〕KYH11710，KYH14472。

〔註86〕KQ14256。

〔註87〕KQ19692。

據碩色所見，各府或多或少都能栽植「春花」，爲「水田區」常有的現象。上述幾位督撫的報告說得很明白，「春花」作物群主要包括二麥、蠶豆、油菜三種，於秋末冬初撒種。〔註88〕不過，奏摺中也常看到在麥、菜、豆之外再加上蕎麥（蕎麥），或豌豆，或其他雜蔬合爲春收作物。〔註89〕若「春花」只包括麥、豆，不含油料作物，則湖北也有以二麥、蠶豆，或以二麥、豌豆、菜蔬，或以蕎麥、豌豆、蠶豆作爲春收作物。〔註90〕例如乾隆十七年（1752）湖廣總督永常提到的春收作物只有二麥、蠶豆，這種作物組合比含油菜在內的作物群分布得更廣：

> 十月八日自昌前往施南，經過歸州、巴東、恩施各境，高壟下坂麥苗、蠶豆均已遍插，出土二、三、四、五寸。臣回至宜昌水路，由宜都至江陵、枝江、荊門、潛江、沔陽、天門、漢川、漢陽、武昌府一帶，臨江地畝遍插二麥、蠶豆，亦已長發三、四寸。〔註91〕

鄂西的歸州、巴東、恩施也都能種植。然而乾隆二十九年（1764）李侍堯所謂「春花」卻只言二麥：

> 閻閭日食所需固賴秋成豐稔，而青黃不接之期亦藉春花接濟，湖北各屬播種二麥者約有十之六七，……今歲入春以來雨水調勻……嗣值揚花吐穗，天氣晴和，二麥俱得結實飽綻。……〔註92〕

大概在春季收成的作物，無論組合如何，都可稱爲「春花」，但其中以麥類作物最爲重要，尤其是二麥。

在輪作制度方面，「春花」與中稻、晚稻或秋收雜糧都能接植：

> 民間晚稻、雜糧俱已刈穫完竣，現在翻犁播種二麥春花。〔註93〕

> 今年九月以後，中、晚禾俱已收穫，田地亦皆翻犁播種麥苗、菜秧。〔註94〕

而早稻收穫後是否也接作「春花」，目前尙未有資料明證。但是早稻既能與二麥輪作，換季接蒔「春花」當不成問題。總之，從油菜的分布來看，湖北稻

〔註88〕KQ50348。

〔註89〕KQ02520，KQ04663，KQ71549～550，KJ1812724～725。

〔註90〕KYH22087，KQ16541，KQ51231，KQ71549。

〔註91〕KQ04249。

〔註92〕KQ21381。

〔註93〕KQ22793。

〔註94〕KQ32392。

與春花輪作制在十六世紀存在的可能性很低，十七世紀至十八世紀前半期在
「水田區」稍有擴展，以鄂東府屬最普遍，降至十八世紀後半期及十九世紀
稻與春花輪作制才見滋榮。

三、雙季稻與一年三穫制的出現

　　湖北稻麥輪作制、稻與春花輪作制的分布範圍，在十八世紀後半期皆有所
擴展，然而同樣是兩穫制的雙季稻是否也擴大實行？再者，一年兩穫是否更進
一步的發展為一年三穫，成為湖北重要的種植制度？據王社教研究，明代雙季
稻主要分布於浙江、福建、廣西、廣東等省的部份地區，長江流域只限於蘇州
和南昌二處，沒有湖北。〔註95〕至十八世紀，沿海四省雙季稻分布範圍擴大，
形成「水稻雙穫區」，而長江流域中下游各省（兩湖、江西、安徽、江蘇）實施
雙季稻地區雖然比明代稍有增加，但嚴格來說並沒有顯著的擴張。〔註96〕

　　明代湖北沒有種雙季稻的跡象，但十七世紀或十八世紀初期已存在雙季連
作稻。康熙《廣濟縣志》提到「凡稻種最多，他方一歲兩栽……此惟一穫」，間
接提示湖北存在雙季稻制。〔註97〕再根據本文前引一七〇九年陳詵奏摺「七月
以後民間或種晚禾，或種雜糧」、「晚禾則視地之近水者方種，其高阜之處多種
菉豆、芝麻、棉花、黃豆以及粟米雜糧」等語推測，當時可能存在至少三種輪
作制度：早稻一季或秋收雜糧一季、早稻與晚稻連作制、早稻與各種雜糧及棉
花。〔註98〕一七二七年，雍正皇帝也提及「江南、江西、湖廣、粵東數省有一
歲再熟之稻」。〔註99〕但是十八世紀前半期早晚稻連作的分布範圍如何，相關資
料並不多。一七四七年《漢陽府志》明白記載漢川縣有早晚稻連作的雙季稻：

> 晚稻，刈去早稻之田得種晚禾，入秋始植，稻嘴有芒也，牟麥狀，
>
> 其穀色帶微黑，米則香美特甚。〔註100〕

這種雙季稻在十八世紀後半期猶有種植，湖廣總督碩色、李侍堯，湖北巡撫

〔註95〕王社教，〈明代雙季稻的種植類型及分布範圍〉，《中國農史》1995.3：33～35。

〔註96〕王業鍵、黃翔瑜、謝美娥，〈十八世紀中國糧食作物的分布〉，收於王業鍵，《清
　　　　代經濟史論文集》（一），頁73～101。

〔註97〕「他方」未必指在湖北境內，但是李華認為是指湖北而言。台灣無康熙《廣
　　　　濟縣志》，引文文字轉引自李華，〈清代湖北農村經濟作物的種植和地方商人
　　　　的活躍〉，《中國社會經濟史研究》1987.2：53。

〔註98〕CS050710。

〔註99〕CS070814。

〔註100〕《漢陽府志》（1747），卷28，頁3。

陳輝祖都曾提及：

> 楚省大田一歲多係二次播種早、晚禾稻。（乾隆二十一年）〔註101〕

> 楚省向有兩熟田地，刈穫早稻之後復種晚禾。（乾隆二十一年）〔註102〕

> 早稻收穫已完，各有八九分收成，湖北一年兩熟之處現又紛紛翻犁栽插晚禾。（乾隆二十八年）〔註103〕

> 平陽地暖植早稻者居多，近山氣寒多種中、晚稻，亦有肥厚之地於早稻穫後接蒔晚稻者。（乾隆四十二年）〔註104〕

十八世紀中期以前早晚稻連作的分布區一直沒有太多資料可明，直至一七五五年，湖廣總督碩色交代了雙季稻的種植範圍：

> 湖北荊州府屬之公安、江陵二縣，安陸府屬之潛江、天門二縣，漢陽府屬之漢川、漢陽二縣，田土一歲兩種，熟者居多。〔註105〕

這些地區可能包含不同的雙季稻型式，已知漢川為早晚稻連作，而公安、江陵、漢陽三縣為早稻連作（詳下文）。這六縣之外，黃州府的黃岡縣和蘄水縣的巴河，也是「一歲兩種」的雙季稻區：

> （黃岡）歲清明始佈種，彌月而栽……其稼有一穫、再穫，曰早、曰遲、曰晚。〔註106〕

> （蘄水）清明後佈穀，或早或中遲，異種。……及秋乃穫，近巴河一區歲再穫，餘惟一穫。〔註107〕

其中，蘄水也產晚稻，巴河地區的「歲再穫」應該是早晚稻連作。〔註108〕以上各縣除了潛江、天門以外，十九世紀這些地區的雙季稻大多持續種植，並增加了孝感、武昌、江夏、石首四縣：

> （孝感）六月刈蚤稻……，是月（七月）也……插晚禾……，是月（十月）也刈晚禾。〔註109〕

〔註101〕KQ14256。

〔註102〕KQ15053。

〔註103〕KQ18368。

〔註104〕KQ39737。

〔註105〕KQ12472。

〔註106〕《黃岡縣志》（1789），卷1，頁51。

〔註107〕《蘄水縣志》（1794），卷2，頁26。

〔註108〕《蘄水縣志》（1794），卷2，頁34。

〔註109〕《孝感縣志》（1882），卷5，頁17、19～20。

　　（武昌）稻……六月穫者名芒花早，爲早稻，八月穫者爲遲稻，早稻刈後始插者爲晚稻，所謂再熟之稻也，九月、十月始穫。〔註110〕

　　（江夏）穀分早秧、晚秧，早秧於割麥後即插，六月半穫之，插晚秧於穫早穀後，仲秋時穫之。〔註111〕

　　（石首）六月，……是月早稻漸熟，民間趁時收割，隨插晚禾。〔註112〕

　　湖北另有一種雙季稻，是以同一品種的早稻連作。一七四七年的《漢陽府志》記漢陽縣有這種雙季稻：「稻之屬，……白芒兒，一年兩季」。〔註113〕「白芒兒」也出現在十七世紀的《漢陽府志》，列於各種早稻品種之中，應該是早稻的一種。〔註114〕還有一種早稻名爲「撒穀」，「播種尤早，不須分秧栽插，只將穀種撒種於沿湖」，種於江陵一帶，「日雲南早、毛瓣子、凍粘子，此三種一歲兩熟」。〔註115〕這種不須分秧栽插的品種還有漢陽縣的「芒草」，德安府、孝感縣的「蓋穀」，都以早熟和適合陂濕湖田耕種爲其特色，但是「芒草」和「蓋穀」可能只是一季。〔註116〕一七二一年的《公安縣志》也載有其中一種「撒穀」品種，因此公安應該也屬於早稻連作型的雙季稻區：

　　　布種最早花朝後即行耕作，穀之先實者日凍粘，五月杪即可嘗新，

　　　農家以新之早晚爲勝負焉。〔註117〕

撒穀可能是荊州府普遍栽植的雙季稻品種，以致於類似的文字記載不但見於乾隆、光緒時期的《荊州府志》，也見於乾隆、光緒時期的《江陵縣志》，在一八七二年刊行的《監利縣志》也同樣登錄。〔註118〕以上四縣之外，十九世紀廣濟

〔註110〕《武昌縣志》（1885），卷3，頁16。
〔註111〕《江夏縣志》（1869），卷5，頁36。
〔註112〕《石首縣志》（1886），卷3，頁54。
〔註113〕《漢陽府志》（1747），卷28，頁2。
〔註114〕《漢陽府志》（1613），卷5，頁18。
〔註115〕KQ14738。《江陵縣志》（1794），卷22，頁1。《荊州府志》（1757），卷18。
〔註116〕《漢陽府志》（1747），卷28，頁2。《續輯漢陽縣志》（1868），卷9，頁3。《德安府志》（1685），卷8，頁1～2。
〔註117〕《公安縣志》（1721），卷2，頁2。花朝爲二月朔日，見《石首縣志》（1886），卷3，頁53。
〔註118〕當然，後修方志也有可能襲抄前修本的敘述文字，但是江陵之有雙季稻已在一七五五年湖廣總督碩色的奏文中出現過，方志資料只是更加確證這個事實。監利可能也有這種稻種，因而轉載府志行文。《荊州府志》（1757），卷18。《荊州府志》（1880），卷6，頁1。《江陵縣志》（1794），卷22，頁1。《江陵縣志》（1876），卷22，頁1。《監利縣志》（1872），卷8，頁4。

可能也是實施早稻連作的一區。廣濟「稻有早稻、中稻、遲稻,上鄉高田一熟,湖鄉有一歲兩熟者。」〔註119〕雖然遲稻八月熟,接近晚稻熟期(見表2.2.1),但是湖北未有以遲稻作爲第二季稻的情形。根據乾隆、嘉慶朝督撫所奏,不產晚稻的地區並未包括廣濟,但在道光、咸豐、光緒朝,廣濟已是不產晚稻的地區。〔註120〕據此推測,十九世紀廣濟湖鄉應該屬於早稻連作的兩種制。

　　歸納前述,可知湖北雙季稻以早稻及晚稻連作爲主,部份地區以同一早稻品種連作。〔註121〕十八世紀前半期即有雙季稻的記載,但是只知漢川一縣實施此制。十八世紀後半期有關雙季稻的敘述資料較前增多,分布在黃岡、蘄水、漢陽、漢川、天門、潛江、江陵、公安八縣。至十九世紀,雙季稻區增爲十一縣,其中天門、潛江、公安是否持續種植,沒有資料可證,而增加的是武昌、江夏、廣濟、孝感、石首、監利六縣(見圖2.2.2)。從種植雙季稻的縣數來看,似乎十九世紀才增加,但是應該注意的是,地方官提及雙季稻制最多的時期是在十八世紀後半期,顯見這個時期雙季稻區略有開展。不過,雙季稻制在湖北遠不如稻麥輪作制、稻與春花輪作制普遍,即使到十九世紀,擴展也很有限。要到二十世紀,湖北雙季稻制才算眞正的擴大實施(見圖2.2.3)。

　　另外,由雙季稻制衍生的相關問題,是湖北一年三種制的產生與實施。一八六九年刊的《江夏縣志》提到該縣的雙季稻與麥輪作,形成麥 ── 早稻 ── 晚稻的三種制。〔註122〕同樣的輪作制度在一八八二年刊的《孝感縣志》也出現:

> 四月,⋯⋯語云:「鄉村四月閑人少」,又云:「農夫兩頭忙」,言插
> 禾、刈麥併也。⋯⋯六月,刈蚤稻⋯⋯。七月,⋯⋯插晚禾。⋯⋯
> 十月,⋯⋯是月也刈晚禾。〔註123〕

這種輪作制在十九世紀湖北其他地方皆未出現,顯然江夏、孝感的情形是少數特例。事實上,經由本節探討的結果,湖北輪作制度主要朝一年兩種而多樣性的方向發展,具體的說,這一發展具有三個趨勢:第一,稻麥輪作制的推廣,分布範圍擴大;第二,稻與春花輪作制的擴展;第三,無論稻麥輪作

〔註119〕《廣濟縣志》(1872),卷1,頁27。

〔註120〕KQ12657～658,KQ15401～402,KQ15443,KQ73457,KJ3221680,KJ4228650～652,KD004071,KD008214,KX011619,CG120729,KG06011,KG07050。

〔註121〕十九世紀晚期漢川有再生稻:「早穀刈後,其根復生葉結子者爲稻孫,土人呼翻生子,收成雖較頭穀僅三分之一,然不費工本。」《漢川圖記徵實》(1895),冊4,頁36。

〔註122〕《江夏縣志》(1869),卷5,頁36。

〔註123〕《孝感縣志》(1882),卷5,頁15、17、19～20。

制或稻與春花輪作制，都是增加後季作物的多樣性，非朝一年三種制發展。
這些改變主要在「水田區」，而且以十八世紀中期爲其轉捩，十八世紀後半期
是這三個趨勢的擴展期。至於「旱地區」作物系統，除了新作物進入後，部
份更替原有作物系統，擴大山墾區之外，輪作制度方面沒有大的轉變（清代
湖北各種輪作制度見表 2.2.2 及圖 2.2.4）。〔註 124〕

圖 2.2.1：十九世紀湖北油菜分布圖

〔註 124〕襄陽、鄖陽、宜昌、施南四府都是水田少旱地多，農作以麥與雜糧爲主，稻
　　　　穀爲助。産小麥較多的地區（如襄、鄖兩府）爲夏麥——秋雜，或麥——玉
　　　　米一年兩種制，産小麥較少或不産的地區則倚賴多種雜糧，如玉米、洋芋、
　　　　甘薯、燕麥、蕎麥、高粱，或雜種粟、豆，爲一年一種。稻作水田只有十之
　　　　一二，有早稻、晚稻，須在水利良好地區才種植，大概都只一種（如鄖縣、
　　　　鄖西、竹谿、房縣）。像施南府「食稻者十之三，食雜糧者十之七」，稻米是
　　　　平原城市軍、民所食，在恩施縣稱爲「大糧」。宣恩縣部份低山及近縣城的地
　　　　方宜稻宜甘薯，稻分早、遲兩種，稻米作爲正糧，甘薯在不時之需作爲接濟
　　　　正糧之用，可能爲兩種制。KYH33026，KQ59668，KJ0503608。《竹山縣志》
　　　　（1785），10，頁 2。《鄖陽府志》（1797～1809），卷 4，頁 7。《房縣志》（1865），
　　　　卷 11，頁 9。《歸州志》（1866），卷 2，頁 16。《巴東縣志》（1866），卷 11，
　　　　頁 1。嚴如熤，《三省邊防備覽》，卷 9，頁 6～8。《施南府志》（1871），卷 10，
　　　　頁 4。《恩施縣志》（1808），卷 4，頁 24。《恩施縣志》（1864），卷 7，頁 2。
　　　　《宣恩縣志》（1863），卷 10，頁 1～2。

圖 2.2.2：十九世紀湖北雙季稻分布圖

圖 2.2.3：二十世紀湖北雙季稻分布圖

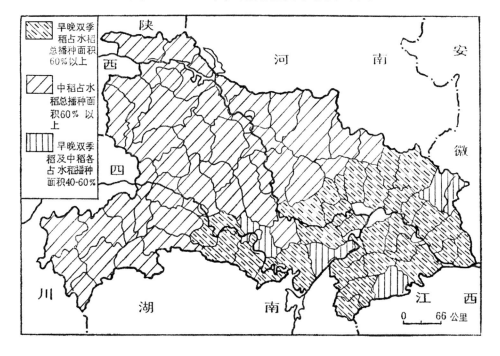

圖 2.2.4：清代湖北輪作制度區劃圖

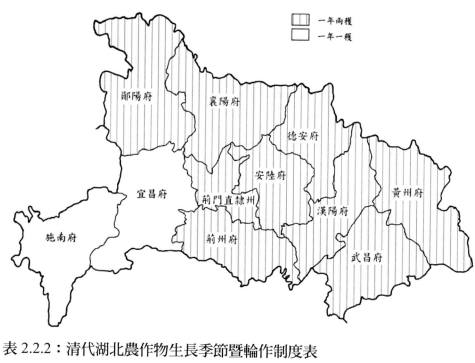

表 2.2.2：清代湖北農作物生長季節暨輪作制度表

陽曆	1	2	3	4	5	6	7	8	9	10	11	12
陰曆	12	1	2	3	4	5	6	7	8	9	10	11
季節	冬	春			夏			秋			冬	

一年二穫	二麥 ※ 稻 （早、中、晚） ※
	二麥 蠶豆 ※ 稻 ※
	二麥、油菜、蠶豆 （春花） ※ 稻 （中、晚） ※
	二麥、豌豆、菜蔬 （春花） ※ 稻 （中、晚） ※
	蕎麥、豌豆、蠶豆 （春花） ※ 稻 （中、晚） ※
	春花 ※ 秋糧（粟、黍、豆、芝麻） ※
	早稻 ※ 菉豆、芝麻、粟、棉花
	早稻 ※ 晚稻
	早稻（白芒兒、撒穀） ※ 早稻（白芒兒、撒穀）
	麥 ※ 粟、豆、高粱、穆子
	麥 ※ 玉米 ※

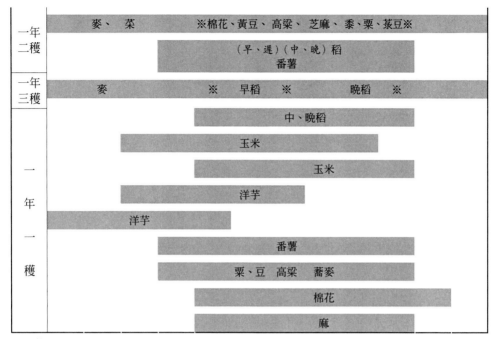

※：換季

資料來源：康、雍、乾、嘉各朝宮中檔奏摺及各府州縣方志。

第三節　棉作區的擴張

　　十八世紀中期以後的湖北，不僅小麥、玉米等糧食作物大幅擴植，經濟作物的棉花也同時擴張。湖北最早植棉應在十三世紀晚期，時為元政府在湖廣設立木棉提舉司，其後明朝政府仍以政令推廣種植棉花，透過稅賦制度，增加棉的供給，促進植棉的擴展。〔註125〕至十六世紀為止，湖北棉作區大致包括了武昌府的嘉魚、大冶、通山、興國州，黃州府的蘄州，德安府全府，承天府的潛江、景陵（即天門）二縣，襄陽府的光化，荊州府的公安、夷陵州，鄖陽府的竹山、鄖西、保康、上津等地。〔註126〕其中，尤以德安府所產

〔註125〕梅莉，〈歷史時期湖北的植棉業〉，《農業考古》1991.1：338。趙岡、陳鍾毅，
　　　　《中國棉業史》（台北：聯經出版事業公司，1977），頁43～46。

〔註126〕《大冶縣志》（1540），卷2，頁4。《興國州志》（1554），卷3，頁15。《嘉魚
　　　　縣志》（1449），卷上，頁11。《蘄州志》（1529），卷2，頁31。《湖廣總志》
　　　　（1591），卷12，頁3；卷35，頁8。《德安府志》（1517），卷2，頁14。《應
　　　　山縣志》（1540），卷上，頁7。《承天府志》（1602），卷6，頁1～2。《夷陵
　　　　州志》（1495），卷3，頁5。《公安縣志》（1543），卷上，頁14。《光化縣志》
　　　　（1515），卷3，頁25。《鄖陽府志》（1578序），卷12。

的棉花「視他處爲多」。〔註127〕明末徐光啓曾提到當時全國棉花有四大產區，來自湖廣產區的棉花稱爲「江花」，品質稍次於「北花」與「浙花」：

> 中國所傳木棉，亦有多種：江花出楚中，棉不甚重，二十而得五，性強緊。北花出畿輔、山東，柔細中紡織，棉稍輕，二十而得四，或得五。浙花出餘姚，中紡織，棉稍重，二十而得七。吳下種，大都類是。〔註128〕

「江花」雖出自「楚中」，但是它的主要來源應該是湖北，湖南所產較少。〔註129〕

　　湖北自十六世紀形成的植棉地帶基本上沿續至十八世紀中期，這期間產棉縣數似乎沒有太大的增加。植棉區大致集中在德安府屬的隨州、安陸、雲夢、應城，安陸府的潛江、天門，以及漢陽府的孝感、黃陂、漢川一帶，其他各府僅有一、二縣或二、三縣出產。〔註130〕十八世紀後半期，產棉縣數明顯增多，全省已有近半數州縣植棉。較集中的棉產區除了原有的德安、安陸、漢陽三府外，各府植棉所在多有。例如黃州府棉區集中在相鄰的蘄水、蘄州、廣濟、黃梅四縣，武昌府棉區則集中在鄰近的咸寧、嘉魚、崇陽、通山、通城五縣，而荊州府的江陵、枝江、宜都，荊門直隸州全部州縣，襄陽府的棗陽、宜城，以及安陸府的鍾祥，則在鄂中連成一片廣大的植棉帶（見表2.3.1）。

〔註127〕 德安府包括隨州、應山、安陸、雲夢、應城、孝感六縣。《湖廣總志》（1591），卷12，頁3。

〔註128〕 棉重，指棉絨在籽棉中佔的比例，棉絮愈長愈多，棉絨比例愈大，棉籽愈少，棉的品質愈高，而「二十而得……」指二十斤籽棉能取得多少斤棉絨。參見徐光啓撰，石聲漢校注，《農政全書校注》（上海：上海古籍出版社，1979），卷35，頁961、985。

〔註129〕 湖南棉產區集中在沿洞庭湖周邊。梅莉，〈歷史時期湖北的植棉業〉，頁338。從翰香，〈試述明代植棉和棉紡織業的發展〉，《中國史研究》1981.1：64。

〔註130〕 KKH01188～193。《大冶縣志》（1683），卷1，頁17。《通城縣志》（1672），卷1，頁17。《通山縣志》（1665），卷1，頁55。《蒲圻縣志》（1738），卷2，頁16。《羅田縣志》（1717），卷3，頁《湖廣通志》（1733），卷18，頁111～112。《黃陂縣志》（1666），卷1。《漢陽府志》（1747），卷28，頁4。《黃州府志》（1749），卷3，頁37。《廣濟縣志》（1872），卷1，頁28，引康熙六年（1667）縣志語。《德安府志》（1685），卷8。《隨州志》（1667），卷1，頁38。《雲夢縣志》（1671），卷8。《安陸府志》（1667），卷3，頁41。《潛江縣志》（1694），卷8，頁42。《鍾祥縣志》（1738），卷2，頁45。《遠安縣志》（1661），卷1，頁16。《當陽縣志》（1670），卷1，頁23。《枝江縣志》（1740），卷1，頁25。《宜都縣志》（1697），卷6，頁15。《宜城縣志》（1683），卷3，頁39。李華，〈清代湖北農村經濟作物的種植和地方商人的活躍〉，頁52。

〔註 131〕

表 2.3.1：清代湖北產棉州縣數統計

十六世紀	十七至十八世紀前半期	十八世紀後半期	十九世紀	一九三〇年代
20	23	32	39	42

　　然而十九世紀湖北植棉愈爲興盛，由原來的幾個集中產區擴散（見圖 2.3.1）。〔註 132〕二十世紀初期，湖北「種此者自荊州、安陸以下則爲出產之大宗，漢、黃、德三府尤盛」，可以說整個「水田區」各府都是重要的產棉區。

〔註 131〕《嘉魚縣志》（1790），卷 2，頁 15。《崇陽縣志》（1752），卷 3，頁 171。《蘄水縣志》（1794），卷 2，頁 38。《黃梅縣志》（1789），卷 5，頁 5。《蘄州縣志》（1755），卷 2，頁 15。《鍾祥縣志》（1795），卷 5，頁 29。《江陵縣志》（1794），卷 22，頁 15。《石首縣志》（1795），卷 4，頁 20。《枝江縣志》（1740），卷 1，頁 25。《荊州府志》（1757），卷 18。《襄陽府志》（1760），卷 6，頁 6。《東湖縣志》（1763），卷 5，頁 23～24。《荊門州志》（1754），卷 15，頁 2。《鄖西縣志》（1773），卷 4，頁 3。《竹山縣志》（1785），卷 11，頁 5。

〔註 132〕《蒲圻縣志》（1866），卷 1，頁 4。《咸寧縣志》（1882），卷 1，頁 16。《漢川縣志》（1873），卷 6，頁 19。《漢川圖記徵實》（1895），冊 5，頁 2。《湖北通志》（1804），卷 23，頁 6。《黃陂縣志》（1871），卷 1，頁 31。《沔陽州志》（1894），卷 4，頁 72。《黃州府志》（1884），卷 3，頁 68。《黃岡縣志》（1882），卷 2。《麻城縣志》（1882），卷 1，頁 15。《麻城縣志前編》（1935），卷 1。《黃安縣志》（1869），卷 1，頁 41。《廣濟縣志》（1872），卷 1，頁 28。《黃梅縣志》（1876），卷 1，頁 4。《蘄水縣志》（1880），卷 2，頁 30、44。《蘄州志》（1884），卷 3，頁 19。《應山縣志》（1871），卷 7，頁 2。《隨州志》（1869），卷 13。《應城縣志》（1882），卷 1，頁 55。《鍾祥縣志》（1867），卷 2，頁 17。《京山縣志》（1882），卷 1，頁 16。《潛江縣志》（1879），卷 8，頁 42。《天門縣志》（1989），卷 5，頁 173。《荊門直隸州志》（1809），卷 15，頁 2。《荊門直隸州志》（1868），卷 1 之 6，頁 1、5。《當陽縣志》（1866），卷 2，頁 10。《枝江縣志》（1866），卷 7，頁 7～8。《松滋縣志》（1869），卷 3，頁 26。《江陵縣志》（1876），卷 22，頁 14。《公安縣志》（1874），卷 4，頁 41。《石首縣志》（1886），卷 3，頁 53、55。《宜都縣志》（1866），卷 1 下，頁 25。《監利縣志》（1872），卷 8，頁 1、8。《南漳縣志集鈔》（1815），卷 6，頁 4。《襄陽縣志》（1874），卷 3，頁 17。《宜城縣志》（1866），卷 3，頁 33。《棗陽縣志》（1865），卷 12，頁 2。《穀城縣志》（1867），卷 2，頁 23。《光化縣志》（1884），卷 3。《鄖縣志》（1866），卷 4，頁 56。《竹山縣志》（1865），卷 6，頁 6。《房縣志》（1865），卷 11，頁 15。《宜昌府志》（1864），卷 11，頁 42～44。《興山縣志》（1884），卷 14，頁 2。《東湖縣志》（1864），卷 5，頁 5。《巴東縣志》（1886），卷 11，頁 14。鶴峰、利川、來鳳三縣物產雖有棉但不多種，不繪入分布圖中。

〔註 133〕一九一○至三○年代，湖北有四十二個縣是經常性的棉產區，全省的棉田面積和棉產量僅次於江蘇，高居全國第二。〔註 134〕棉作區不斷的擴張，是十八世紀後半期以來湖北農業經濟變遷現象之中最爲顯著的一項。

儘管湖北植棉區不斷擴大，農地棄稻種棉的現象要到二十世紀才明顯可見：

> 近年棉花出口日多，大利所在，農家多以稻田、旱地改種棉花，以前素不產棉之地，亦以產棉聞矣。〔註 135〕

湖北向來以稻田爲主，兼宜樹麥，傳統時期農戶的土地利用長久以來是以耕種糧食作物爲主，在考量主要及次要糧食作物的種植之後才及於棉花。〔註 136〕棉花通常作爲輪作制度中的第二季作物，而且只是各種秋收雜糧中的一項。〔註 137〕水田早稻穫後可植，旱地荬、麥刈穫以後也能種棉：

> （石首）四月……旱田收刈荬、麥，隨種棉花、黃豆、綠豆、高粱、芝麻、黍、粟。〔註 138〕

> 楚省年事與江浙不同，早禾俱在六月望前後收成……故早禾遍處播插，而晚禾則視地之近水者方種。其高阜之處多種荬豆、芝麻、棉花、黃豆以及粟米雜糧，而年之高下則以六月早禾收成爲定。〔註 139〕

> 楚省年歲俱以六、七月早收者爲準……其七月以後民間或種晚禾，或種雜糧。〔註 140〕

〔註133〕《湖北通志》（1921），卷 24，頁 39。

〔註134〕根據一九二一至一九三五年中國棉業統計所發表的數據，十五年平均棉田面積佔第一位者爲江蘇，有八百八十餘萬畝；湖北居次，爲七百二十萬畝；山東居第三位，有四百四十餘萬畝；河北居第四位，爲三百八十餘萬畝。十五年平均棉產量最高者仍是江蘇，爲一百八十餘萬擔；湖北居第二位，爲一百六十餘萬擔；山東約一百二十萬擔，河北爲一百一十五萬擔，分居第三及第四位。以上資料見金陵大學農學院農業經濟系編，鐵村大二譯編，《河南·湖北·安徽·江西四省棉產運銷》（東京：生活社，1936 年），頁 42～43、55～58、65、67。五島利一，《湖北 棉花》（橫濱：正金銀行調查課，昭和 11年，1937），頁 1～3。

〔註135〕徐新吾主編，《江南土布史》（上海：上海社會科學院出版社，1992），頁 185。

〔註136〕《石首縣志》（1795），卷 4，頁 20。

〔註137〕KKH02671。《黃岡縣志》（1848），卷 1，頁 52。

〔註138〕《石首縣志》（1886），卷 3，頁 54。

〔註139〕KKH02671。

〔註140〕KKH03059～060。

湖北棉花不爭稻田麥地，康、乾時期所見分布多半在高阜地方或陸地山坡才種植。〔註141〕如黃州府的黃岡、蘄水、羅田，即是「於地之爽塏者，多植棉花」，而黃梅也是「沙隴宜棉」，概因地理條件使然。〔註142〕至於濱江臨湖的州縣，棉花多種在洲地、沙地，或水利條件較好的垸田，江漢平原上的州縣即是如此。例如鍾祥「棉多出於湖」，江陵「種棉必屬膏腴洲沙肥美之田」，漢川則是「棉，……垸田多種之，山田種此者十僅一二」，天門也「廣種棉花」。〔註143〕「監利濱江介湖，土膏脈發，頗稱沃衍，所產吉貝大布西走蜀黔，南走百粵，厥利甚饒」。〔註144〕枝江「邑產棉洲地尤佳，年豐地畝以百斛計」。〔註145〕江漢平原以外，鄂北也是棉作發達的地區。例如襄陽府的宜城「邑少絲麻，惟恃木棉，鄉野亦多種者」。〔註146〕德安府的隨州是一九三○年代棉田面積最大及棉產額最高的縣，從十六世紀以來各時期都產棉，十九世紀時該縣方志稱「戶種木棉」。〔註147〕

　　根據本章討論的結果，清初至十八世紀中期為止的第一階段期間，糧食作物方面的變遷，主要是小麥的顯著推廣。隨著小麥的推廣，湖北舊有的稻麥輪作制得到發展，至十八世紀中期已超越早期較為普遍的早稻與雜糧輪作制，轉為以稻麥輪作制為主。經濟作物方面，棉花在各經濟作物之中較為突出，這期間植棉帶基本上沿續了十六世紀已經形成的分布版圖，產棉州縣還未大幅增加。

　　自十八世紀中期起為第二階段，農業經濟的變遷面貌較第一階段的變換更為鉅大。糧食作物方面主要在於玉米、洋芋的快速傳播，西部山區的開發隨著這兩種作物的傳佈而進展顯著。玉米在十八世紀後半期傳播尤為迅速，洋芋要到十九世紀才見增植，玉米不能深入的高寒山區，有洋芋可進一步開

〔註141〕KKH03059～060，KQ01157。

〔註142〕《黃岡縣志》（1789），卷1，頁52。《蘄水縣志》（1794），卷2，頁27。《蘄水縣志》（1880），卷2，頁30。《羅田縣志》（1875～1908），卷1，轉引自山本進，〈清代湖廣の水稻業と棉業〉，頁30。《黃梅縣志》（1876），卷7，頁1。

〔註143〕《鍾祥縣志》（1738），卷2，頁45。《荊州府志》（1757），卷18。《江陵縣志》（1794），卷22，頁15。《漢川圖記徵實》（1895），冊2，頁2。《天門縣志》（1821），卷9，轉引自山本進，〈清代湖廣の水稻業と棉業〉，頁30。

〔註144〕《監利縣志》（1872），卷8，頁1。

〔註145〕《枝江縣志》（1866），卷7，頁8。

〔註146〕《宜城縣志》（1866），卷3，頁34。

〔註147〕金陵大學農學院農業經濟系編，《河南、湖北、安徽、江西四省棉產運銷》，頁41。《隨州志》（1869），卷13。

墾。另一雜糧作物——番薯，也在十九世紀取得一定的擴展。在山區它的角色與洋芋相當，在平原植水稻的地區，當稻米僅供租稅時，它替代稻米成為正糧。輪作制度方面的變遷，稻麥輪作制在第二階段已經相當普及，稻與春花輪作制也極為興盛。湖北輪作制度趨向集約耕種，在這個階段趨於明朗，主要朝一年兩穫而多樣性發展。不過，同屬兩穫制的雙季稻只在第二階段略有種植，沒有擴大分布的徵兆。至於一年三穫制，雖然十九世紀的江夏、孝感曾經出現過，也未見推廣。進入第二階段，經濟作物方面，棉花種植更加顯著，植棉區不斷的擴張。十八世紀後半期植棉區開始突破十六世紀以來形成的分布格局，各府棉花產區有集中的現象，產棉州縣將近全省二分之一。

　　簡而言之，以上多種改變主要以十八世紀中期為其轉捩，在此之前糧食作物擴展明顯，經濟作物的變化相對遲滯；在此之後雖然糧食作物中的雜糧繼續擴展，輪作制度則趨向密集化。此外，經濟作物中的棉花卻一枝獨秀，植棉趨勢直至二十世紀絲毫未減，棉花生產成為近代湖北農業經濟的主要特徵。

圖 2.3.1：十九世紀湖北棉花分布圖

第三章　人口、商業化的影響

　　以第二章湖北農業經濟面貌變遷的探討為前提，本章將釐清清代湖北人口的變動及商業化的發展概況，並進一步討論人口和商業化因素的影響。筆者在第二章所指出的湖北各項農業經濟變遷特徵，無論是小麥或玉米等糧食作物的推廣，或是稻麥輪作制、稻與春花輪作制，事實上都是因為人口增加而產生的一連串變化，其結果或為擴張耕地，或為提高耕地單位產量，形成耕種集約化。

　　人口增加之外，發達的商業不但使城鎮的糧食需求增加，提供更多便利的糧食調濟管道，而且也使湖北糧食作物商品化，更使湖北的棉花和棉布生產，拓展它在長江上游和西北地區的市場，用以交換糧食或維持生計。十八世紀後半期，湖北糧食供給從有餘漸轉為不足，本地棉布輸出由少趨多，莫不與發達的水陸交通及城鎮商業網有關。

　　基於以上看法，筆者將其間的發展關係，以圖 3.1 表示，做為本章的討論架構。

圖 3.1：人口增長、商業化與農業經濟變遷關係圖

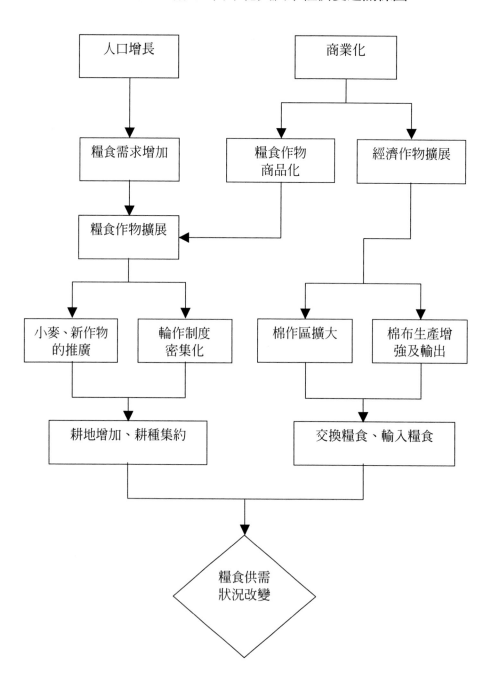

第一節　人口增長與土地利用

　　本文第一章第二節曾提及目前學者研究湖北人口與農業經濟變遷者，有關人口的研究由於濫用包含人丁在內的各種數字，對於瞭解湖北人口變動增益不大。而有關農業經濟的研究又不能掌握前後的變遷脈絡，遑論將人口變動與農業經濟的變遷並同觀察。這二個問題即是本節所要處理的。第一，先釐清清代湖北人口的時空發展；第二，以第一項結果探討其與農業經濟變遷的關係，這個部份將討論人口與耕地、人口與耕種集約化二個課題。然而關於耕地的討論，筆者也曾於第一章第二節指出直接利用載藉耕地數字的謬誤。基於文獻列載的耕地數字與實際耕地面積的差距太大，無從顯示實際耕地的變化，筆者不擬使用，轉而考察與耕地有關的各種訊息，以瞭解清代湖北耕地的變動趨勢。〔註1〕

一、人口增長與耕地增加

　　傳統中國的人口數字問題重重，根據何炳棣的研究，明清以來有三個時期的人口數字相對上比其他時期可靠：一三六八至一三九八年間、一七七六至一八五○年間、以及一九五三年以後。〔註2〕其中，一七七六至一八五○年的人口數字之所以較為可靠，是因為這個時期廢除以往編審人丁而實行保甲制度，使人口登記與賦稅脫離關係。〔註3〕而且由於一七七五年乾隆皇帝曾嚴諭地方官確實核報民數，使得一七七六年的呈報數字比以前更接近實際情況。〔註4〕現在讓我們考察一下一七七六至一八五○年間湖北人口的大致變動

〔註1〕　清代方志及《清朝文獻通考》中不乏湖北耕地數字，但是自康熙到同治時期湖北耕地數字大都接近原額，不能顯示實際耕地的變動情形。據何炳棣研究，由於原額、折畝、開墾、免科，以及非農業土地（如山、塘、基等）列入載冊等因素的多重影響，明清檔冊及方志中所記載的土地數字都失之過低。尤其兩湖、四川、雲南、貴州等省明清時期的頃畝數字最有問題，沒有反映省際移民向內地開發、田土日闢的現象。參考何炳棣，《中國歷代土地數字考實》（台北：聯經出版事業公司，1995），頁77～120。

〔註2〕　Ping-ti Ho, *Studies on the Population of China*, p. 97。

〔註3〕　Ping-ti Ho, *Studies on the Population of China*, p. 50。

〔註4〕　雖然一七四九至一七七六年湖北已有冊報民數資料，但是這段時期的數字過於偏低。正如乾隆皇帝所諭：「據陳輝祖所稱，從前歷辦民數冊，如應城一縣每歲只報滋生八口，應山、棗陽只報二十餘口及五、六、七口，且歲歲滋生

情形。

　　從表 3.1.1 及圖 3.1.1 可以看出，湖北人口不斷地增長，人口數至一八五〇年達到峰值。以一七七六、一七九五及一八五〇年三個時點來觀察，一七七六至一七九五年，爲期不到二十年，湖北人口增加了 1.6 倍，而一七九五至一八五〇年相隔半個世紀才增加 1.5 倍（其餘各年人口數參見附錄三）。〔註 5〕一七七六至一七九五年的年平均人口增長率爲 2.32%，是人口增加最快速的時期。一七九五至一八五〇年人口數仍然不斷上升，年平均人口增長率爲 0.71%，較一七七六至一七九五年期間低很多，人口增長速度減緩。據全漢昇及王業鍵早期的研究，清代人口在一八五〇年以前爲人口增加期，一八五一至一九一一年爲人口停滯期。其中，十七世紀中葉至十七世紀末葉爲恢復時期，整個十八世紀爲人口迅速增加期，而十九世紀上半葉爲人口增加緩和期。〔註 6〕可見，湖北人口的變動趨勢與清代整體的人口變動趨勢相當一致。

表 3.1.1：1776～1850 年湖北人口

年	1776	1795	1850
人　口　數	14,815,128	22,917,325	33,738,176
年平均增長率		2.32 %	0.71 %

人口數來源見附錄三

　　數目一律雷同等語，實屬荒唐可笑。各省歲報民數因以驗盛世閭閻繁庶之徵，自當按年確核，豈有一縣之大每歲僅報滋生數口之理。」因此諭令各省確實奏報，見《清朝文獻通考》，卷 19，頁 5033。

〔註 5〕　這三個年份的人口數字大致上可靠，可做爲湖北人口變動的觀察依據。湖北一七七六年的人口數取自《清朝文獻通考》（卷 19，頁 5033），爲冊報民數，其可靠性已於前文敘述。一七九五及一八五〇年的人口數都來自戶部《清冊》，據何炳棣的研究，基於保甲制度大致上行之有效，至一八五〇年爲止的戶部《清冊》數據仍然有其使用價值。湖北一八五二至一八五七年未上報人口數，其一八五八年以後的戶部《清冊》數據或出於粗略的估計，或出於臆測造報所成，不能使用。Ping-ti Ho, *Studies on the Population of China*, pp. 69, 71。

〔註 6〕　十七世紀湖北的人口數據雖然無法測知，但清初各地大致處於戰後恢復生產階段，湖北也是如此，人口也應處於恢復時期。全漢昇、王業鍵稱一八五一年至清末爲人口停滯期，是使用戶部《清冊》數據所致。戶部《清冊》只到一八九八年，該部自一八五一至一八九八年的數字長期穩定，加上這時期保甲機構幾近解體，戶部所載數字不可信。全漢昇、王業鍵，〈清代的人口變動〉，收於全著《中國經濟史論叢》，第二冊，頁 610～611。Ping-ti Ho, *Studies on the Population of China*, pp. 67～79。

　　至於湖北各府及各州縣人口的變動情形，多半要倚賴方志提供人口數字。但是方志列載的數字又多為人丁數，即使載有編查保甲所得數字，也僅限於少數的府州縣或幾個年份而已，難以窺知每個府及州縣長時期的人口變動趨勢。

圖 3.1.1：1776～1850 年湖北人口變動趨勢圖

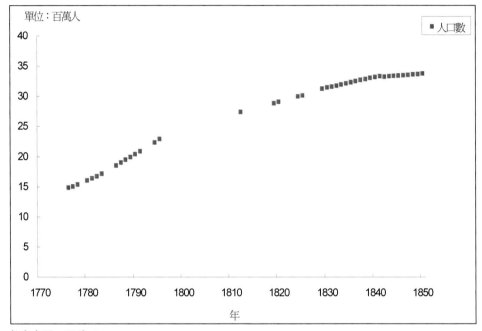

數字來源：附錄三

　　而且即使是編查保甲所得的人口數字，也有可能偏低，不盡可靠。基於方志資料如此的不完整，筆者目前僅能列舉「水田區」的黃州府、「旱地區」的襄陽府及施南府的建始縣三個地區的人口資料作為參考。黃州府一七四九年人口為 740,775 人，至一八二〇年增加為 3,621,415 人；襄陽府一七八四年有 839,597 人，一八二〇年 2,122,923 人；建始縣則有一七七六年的 144,000 人、一七八三年的 170,836 人以及一八四二年的 181,743 人三個年份的數字可觀察。〔註7〕這三個地區的人口數都顯示，十八世紀中期至十九世紀前半期人口變動趨勢是不斷增加的。不過，由於一七四九至一七七六年的人口數大都過

〔註 7〕　《黃州府志》（1749），卷5，頁1。《襄陽府志》（1885），卷10，頁2。《嘉慶重修一統志》（1820），卷340、347。《建始縣志》（1841），卷3，頁2。《建始縣志》（1866），卷4，頁2～3。

於偏低，前列黃州府一七四九年的人口數應該還要高許多。而襄陽府在一七八四至一八二〇年期間只有三十六年，人口卻成長了 2.5 倍，可能一七八四年的數字也是偏低。

有些州縣像黃州府的蘄水縣、安陸府的鍾祥縣、鄖陽府的房縣，雖然可用的人口數字各只有一個年份，但從其他相關訊息判斷，從十八世紀後半期至十九世紀前半期，這三縣的人口變動趨勢也應該是增加的。蘄水縣一七九三年人口有二十六餘萬，據方志所載，該縣「嘉慶、道光年間蕃衍滋息，生齒愈繁」。〔註8〕鍾祥縣十八世紀初期就有來自潛江、沔陽州、天門等地的客民不斷地移入該縣開墾。〔註9〕至一七九三年人口已達四十三餘萬，「乾隆乙卯（1795）中號稱殷庶」，而一九三七年刊的縣志都還記載此地「平疇萬頃」、「土地肥沃極富出產」，可見該縣農業生產條件優沃，其拉力足以吸引較多的人口移入。〔註10〕房縣位於南山老林範圍之內，十九世紀初期各方移民進入住種，人口也應該是有增無減。〔註11〕此外，有的州縣儘管沒有可用的人口數字，其人口變動趨勢也可以略加推測。像十八世紀晚期黃州府的黃梅縣，有「乃地無餘利、民無餘力而猶不給者，生齒日煩而耗竭甚也」的說法。〔註12〕該府黃安縣十九世紀中期的方志記載，黃安由於人口日多，物價昂貴十倍於昔。〔註13〕再如武昌府的崇陽和咸寧二縣、荊州府的枝江縣，在十九世紀中後期已有「人浮於土」、「人滿於土」，或「生齒益繁」的現象，都是人口增加的例證。〔註14〕綜合上述，十八世紀後半期至十九世紀中期，無論是「水田區」或「旱地區」，湖北不僅是全省總人口增加，地區性的人口變動也是同樣的趨勢。

湖北人口除了與時俱增之外，人口的空間分布也有明顯的區域差異。由於沒有適當的十八世紀同一時點的各府人口數字，筆者只得使用一八二〇年的數字來觀察。表 3.1.2 所見，無論從各府人口比例或人口密度來看，武昌府和

〔註8〕《蘄水縣志》（1880），卷4，頁3～5。《鍾祥縣志》（1795），卷3，頁38。
〔註9〕《鍾祥縣志》（1738），卷2，頁33。
〔註10〕《鍾祥縣志》（1795），卷3，頁38。《鍾祥縣志》（1867），卷4，頁43。《鍾祥縣志》（1937），卷6，頁14。
〔註11〕KJ1712050。
〔註12〕《黃梅縣志》（1789），卷5，頁5。
〔註13〕《黃安縣志》（1869），卷1，頁46。
〔註14〕《崇陽縣志》（1866），卷1，頁77。《咸寧縣志》（1882），卷1。《枝江縣志》（1866），卷3，頁10。

荊州府都是其中最高的二府（何以二府人口密度高，見本章第二、三節討論）。大致而言，湖北大部份的人口集中於東半部「水田區」，人口密度高，西半部「旱地區」各府人口密度明顯低於全省平均數。也就是說，湖北人口經過十八世紀後半期迅速增加的結果，至十九世紀初期人口的空間分布形成東密西疏的局面。

表 3.1.2：1820 年湖北人口密度

府　　別	人口數	人口比例	土地面積（平方公里）	土地面積比例	人口密度（人／平方公里）
水田區	24,708,576	85%	102,162	55%	241.9
武昌府	6,872,955	23.64%	18,529		370.9
漢陽府	3,682,518	12.67%	14,915		246.9
黃州府	3,621,415	12.46%	20,088		180.3
德安府	2,242,062	7.71%	12,509		179.2
安陸府	3,325,215	11.44%	13,141		253.0
荊州府	4,156,203	14.30%	14,557		285.5
荊門直隸州	808,208	2.78%	8,423		96.0
旱地區	4,363,670	15%	82,908	45%	52.6
襄陽府	2,122,923	7.30%	20,208		105.1
鄖陽府	587,141	2.02%	25,573		23.0
宜昌府	733,625	2.52%	20,070		36.6
施南府	919,981	3.16%	17,057		53.9
總　計	29,072,246	100%	185,070	100%	157.1

資料來源：1. 人口取自《嘉慶重修一統志》，各府數據爲民數與屯衛數的加總，全省總人口數爲筆者自計。

2. 土地面積爲 1936 年湖北省政府發布的數據，見佚名，《湖北省之土地利用與糧食問題》（台北：成文出版社有限公司，1977），頁 24121～24123。

湖北人口之所以增加，有一大部份是外地人口移入所致。這些移民以農業墾殖爲主，長此以往，耕地必然隨著增加。但是，就筆者所見文獻，有關「水田區」耕地增加的資料並不多，而「旱地區」的墾殖活動卻屢屢見於記載。十七世紀中期，御史魏裔介說湖北「地曠人稀，可耕之田猶多」。〔註15〕

〔註15〕此爲一六五七年所言，包括湖南在內，轉引自龔勝生，《清代兩湖農業地理》，

十八世紀初期，湖廣巡撫劉殿衡仍然奏報湖北荒地甚多，並設立鼓勵墾荒的
優惠措施。〔註16〕雍正時期湖廣總督邁杜奏報推廣小麥的成效時，認為種植
小麥可以提高隙地的利用價值，也是耕地增加的一個管道，所謂「向之廢棄
湖地，今如膏腴之產，同收地利」。〔註17〕至十八世紀中期，地方官對湖北
的印象已經是「人稠土沃」之地。〔註18〕大概原來的曠地已多所耕墾，成為
沃土。〔註19〕至十九世紀，「水田區」部份州縣方志就載有因為人口增加而
使土地得到進一步的開墾，以擴張耕地的情形。如興國州「農勤墾植，境無
曠土」，武昌縣「生齒繁不足以供食，乃墾為地螺旋而上，高下相承無少隙」，
枝江「承平日久，生齒益繁，民無恒產，近山者率以開墾為務」。〔註20〕此
外，後文即將討論的「水田區」水利設施和垸田數量的增加，實際上也都是
耕地增加的明顯指標，兩者皆能增廣可利用的土地，擴張耕地面積。

　　至於「旱地區」，十八世紀前半期湖北地方官仍然感受到襄、鄖、宜、
施等府荒蕪地畝甚多，積極鼓勵開墾。〔註21〕尤其宜昌、施南二府原係改
土歸流，墾荒者接踵而至，十八世紀中期戶口漸增，田土日闢，久成內地。
〔註22〕一七七八年，湖廣總督三寶提到鄖、施二地「生齒繁庶，數十年來
本地居民及外省民人陸續入山開墾者，漸覺野無曠土」。〔註23〕人口增加的
結果，最明顯的影響，是耕地的擴展，「旱地區」這種現象甚至持續到十九
世紀。一八〇二年湖廣總督吳熊光說：「鄖、宜二屬，萬山之中，土著本少，
皆係湖南及下游武、黃一帶客民租山開種。」鄖陽府「惟二竹、房縣界連川
陜，萬山重疊，廣袤險要，且多外來客民搭棚住種，五方雜處」。〔註24〕晚
至嘉慶二十五年（1820），南山老林和巴山老林更有「數百萬計」的棚民僑

　　頁83.
〔註16〕CS060212。
〔註17〕KYH25005。
〔註18〕KQ16846。
〔註19〕有關十八世紀「水田區」各府增墾耕地的文獻記載極少，只見荊州府「上下
　　　　鄉雖有水旱之災，亦無不墾闢者」。《荊州府志》（1757），卷17，頁4。
〔註20〕《興國州志》（1889），卷4，頁1。《武昌縣志》（1885），卷3，頁14。《枝江
　　　　縣志》（1866），卷3，頁10。
〔註21〕KYH09275，KYH23281，KYH33889，
〔註22〕CS131116，CS140615，KQ10245。
〔註23〕KQ42457，KQ43322。
〔註24〕KJ1712050，KJ2215280。

寓其中，開山種地。〔註25〕一八○八年《恩施縣志》表示，不少「棚民」繼續湧入該縣墾地。〔註26〕而咸豐縣自一七三五年改縣以來，外來移民也不曾中斷過：

> 咸邑舊惟土著，自改所歸流後，外來寄籍者不少，然皆耕鑿相安，兩無猜忌。迄咸豐初年，四川彭邑人民始有遷移入咸者，近則愈遷愈接踵而至者遍滿鄉邑，有非我族類之感焉。〔註27〕

僅管無法利用載籍耕地數字來佐證，從湖北開荒墾地活動至十九世紀依然持續不斷的情形推測，人口不斷增加的結果，耕地必然增加。

二、耕種集約化

人口增加除了使耕地增加之外，也使耕種邁向集約化，包括糧食作物的多樣化、輪作制度的密集化以及垸田集約生產的興盛。湖北東密西疏的人口分布局面，與水田愈東愈多、旱地愈西愈多的分布格局是一致的。「水田區」土地面積為 55%，聚集了 85% 的人口，人口密度每平公里幾達 242 人。「旱地區」土地面積雖然佔 45%，人口密度卻較低，每平方公里只有 52.6 人（表3.1.2）。此外，根據第二章所論，湖北糧食作物朝多樣化發展，其結果形成以擴植小麥為主的地區，和以擴展玉米為主的地區。如果將小麥、玉米分區對照人口密度分布來觀察的話，小麥區各府都是人口密度較高者，而玉米區即是人口密度最低的三府（見圖 2.1.1 及 2.1.4）。前者趨向精耕細作，後者相對上耕種較為粗放。

輪作制度的密集化方面，主要的轉變在「水田區」，為稻麥輪作制、稻與春花輪作制的推廣，以及增加接蒔水稻的後季作物的多樣性。若將人口密度分布對照輪作制度的分布，則人口密度愈高的地區，其輪作制度大抵愈為密集化。圖 2.2.4 中一年兩穫的各府，除了鄖陽府之外，都是人口密度較高的府，宜、施二府為一年一穫，其人口密度較低（參看圖 2.1.1 及 2.2.4）。這固然是

〔註25〕川陝楚老林的範圍，據時人所述，「由陝西之略陽、鳳縣東經寶雞等縣，至湖北之鄖西，中間高山深谷，統謂之南山老林。由陝西之寧羌、襄城東經四川之南江等縣、陝西之紫陽等縣，至湖北之竹山等縣，中間高山深谷，統謂之巴山老林。」以「數百萬計」的棚民移入，當指整個老林範圍而言。CS330206～0207。

〔註26〕《恩施縣志》（1808），卷 4，頁 25。

〔註27〕《咸豐縣志》（1865），卷 7，頁 3～4。

因爲自然地理條件的制約，但在傳統的農業社會，這也表示高人口密度的地區，往往容易傾向集約農業生產。〔註28〕一七四七年陳宏謀提及小麥的推廣與稻麥輪作制的擴展時，即歸於人口增加所致。〔註29〕

此外，湖北耕種集約化的現象，還表現於垸田在乾隆、嘉慶時期又一次達到開發的高峰。〔註30〕湖北垸田的出現，最早可溯至十三世紀前期。〔註31〕垸田屬於水利田的一種，爲「水田區」最集約生產的田地型態。它的形成與江漢平原的自然沖積地形有關，「自京山以下，次潛江，次天門，次沔陽，地形愈洼，眾水匯歸，南北兩岸夾河築堤。其州縣民人糾約鄰伴，自行築堤捍水保護田廬，謂之曰垸。」〔註32〕圍田者「始則于岸腳湖心多方截流以成淤，繼則借水糧魚課，四圍築堤以成垸」，乾隆時「各垸之田少者數百畝、千餘畝，亦有多至萬餘畝者」，至嘉慶時「最大者周圍二三十里，最小者周圍三四里」。〔註33〕

垸田的開發曾在十五世紀中期至十六世紀初期迅速擴大，當時還伴隨著官方積極投入水利堤防的修建工事。〔註34〕清代堤垸農業再度恢復乃至急遽

〔註28〕 人口密度與土地利用的集約化是有密切關係的，高人口密度的社會，年年耕種僅有的耕地，傾向發展出繁複的農業制度和農具，其人均糧食生產水平將較高。Tim Dyson, *Population and Food: Global Trends and Future Prospects.*（North Yorkshire: J&L Composition Ltd, 1996），p. 8.

〔註29〕 CQ000781。

〔註30〕 張國雄，〈江漢平原垸田的特徵及其在明清時期的發展演變〉（續）《農業考古》1989.2：243～245。

〔註31〕 石泉、張國雄以南宋孟珙在荊江（在荊州段的長江）沿岸屯田築堤視爲垸田出現的最早記錄，見石、張著，〈江漢平原的垸田興起於何時〉，《中國歷史地理論叢》1988.1：131～140。不過，垸田需有江堤防護方能成垸，其出現時間可再早至十一世紀中期。根據程鵬舉研究，北宋中期荊江北岸（江陵至監利之間）已形成完整堤防，北宋時人劉摯在一○六四年前後任職荊州觀察推官、荊州知府，他的〈馬上和王監利見寄〉一詩可爲佐證：「昨憶西歸春來窮，重來堤竹已成叢；川膡足水稻齊插，霖雨漲江河欲通。」參考程著，〈古代荊江北岸堤防考辨〉，《歷史地理》8（1990.7）：70～76。

〔註32〕 乾隆《湖北安襄鄖道水利集案》，卷下，〈稟制憲晏各屬水利歲修事例〉，引自張國雄，〈江漢平原垸田的特徵及其在明清時期的發展〉，《農業考古》1989.1：228。

〔註33〕 彭樹葵，〈查禁私垸灘地疏〉（1748）；汪志伊，〈籌辦湖北水利疏〉，皆收於《清朝經世文編》，卷117，頁3、7。張國雄，〈江漢平原垸田的特徵及其在明清時期的發展演變〉，頁228。

〔註34〕 森田明，〈清代湖廣における治水灌漑の展開〉，《東方學》20（1960.6）：4。吳金成著，中村智之譯，〈明末洞庭湖周邊の垸堤の發達とその歷史的意義〉，《史朋》10（1979.4）：29～30。

擴張，也與官方多方參與堤垸水利的修防經營有關，其參與方式包括：（1），官方的水利督導系統和修防考成制度至乾隆年間大致確定，（2）堤防每年有歲修，但乾隆五十三年（1788）荊州大水之後更進一步實施保固制度；（3）修防資金方面，直接由官帑支出的工程多在乾隆朝，而較爲廣泛運用的籌資方式則是由基金生息支援水利經費；（4）督導民間的修防管理組織。〔註35〕其實，垸田屬於水利堤防結構的一部份，沿江有大堤，大堤分枝爲月堤，用以障江和防洪，無數的垸堤沿著民田環繞成垸，各垸除了防洪之外還具灌溉功能，有閘、堰、剅、墝等多種配套設施，最小的墝可灌溉一百畝田，而一個剅則可灌溉數百畝田。〔註36〕

　　清代官方多方參與水利工事和堤垸設施增多，遠超過明代已有的規模。〔註37〕大型而結構繁複的堤防設備多分布在江漢平原上，爲農業邁向集約生產的表徵，也是確保糧食產量增加的重要前提。當水利工程完成之後，原先無水可灌溉的旱地或屢受水潦之患的次級農地，往往藉此增加水田比例及提升耕地單位產量。乾隆時期統計，全省有堤之處多至七府三十餘州縣，分布於沿長江、沿漢水水道兩側。〔註38〕每州縣的堤段長短不同，較大的堤如監利「南堤之內有田數千畝」，共四百九十一垸，較小的堤也有護衛數十垸者。〔註39〕一七二七至一七二八年間，武昌、漢陽、黃州、安陸、荊州等府都有官方發帑修築水利，增加耕地面積及提高受益田畝的生產力。例如江夏金口長堤完成後「自赤磯以抵陶家馬頭俱成膏腴之產」；潛江「爲重湖地，多各自爲垸」，官方增修黃潭通順隄後「凡百餘垸俱環隄而居」；沔陽州曾修南江

〔註35〕官方水利督導系統是指將各州縣堤垸和分管之縣丞、主簿、同知、巡檢結合，劃定責任區段。考成制度是針對堤岸潰決時，對各級地方官施以相應的懲處辦法而言。至於保固制度，則是要求堤防承修官員保證工程堅固長久的責任負擔方式，在保固期限內堤防沖決，執事官員需受處罰。基金生息的本金來源有官款、受益業民攤徵款、捐款等，通常交由典當商和鹽商營運。以上見張建民，〈清代兩湖堤垸水利經營研究〉，《中國經濟史研究》1990.4：68～75。

〔註36〕Ts'ui-jung Liu, "Dike Construction in Ching-chou: a Study Based on the 'T'i-fang chih' Section of the Ching-chou fu-chih, "*Papers on China*. 23（1970.7）：1～4.《湖廣通志》（1733），卷20，頁25。

〔註37〕據冀朝鼎統計，湖北水利工程數明代有143件，清代增爲528件。每個水利工程大小不一，數量統計雖然無法顯示工程大小的效益差異，但是還是可以做爲水利設施是否趨盛的一個指標。冀朝鼎著，朱詩鰲譯，《中國歷史上的基本經濟區與水利事業的發展》（北京：中國社會科學出版社，1981），頁36。

〔註38〕一云三十二州縣，一曰三十三州縣，見KQ18676，KQ32603。

〔註39〕《監利縣志》（1872），卷1，頁19。《湖廣通志》（1733），卷20，頁27。

大隄，沿堤一個小剅即可引水灌溉數百畝糧田；天門縣的「便隄，在縣南車湘渡，護七十餘垸」。〔註40〕根據張建民的研究，從田地等則和稅糧科則來看，垸內田畝多爲上等田，且科則重於垸外田，這意謂垸田的生產水平高於其他田畝。〔註41〕例如孝感縣，「有垣田五十六處，皆西南一帶，與雲夢、漢川相接，逼近湖河築土爲隄而溉田其中，隄固則綠畦千頃，決即澤國。百年前大率本茅葦地，今久爲沃土，一歲豐收其登倍入。……其他山田收薄販艱。」〔註42〕再如漢川縣，在在皆水鄉，「其所以輸將無匱者，惟隄垸爲亟也。」〔註43〕

湖北垸田分布於漢陽、安陸、荊州三府全部州縣，以及荊門州、德安府的雲夢和應城二縣。〔註44〕就片斷的垸田數目資料顯示，部份州縣十九世紀的垸田數量較十八世紀增多，如漢川、天門、江陵、監利等地。而有的州縣，如沔陽州，在十八世紀垸田數目已經很多（見表 3.1.3）。顯然這種土地利用型態在湖北得到相當有利的發展。〔註45〕

表 3.1.3：清代湖北垸田數目

府	州 縣	康 熙 1662～1722	雍 正 1723～1735	乾 隆 1736～1795	嘉 慶 1796～1820	道 光 1821～1850	咸 豐 1851～1861	同 治 1862～1874	光 緒 1875～1908
漢陽府	沔陽州		1,357	1,367					
	漢 川			至少 210			301		265
	孝 感		56						
	黃 陂			13					

〔註40〕《湖廣通志》（1733），卷20，頁4、23～25、27。
〔註41〕有關垸田生產水平的研究不多見，文中所述爲張建民以監利爲個案的研究。筆者以爲，垸田區各州縣地理環境相差不大，監利的例子應該可以代表大部份垸田區的情況。見張氏，〈清代江漢──洞庭湖區堤垸農田的發展及其綜合考察〉，《中國農史》1987.2：76～77。
〔註42〕《湖廣通志》（1733），卷20，頁14。
〔註43〕《漢陽府志》（1747），卷15，頁16～17。
〔註44〕張建民，〈清代江漢──洞庭湖區堤垸農田的發展及其綜合考察〉，頁76、78。張國雄、梅莉，〈明清時期江漢──洞庭平原的人口變化與農業經濟的發展〉，頁98、107。張國雄，〈江漢平原垸田的特徵及其在明清時期的發展〉《農業考古》1989.1：227。
〔註45〕垸田數目的單位無法求知，亦無法得一致，這是受制於史料記載之故，有的垸田爲二百畝一垸，也有數十畝爲一垸者。在沒有更好的數據可用的情況下，筆者只能很勉強的使用垸數，忽略單位的一致性。《江夏縣志》（1869），卷2，頁42。

安陸府	潛　江	156		160		160		
	天　門			109	至少113	200		
荊州府								802
	江　陵			至少215	至少322	351		179
	公　安							47
	石　首					85		34
	監　利				至少322	498		491
	枝　江		22					
荊門直隸州	荊門州				至少55			

資料來源：KQ60723，KQ69740～741。
　　　　汪志伊，〈籌辦湖北水利疏〉，收於《清朝經世文編》，卷117，頁3。
　　　　張建民，〈清代江漢——洞庭湖區堤垸農田的發展及其綜合考察〉，《中國農史》1987.2：76、78。
　　　　張國雄，〈江漢平原垸田的特徵及其在明清時期的發展演變〉（續），《農業考古》1989.2：243。
　　　　張國雄，〈清代江漢平原水旱災害的變化與垸田生產的關係〉，《中國農史》1990.3：102。
　　　　宋平安，〈清代江漢平原水災害與經濟開發探析〉，《中國社會經濟史研究》1990.2：63。
　　　　張家炎，〈明清江漢平原農業經濟發展的地區特徵〉，《中國農史》1992.2：50。
　　　　彭雨新，〈清代前期湖北的土地開墾〉，《湖北方志》1987.2：62。
　　　　彭雨新、張建民，《明清長江流域農業水利研究》（武昌：武漢大學出版社，1993），頁191。

　　垸田位於天然泛濫平原上，土地肥沃，伴隨大型水利工程，資金投入高，單位產量高於其他田地，同時也需要更多的勞動力。以一八二〇年各府人口密度與垸田分布區對照來看，垸田主要分布於漢陽府、安陸府、和荊州府，此三府的人口密度都遠高於全省平均數（見表3.1.2）。這顯示垸田農業需要較高的勞動力投入，生產水平高，可支持更多的人口。〔註46〕另一方面，人口的增加也是垸田達到開發高峰的主要動力，十八世紀中期湖廣總督孫嘉淦觀察江漢兩岸垸田的發展情形，即是如此認為：

　　　　百姓生齒日繁，圩垸日多，凡蓄水之地，盡成田廬。〔註47〕
垸田分布區皆位於一年兩穫的輪作區域內，有稻麥輪作制、稻與春花輪作制，

〔註46〕雖然目前沒有可信的人口數據證明垸田州縣人口遞增的過程，但是移民運動、人口增加與垸田擴張的關係難以分離，這種看法早為學者所相信。彭雨新、張建民，《明清長江流域農業水利研究》（武昌：武漢大學出版社，1993），頁196～202。

〔註47〕龔勝生，《清代兩湖農業地理》，頁90。

而且十八世紀以來大部份的雙季稻州縣也分布在這三府內（見圖 2.2.2 及
2.2.3）。〔註48〕有的垸田爲二麥與雜糧（蕎麥、粟穀）輪作。〔註49〕湖北最重
要的經濟作物——棉花，也是垸田經常種植的秋收作物，與早稻或麥菜等作
物輪作（見第二章表2.2.3）。〔註50〕

第二節　商業化的發展及其與糧食、棉布的關係

　　興盛的商業可說是城市發展的基礎，同樣的，維持城市的發展也需要較
爲集中的商業貿易和市場，兩者互爲因果，互爲條件。〔註51〕事實上，商業
網的形成不僅繫於城市的發展，同時還要倚賴最底層的農村集市或市鎮，共
同聯繫成一個交換網脈。〔註52〕各地方的農產品和鄉村手工業成品的輸出，
或外來物資的輸入，全賴這種商業網發揮功能。因此，觀察商業化發展水平，
可以市鎮和城市的發展做爲指標。其次，興盛的商業導致城鎮糧食增加，但
因商業機能彰顯，城鎮又可從其便利的交通網絡獲得外糧供給。而且由於商
業的發展，湖北的糧食作物而有商品化現象，並且擴大了經濟作物和手工業
製品市場。本節將先說明湖北商業化水平確有顯著的發展，再探討商業化對
糧食供給、棉花及棉布的影響。並透過釐清湖北棉花、棉布市場圈，探討湖
北與全國經濟核心——江南的經濟關係。

一、市鎮、商業城市的成長

　　清代湖北無論是農村集市或市鎮，或是較大的商業城市，都有顯著的發
展。農村集市多爲定期市，加藤繁認爲，由定期市邁向每日市以及定期市數
量的增加，都是人口增加、經濟發達、商業繁榮的表徵。〔註53〕根據許檀研

〔註48〕KQ26477，KQ45705，KQ70094，KQ73314，KQ74205，KQ74628，CS170754，
　　　　KJ2114787，KJ2215066～068。
〔註49〕KQ40681，KJ2114385。《皇清奏議》（1796～1820），卷56，頁26。
〔註50〕KQ26477。
〔註51〕吳量愷，《清代經濟史研究》（武昌：華中師範大學出版社，1991），頁72、75。
〔註52〕這裡所謂城市指清代行政層級在州縣級以上者，至於市鎮的定義及性質，可
　　　　參考劉石吉的研究，見劉著，《明清時代江南市鎮研究》，頁120～127。郭蘊
　　　　靜認爲清代全國性的商業網是由城、鎮、集（墟）這三種大、中、小不同層
　　　　級的市場構成，筆者同意其說。見郭著，《清代商業史》（瀋陽：遼寧人民出
　　　　版社，1994），頁184～188。
〔註53〕加藤繁，〈清代村鎮定期市〉，收於氏著《支那經濟史考證》（東京：東洋文庫，

究明清農村集市的發展顯示，乾隆至道光年間大多數省區的集市數量比清初明顯增長，其中湖北和廣東增長最多，其次才是山東和直隸。〔註54〕很顯然地，十八世紀後半期至十九世紀前半期，湖北商業化水平有相當程度的提升。據筆者的統計，湖北一七三三年市鎮總數爲43，一七八四年爲230，一八〇四年爲910，一九二一年則增爲1,860，市鎮數量增加顯著，與許檀的研究結果相同。〔註55〕

　　清代湖北市鎮普遍繁榮，許多名爲市鎮的商業中心也迅速發展，聚居人口眾多，商業鼎盛，可視爲湖北商業活動擴大的重要標竿。這種市鎮於十八世紀或更早時代即已有名，以分布在「水田區」爲多，「旱地區」要到十九世紀才略有分布。「水田區」各市鎮中，如荊門直隸州所屬當陽縣的河溶鎮「行舖居民數千餘戶」，襄陽的樊城亦稱巨鎮，商賈薈萃。〔註56〕江陵市鎮較多，以沙市、草市最大，「就中沙市尤爲浩穰，列肆則百貨充牣，津頭則萬舫鱗集」，「其地面江倚郭，爲舟車會，民戶市廛不下萬計。」〔註57〕漢陽縣市鎮亦復繁茂，「在在村莊如同劇市」。〔註58〕監利的朱家河鎮、螺山市、車灣市，蘄水縣的巴河、蘭溪，枝江的董市、江口，沔陽州的新隄鎮等，都

1953），下卷，頁523～524。

〔註54〕　許檀，〈明清時期農村集市的發展〉，《中國經濟史研究》1997.2：22～24。

〔註55〕　此處所謂市鎮，泛指各類定期市、日集市、以及州縣城以下商業機能較爲彰顯的聚落。按《咸寧縣志》（1667），卷2，頁26～27所載，各市各店皆在縣城，鎮又稱集，是分布在城外各鄉之中。但在其他地方，市、店也存在於鄉間。《黃梅縣志》（1789），卷2，村鎮，頁1謂「村鎮……聚居成市者惟……六鎮，其餘皆爲村落」，則市與鎮相當。因此，本文將文獻上原來記載的市、鎮、集、店都計入市鎮數量中。市鎮數量的變化雖然大致上可以做爲判斷商業化水平的指標，但是也有難以避免的侷限。例如，在計數時，不論市鎮大小都計爲一個單位，而事實上大型市鎮（像漢口鎮、沙市）與一個只有煙戶數十戶的小市集發揮的商業影響力是截然不同的。1733等四個年份的市鎮數見雍正《湖廣通志》（1733），卷13。乾隆《大清一統志》（1784），卷259～266。嘉慶《湖北通志》（1804），卷13。《嘉慶重修一統志》（1820），卷336～352。民國《湖北通志》（1921），卷33～34。

〔註56〕　KQ22738，KQ10160。《襄陽府志》（1885），卷4，頁2，引乾隆志。

〔註57〕　《荊州府志》（1757），卷19，頁2、26。劉獻廷，《廣陽雜記》（北京：中華書局，1957），頁200～201。文獻上對這些市鎮的商況經常流於印象式的描述，「不下萬計」、「萬舫鱗集」之說只能說明該市鎮確實繁榮，無法細究市鎮規模及其人口大小。

〔註58〕　KQ02098。

是一時的大市鎮。〔註 59〕十九世紀中期，「旱地區」才出現貿易勝過縣城的商業巨鎮——長樂縣的漁洋關，此鎮「街民稠密，望衡對宇」，「百貨叢集十倍於城中」。〔註 60〕此外，來鳳縣的卯峒位於川、鄂、湘交界處，「縣境與鄰邑所產桐油、靛、桔俱集於此」，水路獨立於湖北境的長江支流系統之外，藉湖南澧水出口以達長江、洞庭湖。〔註 61〕

然而市鎮型商業城市之中，漢口是其中最大的。漢口最初只是一個幾百戶的小聚落，農業不發達，十五世紀中後期得利於漢水改道後帶來的地理優勢，並藉其地理優勢和水運條件轉化為商業優勢。〔註 62〕十七世紀時，漢口的興盛超越了武昌和漢陽所屬的二個南市。〔註 63〕它不但成為湖北商貨對外的總樞紐，也是長江中上游及豫陝地區的商貿轉輸站，如清初劉獻廷所描述的：

> 漢口不特為楚省咽喉，而雲、貴、四川、湖南、廣西、陝西、河南、江西之貨皆於此為轉輸。雖不欲雄天下，不可得也。天下有四聚，北則京師，南則佛山，東則蘇州，西則漢口。然東海之濱蘇州而外，更有蕪湖、揚州、江寧、杭州以分其勢，西則惟漢口耳。〔註 64〕

可稱為「八省通衢」。〔註 65〕乾隆時期，漢口號稱有戶口二十餘萬，「行戶數千家，典舖數十座」。〔註 66〕至十九世紀晚期，漢口更發展成百萬人口的商業大城。〔註 67〕從一八六一年開港到二十世紀初期，更有對外通商和新式輪船運輸業的加入，刺激商業發展。〔註 68〕一八八二至八四年，經由漢口輸出入商品的地域圈廣及七省四十幾個府，是當時內地通商口岸中唯一與沿海幾大

〔註 59〕 《荊州府志》（1757），卷 19，頁 13、15。《蘄水縣志》（1794），卷 2，頁 27。《枝江縣志》（1740），卷 2，頁 16。《荊州府志》（1757），卷 19，頁 19。《沔陽州志》（1894），卷 3，頁 5。

〔註 60〕 《宜昌府志》（1864），卷 11，頁 7～8。《長樂縣志》（1875），卷 12，頁 17。

〔註 61〕 《來鳳縣志》（1866），卷 28，頁 7。

〔註 62〕 關文發，〈試論清代前期漢口商業的發展〉，收於葉顯恩編，《清代區域社會經濟研究》（北京：中華書局，1992），頁 557～561。宋平安，〈明清時期漢口城市經濟體系的形成與發展〉，《複印報刊資料·F7·經濟史》1989.8：35。

〔註 63〕 武昌南市和漢陽南市隔江相對，在漢口興起以前，是長江的大港口，商業繁榮。劉盛佳，〈武漢市歷史地理的初步研究〉，《歷史地理》10（1992.7）：120～123。

〔註 64〕 劉獻廷，《廣陽雜記》，頁 193。

〔註 65〕 KYH01399。

〔註 66〕 晏斯盛，〈請設商社疏〉（1745），頁 15。《漢陽府志》（1747），卷 12，頁 2～3。

〔註 67〕 William T. Rowe, *Hankow: Commerce and Society in a Chinese City*, pp.28, 42。

〔註 68〕 王永年，〈論晚清漢口城市的發展和演變〉，《江漢論壇》1988.4：77。

通商口岸相當的城市。〔註69〕

　　湖北市鎮和商業城市的成長，要歸功於地理優勢及其便利的河湖水運交通。誠如十八世紀晚期章學誠所敘述的：

> 湖北地連七部，襟帶江漢，號稱澤國，民居多瀕水，資舟楫之利，
> 通商賈之財，東西上下綿亙千八百里，隨山川形勢而成都會，隨都
> 會聚落而大小市鎮啓焉。〔註70〕

這些大小市鎮之中，至少有七十個重要的市鎮是沿著長江、漢水及其支流分布，形成綿密的商業網。〔註71〕根據劉秀生的研究，清代十二條全國性商業交通幹線中，漢口是其中四條幹線的必經要地。〔註72〕乾隆時期的商業書也記載，漢口乃「極大市鎮，各省貨物趕聚」。〔註73〕淮揚運鹽大船由長江上行，也只到漢口，爲「上下客商總匯之區」。〔註74〕漢口的繁榮「九州諸大名鎮讓焉，非鎮之有能也，勢則然耳。」〔註75〕湖北對內對外的交通網概以長江和漢水爲主動脈，而以漢口爲水陸商運樞紐，聯繫鄰省。

二、糧食的輸入與糧食作物商品化

　　湖北商業的繁榮很大部份繫於漢口貿易的擴大，十八世紀時以鹽、當、米、木、花布、藥材六種貿易最大，其後除鹽、糧食、棉花、藥材之外，主要貿易再增茶、油、廣福雜貨、紙爲八大行。〔註76〕其中，糧食貿易是漢口商業動力的基礎，它使漢口由一個區域市場轉爲全國商業網中的重要連繫

〔註69〕佐佐波智子，〈一九世紀末、中國における開港場、內地市場間關係──漢口を事例として〉，《社會經濟史學》57.5（1991.12）：94～96。

〔註70〕章學誠，《湖北通志檢存稿》，見《章氏遺書》，卷24，頁22～23。

〔註71〕章學誠，《湖北通志檢存稿》，見《章氏遺書》，卷24，頁23。

〔註72〕這四條幹線爲：(1) 桂林、廣州──湘潭──漢口──開封──北京；(2) 雷波──宜賓──重慶──漢口──上海；(3) 烏魯木齊──蘭州──（經重慶或經漢中）──漢口；(4) 喀什米爾──察木多──大理──辰州──漢口──上海。劉秀生，《清代商品經濟與商業資本》（北京：中國商業出版社，1993），附錄：清代國內交通考略，頁188～195、198～205、208～217。

〔註73〕《士商便覽·示我周行》（寶善堂藏板），卷1，頁29。賴盛遠輯，《示我周行》（靈蘭堂藏板，1774），上集，頁44。吳中孚，《商賈便覽》（1792），卷8，頁12。

〔註74〕KYH02192～193，KX10220。

〔註75〕《漢陽府志》（1747），卷12，頁3。

〔註76〕晏斯盛，〈請設商社疏〉（1745），頁15。《夏口縣志》（1920），卷12，頁12。

站。〔註77〕據全漢昇、Richard A. Kraus 的估計，十八世紀前半期兩湖及四川輸出的商米每年可達一千二百萬石，包括大量的四川、湖南米，以及少量的湖北米。〔註78〕十八世紀晚期，漢口口岸至少有二千萬石的存糧以為轉運，貿易量不可謂不大。〔註79〕所謂

> 江浙買米商販多在漢口購買，而直抵湖南者無幾，是以湖北轉運江
> 浙之米，即湖南運下漢口之米。〔註80〕

或謂「湖廣漢口地方，向來聚米最多者皆由四川」，形成「江浙地方歷藉楚米接濟」而「楚省米糧又藉川省接運」的供需關係。〔註81〕

〔註77〕 William T. Rowe, *Hankow: Commerce and Society in a Chinese City*, p. 54～55.

〔註78〕 十八世紀兩湖及四川每年輸出的商米究竟有多少，各家估計數多有出入，見下表：

單位：萬石米

省	全漢昇		吳承明	王業鍵	郭松義	鄧亦兵	吳建雍	龔勝生
四川	100 ～ 200		1,000	500	100 ～ 150	300	1,800（含江西省）	
湖南	500 ～ 750	1,000		500	1,200 ～ 1,500	800		400 ～ 1,000
湖北						50		

資料來源：

1. Han-sheng Chuan and Richard Kraus, *Mid-Ch'ing Rice Markets and Trade: an Essay in Price History*.（Cambridge, Massachusetts: Harvard University Press, 1975），p. 71.
2. 全漢昇，〈清朝中葉蘇州的米糧貿易〉，《中國經濟史論叢》（香港：新亞研究所，1972），第二冊，頁 573。
3. 吳承明，《中國資本主義與國內市場》（北京：中國社會科學出版社，1985），頁 256。
4. 王業鍵、黃國樞，〈十八世紀中國糧食供需的考察〉，《近代中國村經濟史論文集》（台北：中央研究院近代史研究所，1989），頁 279～281。
5. 郭松義，〈清代糧食市場和商品糧數量的估測〉，《中國史研究》1994.4：44。
6. 鄧亦兵，〈清代前期內陸糧食運輸量及變化趨勢〉，《中國經濟史研究》1994.3：84。
7. 吳建雍，〈清前期榷關及其管理制度〉，《中國史研究》1984.1：85～88。
8. 龔勝生，《清代兩湖農業地理》，頁 260。

〔註79〕 包世臣，《齊民四術》，卷 10，〈籌楚邊對〉，頁 10，收於《安吳四種》，卷 34。

〔註80〕 趙申喬，《自治官書》，卷 6，〈摺奏湖南運米買賣人姓名數目稿〉（1709），轉引自重田德，《清代社會經濟史研究》，頁 10。

〔註81〕 一七二六年李衛奏，轉引自重田德，《清代社會經濟史研究》，頁 10。

　　漢口匯集四川和湖南絕大部份的米糧，一方面爲長江下游缺糧區中轉糧食，另一方面也爲本省大城鎮提供便利的糧食供給管道。十八世紀至十九世紀前期，湖北商業城鎮的成長明顯普遍，需米倍於他處，在在增加糧食的輸入。像武昌省城、附郭江夏、漢陽府城、荊州府城等較大的行政城市，有官僚及重兵屯箚，或像漢口有商民叢集，日用米穀全賴四川、湖南商販駢集。〔註82〕尤其漢口外地商賈及非農人口有增無減，藉地理優勢及乘長江水運流通之便，仰賴外省糧食輸入的情形更甚：

> 漢口鎮爲九省通衢，商賈雲集，皆賴四川、湖南及本省產米州縣運販資食及江浙商販之需，實爲米糧會集之區。〔註83〕

> 漢口一鎮……戶口二十餘萬，日消米穀不下數千，所幸地當孔道，雲、貴、川、陝、粵西、湖南處處相通，本省湖河帆檣相屬，糧食之行不舍晝夜，是以朝糴夕炊無致坐困。〔註84〕

一七二五年湖北布政使王克莊說「湖北之米皆藉湖南、四川，每歲運至漢口發糶者不下數百萬石」。〔註85〕根據一七四八年湖北布政使嚴瑞龍的估計，輸入漢口的客米，大約要留置十分之三的量，才足夠江夏、漢陽二郡（武漢地區）平抑糧價及食用。〔註86〕一七四九年，地方官開報漢口每日所需食米約五千六百餘石。〔註87〕以此估計，漢口民食每年即需消耗二〇五萬石米。至一七七七年，湖廣總督三寶稱「漢口一鎮最稱巨鎮，向來江岸米船日計萬石內外則販售無虞翔踊」，則每年大約需米三百餘萬石。〔註88〕此外，沿江的宜昌府城市兵民多仰食川米，也是倚靠長江動脈輸入米糧。〔註89〕

　　商業發展的結果，也使湖北產生糧食作物商品化的現象，以十九世紀所

　　KYH24198。
〔註82〕KYH11725，KYH09948，KYH14795，KQ35287。朱倫瀚，〈截留漕糧以充積貯札子〉，《清朝經世文編》，卷39，頁10。
〔註83〕CS120192。
〔註84〕晏斯盛，〈請設商社疏〉（1745），《清朝經世文編》，卷40，頁15。
〔註85〕KYH08531。
〔註86〕CQ003795。
〔註87〕湖廣總督新柱奏報：「楚省雜糅，產米之鄉，漢口一處，客商雲集，前據漢陽府略開報，每日需用食米五千六百餘石，是以江浙等省興販者多，價即陡爲增長。」CQ004116。
〔註88〕KQ44384。
〔註89〕KQ36187。

見為多。農家將主要糧食供給市場，自食雜糧。例如，蒲圻縣種稻者十之八，但是稻米主要供租稅，農戶以薯芋維生。〔註90〕襄陽府民食本為二麥，但宜城「小麥不充常餐，恒儲以市用」。〔註91〕鄖陽府平疇水田十居一二，有稻有麥，然「稻麥唯士宦與市廛之民得食之」，一般人以玉米及其他雜糧為食。〔註92〕宜昌府長樂縣的情形也相似，當地所產的稻穀大半供應軍兵日食。〔註93〕「旱地區」種稻本少，稻米理所當然流通至市場，賣予城市士商，但是像蒲圻及宜城的例子則可能與商業發達有關。

三、棉花、棉布的輸出

商業化的發展除了帶動各級城鎮成長，引起商業城鎮糧食輸入增加以外，另一個重要的影響，是增加經濟作物及手工業產品更多元的流通管道，開拓遠方市場。湖北經濟作物以棉花最為突出，無論是十八世紀中期的六大行或是後來的八大行，棉花、棉布都是漢口貿易中重要的一項。明清時期湖北棉花生產有餘，曾多方輸出。明代湖北為「江花」的主要產區，曾輸出至江西，至同治年間，江西廣信府貴溪縣仍有湖北棉花輸入。〔註94〕清初江南嘉定縣有來自湖廣的棉花，可能也包括湖北。〔註95〕不過，湖北棉花往長江上游輸出者，可能較輸出至長江下游為多。十八世紀晚期以前，河南懷慶府孟縣棉布生產興盛，自產棉花不足，也賴湖北棉花補充。〔註96〕四川在清代前期不產棉花，所需大半自江中游輸入，但是即使乾嘉之際棉織業漸漸勃興，長江沿流的東部和南部仍輸入湖北棉花以織布，巴縣牙行從事四川米糧

〔註90〕《蒲圻縣志》（1836），卷4。

〔註91〕《宜城縣志》（1866），卷3，頁30。

〔註92〕嚴如熤（1759～1826），《三省邊防備覽》，卷9，頁6。《鄖陽府志》（1797～1809），卷4，頁7。

〔註93〕《長樂縣志》（1875），卷12，頁15。

〔註94〕梅莉，〈歷史時期湖北的植棉業〉，頁338。鄭昌淦，《明清農村商品經濟》（北京：中國人民大學出版社，1989），頁225。

〔註95〕康熙《嘉定縣志》，卷4云棉花「今楚豫皆知種藝，反以其貨連艫梱載而下，市於江南。」西嶋定生，《中國經濟史研究》（東京：東京大學出版會，1966），頁878。

〔註96〕北村敬直，〈清初における河南孟縣の綿花について〉，收於小野和子編，《明清時代の政治と社會》（京都：京都大學人文科學研究所，1983），頁535，引《孟縣志》（1790），卷4。

與湖北棉花的輸出入生意相當熱絡。〔註97〕

　　十九世紀湖北棉花輸出仍然看好，不但原有的國內市場維持穩固，更增加國外市場。國內棉花市場包括四川、湖南、貴州、陝南等地。四川棉花市場分爲「廣花」及「土花」，前者來自湖北，銷至重慶府、忠州、瀘州、夔州、綏定府、順慶府、綿州等處。〔註98〕貴州則是由四川合江間接移入湖北棉花。〔註99〕道光、光緒時期，湖北棉花亦由陝西客商運入陝境，像興安府平利縣花布皆不敷使用，歲銷棉花來源之一由漢口運來。〔註100〕湖南方面，寶慶府邵陽縣本地棉花品質較差，大多從湖北進口。〔註101〕十九世紀後半期，湖北棉花開始增闢國外市場，以日本爲主，偶爾也銷往德國、法國，皆以原棉輸出，轉而輸入洋紗供本地織布。〔註102〕

　　另外，湖北不產或產棉極少的鄂西南地區，或由本省供給，或因在邊境，由外省輸入。例如宜昌府不產棉花的州縣，可能倚賴在沙市、宜昌府之間集運百貨的廣東、江西、漢陽商賈運入。〔註103〕又如施南府，有江西、湖南商賈穿梭，將土產的苧麻、藥材以及山貨負載閩粵，「市花布綢緞以歸」。〔註104〕恩施縣的情形也相同，由從事長距離貿易的商人運入棉花。〔註105〕來鳳縣卯峒是本境及鄰境桐油的匯集中心，「往往以桐油諸物順流而下，以棉花諸物逆水而來」，從湖南澧州慈利縣販入棉花。〔註106〕

　　至於清代湖北棉布，隨著棉花種植區的加廣而大有發展。十六世紀至十八世紀中期，湖北植棉區尙未大幅增加，但是棉布已能遠銷廣東、四川、雲南、

〔註97〕山本進，〈清代四川の地域經濟──移入代替棉業の形成と巴縣牙行〉，頁6
　　　　～8。
〔註98〕山本進，〈清代四川の地域經濟──移入代替棉業の形成と巴縣牙行〉，頁11
　　　　～13。
〔註99〕山本進，〈清代四川の地域經濟──移入代替棉業の形成と巴縣牙行〉，頁11。
〔註100〕山本進，〈清代四川の地域經濟──移入代替棉業の形成と巴縣牙行〉，頁
　　　　7。鄭昌淦，《明清農村商品經濟》，頁193。
〔註101〕鄭昌淦，《明清農村商品經濟》，頁194。
〔註102〕Ts'ui-jung Liu, *Trade on the Han River and its Impact on Economic Development*,
　　　　p. 106.
〔註103〕《鶴峰州志》（1822），卷6，頁1。《鶴峰州志》（1885），卷7，頁17。《長樂
　　　　縣志》（1875），卷12，頁12。《宜昌府志》（1864），卷11，頁5～8。
〔註104〕《施南府志》（1871），卷10，頁4。
〔註105〕《恩施縣志》（1864），卷7，頁3。
〔註106〕《來鳳縣志》（1866），卷28，頁7。鄭昌淦，《明清農村商品經濟》，頁229。

貴州、山西、陝西各省。〔註107〕十八世紀中期以後至十九世紀，湖北棉花迅速增植，種植州縣增多，充分供給紡織所需，使湖北棉布市場圈基本穩定。陝西方面，清末經由漢水上至龍駒寨入境的「鄂布」每年至少有四百餘萬匹，而西安府三原縣更集中來自湖北隨州、應山、棗陽、孝感、雲夢等處的「大布」，銷至甘肅、新疆地方。〔註108〕晚至二十世紀初期，湖北以洋紗混織的「中布」還是以陝西為主要市場，銷至興安府，兩省之間的棉布貿易仍是漢水流域重要的經濟活動。〔註109〕西北一帶也有湖北棉布市場，由山西商人在安陸府城購買，「行西北萬里而遙」，稱為「府布」。〔註110〕河南孟縣以「孟布」聞名，十八世紀晚期棉織業衰落不如往昔頂盛，當地商人轉而輸入湖北棉布。〔註111〕至二十世紀初期，河南還有輸入黃州府黃安縣棉布的記錄。〔註112〕

四川方面，川東是湖北棉布的主要市場，但是川西南的寧遠府也有陝商購辦湖北沙市棉布銷入，川北保寧府的閬中縣則以絲布運至沙市、漢口變賣，再從這二個口岸買布回川。〔註113〕一般而言，四川商人來湖北買布者，除了漢口以外，多赴江陵、監利二地，監利「所產吉貝大布，西走蜀黔，南走百粵」。〔註114〕雲貴方面，雲南昭通和曲靖府的宣威州都使用湖北棉布，稱為「廣布」，來自沙市，而黃州府棉布則銷至貴州鎮遠府的黃平州及平越州的中坪。〔註115〕至於輸入湖南的湖北棉布稱為「西莊」，多來自漢川縣。

〔註107〕屈大均所說咸寧「大布」源源入粵之事不見於咸寧方志，不過咸寧紡織亦盛，出於鳴犢鎮的棉布最佳，咸寧「大布」可能出自此地。《咸寧縣志》（1667），卷1，頁21。屈大均，《廣東新語》，卷15，頁426。《漢陽縣志》（1748）卷10，頁1。《荊州府志》（1757），卷18。

〔註108〕張海鵬、張海瀛主編，《中國十大商幫》，頁24、80～81。棗陽棉布賣給陝西布客，稱為「莊布」。《棗陽縣志》（1923），卷6，頁10。

〔註109〕Ts'ui-jung Liu, *Trade on the Han River and its Impact on Economic Development*, p. 111～112.

〔註110〕《德安府志》（1888），卷3。《安陸縣志補正》（1872），卷下。

〔註111〕北村敬直，〈清初における河南孟縣の綿花について〉，頁535。

〔註112〕《黃安鄉土志》（1909），卷下，頁69。

〔註113〕劉秀生，〈清代中期湘鄂贛棉布產銷與全國棉布市場格局〉，收於葉顯恩主編，《清代區域社會經濟研究》，頁694。山本進，〈清代四川の地域經濟——移入代替棉業の形成と巴縣牙行〉，頁11～13。山本進，〈清代華北の市場構造〉，《名古屋大學東洋史研究報告》17（1993.3）：31～54。

〔註114〕《荊州府志》（1881），卷6，頁10。《江陵縣志》（1876），卷22，頁14。《監利縣志》（1872），卷8，頁1。

〔註115〕劉秀生，〈清代中期湘鄂贛棉布產銷與全國棉布市場格局〉，頁694。

〔註116〕江西廣信府的鉛山不產棉布，清末有蘄水「巴河布」輸入。〔註117〕
此外，商賈也在應城購買德安府的「梭布」，行東南諸省。〔註118〕總體而言，
湖北「水田區」是棉花、棉布有餘區，湖北棉布之能輸出省外，主要來自這
個地區的生產。而「旱地區」的襄陽府、鄖陽府爲自足區，宜昌及施南二府
則是不足區。〔註119〕

　　湖北棉布輸出鼎盛，不但產布州縣漸增，棉布亦能由粗而精，品類群生。
順治、康熙時期棉布生產中心見於記載者有十一處，至乾隆、嘉慶時期，新興
棉織中心爲十三處，而江陵、公安、孝感則從康熙至乾隆時期產布不衰。〔註120〕
湖北最初只能生產適宜大眾品味的棉布，進入遠距離流通者尺幅較寬，如長三
十三尺寬一尺五寸的「大布」，或長在三十尺以下的「椿布」，都是康熙時期的
品類。〔註121〕而長一丈四五尺到一丈五六尺的「小布」、「扣布」，則相當於江
南的「中機」，要到十八世紀中期湖北才能自產。〔註122〕至於「梭布」，爲染色

〔註116〕《漢川縣志》（1873），卷6，頁19。《漢川圖記徵實》（1895），冊5，頁3。
〔註117〕巴河應爲黃州府蘄水縣巴河鎮，劉秀生誤爲武昌，見劉氏，〈清代中期湘鄂贛
　　　　棉布產銷與全國棉布市場格局〉，頁695。
〔註118〕《德安府志》（1888），卷3。《安陸縣志補正》（1872），卷下。
〔註119〕《鄖陽府志》（1797～1809），卷4，頁9。《鄖陽府志》（1870），卷4，頁12。
〔註120〕順治、康熙時期（1644～1722）十一處棉布生產中心爲大冶、咸寧、通城、
　　　　孝感、麻城、羅田、隨州、江陵、公安、遠安、當陽，見《大冶縣志》（1683），
　　　　卷1，頁17；《通城縣志》（1672），卷1，頁17；屈大均，《廣東新語》，卷
　　　　15，頁426；《孝感縣志》（1695），卷4，頁1；《麻城縣志》（1670），卷3，
　　　　頁5；《羅田縣志》（1717），卷3；《隨州志》（1667），卷1，頁38；《江陵志》
　　　　（1662～1722），卷1；《公安縣志》（1721），卷2，頁2；《遠安縣志》（1661），
　　　　卷1，頁15；《當陽縣志》（1670），卷1，頁23。乾隆、嘉慶時期（1735～1820）
　　　　新增十三處棉布生產中心爲崇陽、漢陽、漢川、蘄州、黃梅、黃岡、鍾祥、
　　　　監利、竹山、東湖、荊門州、南漳、恩施，見《崇陽縣志》（1752），卷3，
　　　　頁170；《漢陽府志》（1747），卷28，頁2、4；《漢陽縣志》（1748），卷10，
　　　　頁1；《黃梅縣志》（1789），卷5，頁5；《蘄州志》（1755），卷2，頁17；《黃
　　　　州府志》（1749），卷3，頁37；《黃岡縣志》（1789），卷1；《鍾祥縣志》（1795），
　　　　卷5，頁29；《江陵縣志》（1794），卷22，頁26；《荊州府志》（1757），卷
　　　　18；《荊門州志》（1754），卷15，頁5；《竹山縣志》（1785），卷11，頁5；《東
　　　　湖縣志》（1763），卷5；《南漳縣志集鈔》（1815），卷6，頁4；《恩施縣志》
　　　　（1808），卷4，頁28。
〔註121〕《德安府志》（1685），卷8，轉引自山本進，〈清代湖廣の水稻業と棉業〉，
　　　　頁24，第17條引文。
〔註122〕「扣布」、「小布」爲漢陽縣所織棉布，乾隆《南匯縣志》卷15提到「扣布」
　　　　即「小布」，又名中機。《漢陽縣志》（1748），卷10，頁1；卷28，頁2。藤
　　　　井宏，〈新安商人の研究〉（一），頁15～16。

棉布，乃布中精品，品色多，多為江南松江所製。〔註123〕但是十八世紀晚期湖北也能自產「梭布」，稱為「監利梭」，十九世紀後半期則有應城「梭布」行於東南省分。〔註124〕

根據十八世紀晚期章學誠記載的一份漢口流通的商品清單顯示，當時由蘇松輸入的布類有「假高麗布」、「紙布」，沒有「梭布」名目（見附錄四）。前者可能與上海所產「緯紋，棱起而疏」的「高麗布」相仿，後者尚未見來源，應當都是蘇松地方較高技術的精緻棉布。〔註125〕據此，十八世紀中期以前，湖北以生產大眾化棉布為主，但品類有限，仍由江南輸入同級不同型的棉布（如「中機」）。十八世紀晚期起湖北已能生產某些高級棉布，但仍輸入同級不同型的其他精品棉布（如「假高麗布」、「紙布」）。因此，北村敬直所說江南並不向湖北輸出棉布的看法，是值得懷疑的。〔註126〕值得注意的是，來自蘇浙的綾、紬、緞等絲織品貨目繁多。不僅棉布以輸入高級品為主，其他織品亦然。這個現象符合十八世紀後半期湖北商業城鎮成長引起的城市消費傾向，也可以看出湖北與全國經濟核心的江南之間商業互動情形的轉變。

第三節　人口、商業化與糧食供需狀況

為因應人口增長及商業化加深引起的糧食需求增加，無論是糧食作物或經濟作物的調整，最終都將使湖北的糧食供需狀況發生變化。根據本章前二節的探討，湖北人口的增長及城鎮發展最顯著的時期皆為十八世紀後半期，因此十八世紀後半期糧食供需狀況的改變值得重視。十七世紀後半期至十八世紀初期，湖北的糧食供給狀況尚佳，正常年份多有餘糧出口至江浙。〔註127〕這是因為人口還處於恢復時期，移墾活動方興未艾，而商業化程度也尚未發

〔註123〕松江有「三梭布」，明時上供為皇帝衣著之用。「梭布」之中又有各色名珍，如譽為女紅巧製的斜紋布「絮璀以密，絨纂而純」，不如「小布」、「大布」可以比戶操作。《奉賢縣志》（1878），卷19，頁3。謝國楨，《明代社會經濟史料選編》（福州：福建人民出版社，1980），上冊，頁135。徐新吾，《鴉片戰爭前中國棉紡織手工業的商品生產與資本主義萌芽問題》，頁14。

〔註124〕章學誠，《湖北通志檢存稿》，見《章氏遺書》，卷24，頁24。

〔註125〕《上海縣志》（1872），卷8，頁13。樊樹志，《明清江南市鎮探微》（上海：復旦大學出版社，1990），頁157，引康熙《嘉定縣志》及光緒《羅店鎮志》文。

〔註126〕北村敬直，《清代社會經濟史研究》（京都：朋友書店，1981），頁172～173。

〔註127〕KYH06507，CS130098。

生普遍性的變化，明末以來「湖廣熟天下足」之謠至此仍將湖北包括在內。一七一九年，康熙皇帝的硃批就暗示了朝廷對湖北糧食生產的期望。該年六月，湖北巡撫張連登奏報稻收豐稔情形之後，硃批：「俗諺云：『湖廣熟，天下足』，湖北如此，湖南亦可知矣。」一七二三年京官于廣來湖北採買米糧，除了在漢口、江夏一共採買六萬石之外，在黃州府沿江市集、德安府及安陸府都各買七千至一萬石不等的米。〔註128〕漢口向來有四川、湖南米糧進入，江夏爲省會所在，也多有外糧輸入，但于廣在黃州府各市集、德安府及安陸府所採買的米，應該是當地所產居多。湖北生產有餘裕，才能成爲當時遠地採買者列入考量的重要區域。

　　及至一七四八年，湖北布政使嚴瑞龍認爲湖北由於人口增加，本地糧食供給難有餘裕：

> 湖北地土遼闊，素稱產米之鄉，祇緣年來生齒日繁，本地之米僅可
> 供本地之用。〔註129〕

時期愈後，湖北本地米糧供給愈形短絀，愈加倚賴外地糧食。一七四八年，朱倫瀚分析湖北米糧生產情形時認爲：

> 湖廣素稱沃壤，有「湖廣熟，天下足」之謠，以今日言之，殊不盡
> 然。湖北一省宜昌、施南、鄖陽多處萬山之中，荊州尚須由武漢撥
> 濟兵米，德安、襄陽、安陸其地多種豆麥，稻田亦少，武昌所屬半
> 在山中，惟漢、黃兩郡尚屬產米。……不知今日之楚省非復昔日之
> 楚省也，且亦待濟於川省矣，武漢一帶有待川米來而後減價之語，
> 則不足之情形已見，恐未可視爲不竭之倉，不涸之源也。〔註130〕

根據朱倫瀚的意見以及近人的相關研究，我們可以把各府的糧食供給狀況，以本地生產是否足以供給本地所食爲原則，初步地將湖北區分爲有餘、不足及自給三個等級區。武昌、漢陽、荊州三府爲不足區，黃州府有餘米輸出，德安府和襄陽府都有麥豆運至漢口輸出，安陸府爲江漢平原富庶區，生產條件佳，都是有餘區（見圖 3.3.1）。〔註131〕鄖、宜、施三府僻處深山，商業及

〔註128〕KYH02130，KYH24027。

〔註129〕CQ003795。

〔註130〕朱倫瀚，〈截留漕糧以充積貯札子〉，《清朝經世文編》，卷39，頁10。

〔註131〕章學誠，《湖北通志檢存稿》，見《章氏遺書》，卷24，頁24。梅莉，〈明清湖
　　　　北農業區域特徵分析〉，頁 101～103。荊門直隸州要到一七九一年才設立，
　　　　轄荊門州、當陽、遠安三州縣。荊門州、當陽多稻，前者尚有生產水平高的

交通都不及他府，「一歲之出儘供一歲之食」，為自給區。〔註132〕

十八世紀後半期湖北各府的糧食供需狀況概如上述。考慮人口、商業化與各府糧食供需狀況的關係時，人口方面可以一八二○年的人口密度與糧食供需狀況對照觀察，商業化方面因沒有最適當的定量指標，只得依賴史料的定性描述。〔註133〕據表3.3.1所示，人口密度愈高，糧食供給愈顯不足：糧

坑田，有稻麥複種或稻與菜麥輪作。遠安則僻處深山，田少旱地多，三地都沒有糧食輸入的記載，應該是糧食自給區。KJ3926783。《遠安縣志》（1661），卷2，頁1。《荊門直隸州志》（1809），卷11，頁3～4。

〔註132〕KYH33889，CS130098～0099。

〔註133〕根據石原潤針對定期市的研究，他認為定期市是作為地域需要的結晶點，有其時間變化及空間分布狀態，定期市的空間分布密度與人口密度有一定的函數關係。所謂空間分布密度即是市鎮密度，是指每單位面積的市鎮數。他研究華中東部市鎮密度的結果顯示，清代江蘇的市鎮密度確與人口密度相關高，亦即人口密度上升時，地域需要密度也跟著增加，每市鎮的買賣量隨著增加。參考石原潤，《定期市の研究》（名古屋：名古屋大學出版會，1987），頁63～64、140～142。

按照石原潤的方法，筆者計算一七八四年湖北各府的市鎮密度如下：

府	市鎮數／1000平方公里	市鎮密度等級	糧食供需狀況
武昌府	2.1	H	不足
漢陽府	1.6	M	不足
荊州府	1.8	H	不足
黃州府	2.1	H	有餘
德安府	1.8	H	有餘
安陸府	1.3	M	有餘
襄陽府	1.2	M	有餘
鄖陽府	0.5	L	自給
宜昌府	0.1	L	自給
施南府	0.4	L	自給
荊門直隸州	0.0	L	自給

說明：1. 1784年各府市鎮數見《乾隆大清一統志》，卷259～266。

　　　2. 市鎮密度等級H＝1.8～2.1（含1.8）、M＝1.0～1.8（含1.0）、L＝0～1.0（含0）。

由表所見，糧食不足區市鎮密度偏高，糧食有餘區則中、高皆有，糧食自給區市鎮密度偏低。大致來說，市鎮密度愈高（商業化愈深）的地區，非農人口增多，糧食愈顯不足。但是糧食自給區仍然另成一個類項，並不因為商業化程度較低而糧食有餘。前文曾提及鄖、宜、施三府及荊門直隸州的遠安皆僻處深山，交通不便。商業化以外的因素，如水陸交通運輸的便利性，對糧食自給區的制約頗為重要。不過，使用市鎮密度觀察商業化程度有其限制，

食不足區，人口密度均高；糧食有餘區，人口密度居中（只有安陸府居高，
為一例外）。糧食自給區人口密度均低，其糧食供給應該有餘。但是糧食自
給區皆位於「旱地區」，農業以一年一穫為主，生產水平低於其餘各府，而
且「地處山僻，商賈鮮至」，商業不發達，交通不便，即使糧食有餘也難以
運出。〔註134〕糧食有餘區的黃州、德安、安陸及襄陽四府，多屬「水田區」，
以一年兩穫為主，農業生產力相對地高，人口密度均低於糧食不足區，糧食
供給較為充裕。至於糧食不足區的武昌、漢陽、荊州三府，人口增加，商業
化也提升。尤其武昌府，因是省會所在，有大批的行政官僚駐城之外，工商
人口繁多，商業興盛：

> 武昌省環繞大江，路通九省，商民輻輳，一望連雲，凡夫江干洲
> 址，在在俱屬民廬，城之西南保安門外有金沙一洲，煙戶萬家。
>
> 〔註135〕

同時，還有大量軍隊駐紮，人口密度當然高居全省之冠。〔註136〕荊州府也是
工商人口和駐軍眾多：

> 有駐防滿兵，兵民眾多，戶口殷繁，米糧雜貨多賴商販由漢口等處
> 販運糶濟以資衣食。〔註137〕

所轄江陵和監利二縣是棉布生產及貿易中心，商業市鎮繁榮，有山陝、福建、
徽州、江西、吳興、金陵、江南等地商人來此設立會館。〔註138〕至於漢陽府，
除了有大型商業巨鎮漢口人煙聚集之外，漢陽縣各村莊也如同劇市一般，「集
廠相距無踰十里」。〔註139〕十八世紀湖北督撫言及該省人口增加、商業繁盛的
情況時，經常將武昌、漢陽、荊州三府，或者武昌、漢陽二府並提：

因為史料所載錄的各府市鎮可能為不同的時點匯總而成，而且選錄的標準也
不明，只能做為參考。

〔註134〕KQ59616。

〔註135〕KQ02090。

〔註136〕十八世紀湖北駐紮的八旗和綠營軍兵總數接近三萬人，駐紮地以荊州府兵數
最多，次為鄖陽府、襄陽府、武昌府，為數四千餘人至七千餘人不等。參考
〈十八世紀中國常平倉儲的數量分布〉一稿之附錄三、附錄四，見王業鍵主
持，「清代糧價的統計分析與歷史考察」研究計畫研究報告一部份，未發表。

〔註137〕KYH20119。

〔註138〕江陵有十座會館，皆設於最大的市鎮沙市。監利有會館三座，亦建於該縣商
業最殷盛的朱家河鎮。《荊州府志》（1757），卷19，頁2、15。《江陵縣志》
（1794），卷9，頁1。

〔註139〕集、廠即市集。KQ02098。《漢陽縣志》（1883），卷1，頁6。

> 荊州、武昌、漢陽人煙繁庶，亦恒藉四川、湖南客米流通。〔註140〕
>
> 沿流之荊州、武昌、漢陽爲商賈輻輳，五方雲集之地。〔註141〕
>
> 武、漢二府係煙户稠密，商賈雲集之區。〔註142〕
>
> 武、漢一帶，地密人稠。〔註143〕

另外，清政府倉儲額的制定與人口因素有密切的關係，人口增加倉儲額也高。從一七八九年湖北常平倉儲額分配來看，糧食供給不足區的武昌、漢陽、荊州三府儲額都相當高，其中接近四分之一的儲額分配在武昌府，居全省之冠。〔註144〕

至十九世紀，湖北糧食就算是豐收之年也不敷本省食用，一八〇二年總督吳熊光及湖北巡撫全保即聲稱：

> 本年楚省秋收雖尚豐稔，各屬山多田少，本省所產之米尚不敷本地民食，向藉川米以資接濟。〔註145〕
>
> 惟是湖北省所產之米不敷本地一歲之食，向藉四川、湖南客米接濟。〔註146〕

一八一五年，湖廣總督張映漢仍然認爲：

> 湖北通省所產之米，即豐收之年尚不甚敷民間食用，惟賴四川、湖南兩省之米接濟。〔註147〕

直到二十世紀初期，湖北糧食供給還是不足。〔註148〕一九三〇年代湖北糧食供給不足的縣數比例爲 39%，自給縣佔 36%，有餘縣佔 25%，全省糧食供給還是不足。〔註149〕綜觀湖北糧食供需狀況的時間變化，可以十八世紀中期分

〔註140〕KQ35287。

〔註141〕KQ44384～385。

〔註142〕CQ007321。

〔註143〕KQ03014。

〔註144〕武昌府儲額比例最高，爲 22.92%，次爲黃州府 22.53%，再次爲漢陽府及荊州府，分別爲 12.91%及 11.26%。王業鍵主持，〈十八世紀中國常平倉儲的數量分布〉，表四。

〔註145〕KJ1611496～497。

〔註146〕KJ2316177。

〔註147〕KJ4430094。

〔註148〕東亞同文書院調查，《支那經濟全書》（東京：東亞同文會，1907），頁 201。

〔註149〕據一九三六年湖北省政府統計，湖北七十縣之中，糧食不足者有 22 縣，有餘者 18 縣，自給者 25 縣，但有 5 縣豐年有餘，凶年不足，筆者將最後這 5 縣計入不足縣。佚名，《湖北省之土地利用與糧食問題》（台北：成文出版社有

界：十八世紀初期湖北糧食生產還算寬裕，除了轉運四川、湖南米之外，也有餘糧外運；但時間愈後湖北糧食供給漸顯短絀，至十八世紀中期糧食僅能自給，漸以四川和湖南為其糧食的供給來源，並且增強中轉糧食的功能；十八世紀後半期，湖北人口的增加及商業的發展都相當顯著，使糧食供需狀況形成明顯的區域差異。

表 3.3.1：十八世紀後半期湖北人口密度與糧食供需狀況

府	人口密度及等級（1820）（人／平方公里）		糧食供需狀況
武 昌 府	370.9	H	不　足
漢 陽 府	246.9	H	不　足
荊 州 府	285.5	H	不　足
黃 州 府	180.3	M	有　餘
德 安 府	179.2	M	有　餘
安 陸 府	253.0	H	有　餘
襄 陽 府	105.1	M	有　餘
鄖 陽 府	23.0	L	自　給
宜 昌 府	36.6	L	自　給
施 南 府	53.9	L	自　給
荊門直隸州	96.0	L	自　給

說明：1. 清代湖北人口資料可用而有府級數字者只有 1820 年，暫視為十八世紀末期峰值人口數。
　　　2. 各府土地面積見表 3.1.2。
　　　3. H、M、L 分別表示人口密度等級的高、中、低：H=200～380（含 200）、M=100～200（含 100）、L=0～100（含 0）。

　　綜合本章所論，湖北人口增長以十八世紀後半期最為快速，市鎮數量也是在這個時期增加最快。人口增長結果使湖北耕地增加，輪作制度邁向密集化，並擴展較為集約的土地利用方式——垸田。這些現象顯示，人口增長引起持續的技術變更以增加生產，證實了 Boserup 的見解；也符合 Perkins 提出的看法，亦即傳統農業糧食增產的主要途徑，是由耕地面積的擴張和單位面積產量的提高達成的。至於商業化發展對湖北所產生的影響包括：擴展棉花、棉布的生產及遠銷通路、引起糧食作物商品化，並且愈加成為糧食輸入省。

限公司，1977），頁 24304。

十八世紀後半期湖北農業經濟確實爲經濟作物導向，接近山本進提出的「移入代替化」地域經濟型態。人口增加與商業化兩個因素交互作用之下，還使湖北的糧食供需狀況出現明顯的區域差異，也扭轉了湖北向來輸出糧食及手工業原料至「已開發區域」的經濟角色。

圖 3.3.1：十八世紀後半期湖北糧食供需狀況分區圖

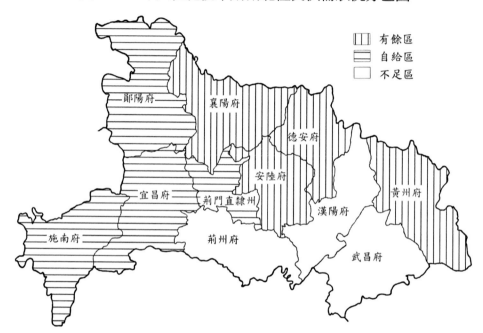

第四章　結　論

　　回顧第一章第二節，筆者曾對前人研究湖北農業經濟變遷的兩種見解加以檢討，並提出應該處理的問題，包括二個方面：第一，關於人口與農業經濟變遷方面，清代湖北人口的發展趨勢為何？人口大量增加，其經濟選擇是否為土地開墾與植棉織布並同發展？第二，關於商業化與農業經濟變遷方面，十九世紀中期以前湖北傳統商業的發達是否刺激植棉織布的擴展？清代湖北植棉棉布的發展情形如何？湖北農業部門是否發生結構性變遷——轉為以植棉為主？基於這兩方面的問題，筆者認為當人口增加與商業化加深時，湖北農業經濟歷經二個階段：第一階段，糧食有餘水平漸減，江南棉布輸入而本地棉布輸出尚少；第二階段，糧食不足加劇而本地各級棉布頗有發展。

　　經過本文第二、三章的探討，對於上述問題，形成以下五項結論，這些結論驗證了筆者最初提出的湖北農業經濟二階段發展的看法。第一，就土地利用的角度而言，湖北農業經濟變遷的特徵包括：（1）糧食作物多樣化，是指推廣小麥及玉米、洋芋、番薯等美洲新作物；（2）輪作制度的密集化，為一年兩穫多熟制的深化，指稻麥輪作制、稻與春花輪作制的加廣，以及增加第二季作物的多樣性；（3）植棉區擴張。其中，十八世紀中期以前，小麥在「水田區」推廣有成，稻麥輪作制同時跟著拓展實行範圍。十八世紀後半期，玉米迅速播植，以「旱地區」的開墾為主，「水田區」則是稻與春花輪作制處處滋榮，雙季稻種植範圍略增。植棉區在十八世紀後半期有擴張跡象，但時代愈後植棉州縣愈多。不過，湖北植棉雖多在垸田、洲地，卻不與稻作爭地，只是當時多樣的秋季作物中的一種。至十九世紀，洋芋和番薯盛行於「旱地區」，番薯也在「水田區」的部份州縣成為農戶日常糧食，此時期輪作制度出

現一年三穫制，但不普遍。

　　第二，人口方面，清初至一八五〇年湖北人口不斷增長，尤以十八世紀後半期增長最速，而以一八五〇年達到人口峰值。十八世紀中期以前湖北人口不斷增加時，小麥在「水田區」的推廣成效顯著。至人口增加最為顯著的十八世紀後半期，及人口緩步增長的十九世紀前半期，洋芋和番薯在「旱地區」得到良好而迅速的擴展，同時植棉區也有相當的擴展。這使湖北形成擴展小麥為主的地區和擴展玉米為主的地區。糧食作物的多樣化趨勢持續至十九世紀，經濟作物的擴植則較晚開展。事實上，湖北人口的增加使其耕地也跟著增加，並且耕種朝集約化發展，包括上述幾種糧食作物的多樣化、輪作制度的密集化和垸田集約生產的興盛，而且這一連串的變化多在人口密度較高的地區。其中，輪作制度的密集化是指稻麥輪作制、稻與春花輪作制、以及雙季稻的擴展，為一年兩穫的多樣性發展。至於垸田的開發，一方面增加耕地，另一方面則是提高耕地單位產量，它的開發也與高人口密度有關。

　　第三，清代湖北商業興盛，尤其十八世紀後半期，商業化發展明顯。這可從初級農村市集逐漸普遍，較大商業城市的成長等方面看出來。無論是初級的農村市集或市鎮型的商業城市，大致都分布在「水田區」，「旱地區」之有巨鎮則在十九世紀。市鎮型商業城市之中，尤以漢口的成長最為顯目，它是湖北對內對外的總口岸。湖北的大小城鎮又多沿著長江、漢水流域分布，結合成綿密的城鎮網和通商孔道，為湖北糧食的輸入和棉花、棉布的輸出之所賴。湖北商業愈為鼎盛，其商業城鎮愈加需要輸入外糧，如沿江的宜昌府城、荊州府城及漢口，漢口每年由四川和湖南輸入的商米更高達二〇五萬石。另外，興盛的商業也引起湖北糧食作物的商品化，本為主要糧食的稻和麥充為「經濟作物」，供應市場的流通，農家則自食雜糧。

　　第四，當湖北糧食生產愈顯不足時，棉布市場卻愈為擴大，尤其是長江上游及湖南、陝、甘各省，皆是湖北棉布的銷售區。其中，四川和湖南向湖北輸出糧食，而湖北向這兩地輸出棉布，其間的關係如同「已開發區域」之於「開發中區域」的商業交換關係。湖北自十八世紀初期以後糧食生產不足，已無法向長江下游地區輸出糧食，十八世紀晚期又能生產與江南匹敵的精品棉布，行銷東南諸省。江南向湖北輸出的只能是湖北不能生產的更高級棉布以及絲製品，多適合商業城鎮非農人口或社會中上層人士消費。這種變化顯示，「已開發區域」之於「開發中區域」的區域框架，只適宜解釋清初至十八

世紀初期以前湖北的經濟發展型態。

　　第五，人口和商業化的影響同時存在於湖北，爲了因應人口增加和商業化發展引起的糧食需求增加，植棉、織布同時爲湖北所發展，糧食供需狀況也有所改變。大致而言，十八世紀後半期湖北人口密度和商業化發展都高的地區，糧食不足，爲武昌、漢陽、荊州三府；人口密度居中者，糧食有餘，包括黃州、德安、安陸、襄陽四府。也就是說，人口密度愈高，糧食供給愈顯不足。不過，糧食自給區（鄖陽、宜昌、施南、荊門直隸州）雖然人口密度低，其糧食就算有餘，也會受限於人口、商業化以外的地理條件、交通等因素而無法輸出。

　　應該說明的是，筆者對於人口、商業化與農業經濟變遷的探討僅能做到初步的探討，其中仍有許多討論不足之處。例如，商業化是一個非常複雜的經濟現象，筆者對於商業組織、商幫活動、貿易量等相關的課題，礙於能力皆未涉及。其次，有關江南與湖北棉布的輸出入方面，目前所閱資料仍然有限，尚無法估計流通量，因此只能捕捉這兩地大致的交換趨勢。此外，本文也未處理十九世紀湖北各府的糧食供需狀況，緣因筆者對於十九世紀的史料掌握仍少，尚待將來繼續研究這方面課題時，深入資料後再予以補足。此外，本文以湖北爲個案研究所提出的（1）兩階段發展論點，以及（2）人口增長、商業化兩個變數與農業經濟變遷的關係，是否可進一步援引適合的理論再予發揮，或將第（2）項建立成量化模型，以突破個案研究概括性（generalization）不足的限制，仍需費時細究。

附　錄

一、1667～1850 年湖北行政區沿革表、附圖

府	年	州　　　縣　　　廳									
武昌府	1667～1911	江夏	武昌	嘉魚	蒲圻	咸寧	崇陽	通城	大冶	通山	興國州
漢陽府	1667～	漢陽	漢川								
	1729～	漢陽	漢川	孝感	黃陂						
	1763～	漢陽	漢川	孝感	黃陂	沔陽州	文泉				
	1765～	漢陽	漢川	孝感	黃陂	沔陽州					
	1899～1911	漢陽	漢川	孝感	黃陂	沔陽州	夏口廳				
黃州府	1667～	黃岡	麻城	黃安	蘄水	羅田	廣濟	黃梅	黃陂	蘄州	
	1729～	黃岡	麻城	黃安	蘄水	羅田	廣濟	黃梅	蘄州		
	1768～1911	黃岡	麻城	黃安	蘄水	羅田	廣濟	黃梅	蘄州		

德安府	1667～	安陸	雲夢	應山	應城	孝感	隨州						
	1729～1911	安陸	雲夢	應山	應城	隨州							
安陸府	1646～	鍾祥	京山	潛江	景陵	當陽	沔陽州	荊門州					
	1726～	鍾祥	京山	潛江	天門	當陽	沔陽州	荊門州					
	1763～	鍾祥	京山	潛江	天門	當陽	荊門州						
	1791～1911	鍾祥	京山	潛江	天門								
荊州府	1667～	江陵	公安	石首	監利	松滋	枝江	宜都	遠安	興山	巴東	長陽	歸州	夷陵州
	1725～	江陵	公安	石首	監利	松滋	枝江	宜都	遠安	興山	巴東	長陽	歸州	夷陵州	施州衛
	1728～	江陵	公安	石首	監利	松滋	枝江	宜都	遠安	夷陵州				
	1735～	江陵	公安	石首	監利	松滋	枝江	宜都	遠安					
	1791～1911	江陵	公安	石首	監利	松滋	枝江	宜都						
襄陽府	1667～1911	襄陽	宜城	南漳	棗陽	穀城	光化	均州					
鄖陽府	1667～1911	鄖縣	房縣	竹山	竹谿	鄖西	保康						
宜昌府	1735～	東湖	興山	巴東	長陽	長樂	歸州	恩施	鶴峰州				
	1736～	東湖	興山	巴東	長陽	長樂	歸州	鶴峰州					
	1904～1911	東湖	興山	巴東	長陽	長樂	歸州						

施南府	1736～1911	恩施	宣恩	來鳳	咸豐	利川	建始						
荊門直隸州	1791～1911	荊門州	遠安	當陽									
鶴峰直隸廳	1904～1911	鶴峰直隸廳											
歸州直隸州	1728～1735	恩施	興山	巴東	長陽	歸州	施州衛						
施州衛	1652～1725	四宣撫司	八安撫司	十一長官司	大田所								

資料來源：牛平漢，《清代政區沿革綜表》（北京：中國地圖出版社，1990），頁228～246。

附圖1：康熙六年（1667）湖北行政區域

—89—

附圖2：雍正七年（1729）湖北行政區域

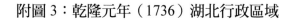

附圖3：乾隆元年（1736）湖北行政區域

附圖4：乾隆五十六年至道光三十年（1791～1850）湖北行政區域

二、清代湖北玉米別稱

地區	資料年代	秫	粱	玉麥	玉米	玉角	玉黍	玉粒子	蜀黍	玉蜀黍	玉萄黍	玉高（膏）粱	大高（稼）粱	玉包穀	包（苞）穀	包蘆	芋蘆	玉榴	六穀米	番麥
咸　寧	1667			◎麥類																
崇　陽	1866														○	○梁類				
大　冶	1867														○					
通　山	1753														※					
興國州	1889				○					○										
江　夏	1753														※					
漢　陽	1669				◎															
漢　陽	1753														※					
孝　感	1753														※					
黃　陂	1753														※					

地名	年	1	2	3	4	5	6	7	8	9	10	11	12	13	14
漢　川	1895						○		○		○				
應　山	1753										※				
應　城	1882						○		○		○				
隨　州	1753										※				
鍾　祥	1867						○								
荊州府	1757			※			※								
荊州府	1880			○			○								
江　陵	1794			※			※								
江　陵	1876			○			○								
松　滋	1869								○		○	○	○	○	○
枝　江	1740			◎黍類		◎									
枝　江	1866					○									
宜　都	1866						○				○				
監　利	1872			○			○								
襄陽府	1760	※							※		※				
襄陽府	1885	○							○		○				
南　漳	1760	※							※		※				
南　漳	1815	○							○		○				
南　漳	1922			○			○		○		○				○
穀　城	1760	※							※		※				
穀　城	1867	○							○		○				
均　州	1760	※							※		※				
均　州	1884			○							○				
襄　陽	1874	○							○		○				
宜　城	1866								○						
鄖陽府（保康除外）	1578		□												
鄖陽府	1870						○				○				
鄖陽府	1797～1809						※				※				
上　津	1578		□												
鄖　西	1578		□												
鄖　西	1773							※							
鄖　西	1866										○梁屬				
鄖　西	1936										○梁屬				

地名	年代												
郎　縣	1578		□										
郎　縣	1866				○				○				
竹　山	1578		□										
竹　山	1865					○			○				
竹　山	1785								※				
竹　谿	1578		□										
保　康	1866						○		○				
房　縣	1578		□										
房　縣	1865					○	○		○				
宜昌府	1864			○									
東　湖	1763					※	※		※				
東　湖	1864					○	○		○				
巴　東	1866					○	○		○				
巴　東	1864								○				
鶴　峰	1741	◎							◎				
鶴　峰	1864			○					○				
長　樂	1875		○	○	○			○	○				
長　樂	1864								○				
歸　州	1564		□ 小麥類										
歸　州	1864								○				
長　陽	1864								○				
興　山	1884		○			○	○	○	○				
施南府	1871					○			○				
咸　豐	1865					○			○				
宣　恩	1863								○				
來　鳳	1866					○			○				
恩　施	1808								○				
恩　施	1864					○			○				
利　川	1865					○							
利　川	1897					○			○				
建　始	1841								○				
建　始	1866								○				
遠　安	1866								○				

□：明　代　　　　　　　◎：清初至一七五〇年
※：十八世紀後半期　　　○：十九至二十世紀初期
資料來源：KQ07126，KQ17640 及各府縣方志

三、1749～1953 年湖北人口

年	1749	1750	1751	1752	1753
年　號	乾隆 14 年	乾隆 15 年	乾隆 16 年	乾隆 17 年	乾隆 18 年
總人口數	7,527,486	7,676,239	7,714,351	7,759,916	7,794,031
民　口					
軍　口					
總戶數		1,743,606	1,747,639	1,750,763	1,753,617
民　戶					
軍　戶					
民戶／省%					
軍戶／省%					
戶均人口		4.40	4.41	4.43	4.44
民口／省%					
軍口／省%					
年增加人口		148,753	38,112	45,565	34,115
年增長率		1.98%	0.50%	0.59%	0.44%
資料來源	WXTK195029	KQ02139	KQ02139	KQ04519	KQ07308
年	1754	1755	1757	1759	1762
年　號	乾隆 19 年	乾隆 20 年	乾隆 22 年	乾隆 24 年	乾隆 27 年
總人口數	7,828,915	7,865,605	7,957,304	8,024,970	8,137,947
民　口					
軍　口					
總戶數	1,756,426	1,759,520			
民　戶					
軍　戶					
民戶／省%					
軍戶／省%					
戶均人口	4.46	4.47			
民口／省%					
軍口／省%					
年增加人口	34,884	36,690	45,850	33,833	37,659
年增長率	0.45%	0.47%	0.58%	0.42%	0.47%
資料來源	KQ10146	KQ13077	WXTK195030	WXTK195030	WXTK195031

年	1763	1764	1765	1767	1768
年　號	乾隆 28 年	乾隆 29 年	乾隆 30 年	乾隆 32 年	乾隆 33 年
總人口數	8,184,493	8,231,816	8,283,158	8,399,652	8,450,405
民　口					
軍　口					
總戶數	1,788,156	1,791,970	1,795,952	1,803,931	1,808,004
民　戶					
軍　戶					
民戶／省%					
軍戶／省%					
戶均人口	4.58	4.59	4.61	4.66	4.67
民口／省%					
軍口／省%					
年增加人口	46,546	47,323	51,342	58,247	50,753
年增長率	0.57%	0.58%	0.62%	0.70%	0.60%
資料來源	KQ20119	KQ23532	KQ27105	WXTK195031 KQ32585	KQ32585
年	1771	1772	1773	1776	1777
年　號	乾隆 36 年	乾隆 37 年	乾隆 38 年	乾隆 41 年	乾隆 42 年
總人口數	8,532,187	8,566,727	8,654,519	14,815,128	15,038,325
民　口					14,267,951
軍　口					770,374
總戶數		1,826,230	1,838,685		3,168,356
民　戶					2,985,560
軍　戶					182,796
民戶／省%					94.23%
軍戶／省%					5.77%
戶均人口		4.69			4.75
民口／省%					94.88%
軍口／省%					5.12%
年增加人口	27,261	34,540	87,792	2,053,536	223,197
年增長率	0.32%	0.40%	1.02%	19.62%	1.51%
資料來源	WXTK195032	KQ33516	KQ33516	WXTK195033	KQ033308

年	1778	1780	1781	1782	1783
年　號	乾隆 43 年	乾隆 45 年	乾隆 46 年	乾隆 47 年	乾隆 48 年
總人口數	15,361,456	16,021,069	16,387,683	16,712,613	17,155,018
民　口	14,571,597	15,186,707	15,522,025	15,810,972	16,219,284
軍　口	789,859	834,362	865,658	901,641	935,734
總戶數	3,219,339	3,311,899	3,360,431	3,402,668	3,552,861
民　戶	3,033,165	3,117,458	3,159,319	3,194,955	3,341,003
軍　戶	186,174	194,441	201,112	207,713	211,858
民戶／省%	94.22%	94.13%	94.02%	93.90%	94.04%
軍戶／省%	5.78%	5.87%	5.98%	6.10%	5.96%
戶均人口	4.77	4.84	4.88	4.91	4.83
民口／省%	94.86%	94.79%	94.72%	94.61%	94.55%
軍口／省%	5.14%	5.21%	5.28%	5.39%	5.45%
年增加人口	323,131	329,807	366,614	324,930	442,405
年增長率	2.15%	2.12%	2.29%	1.98%	2.65%
資料來源	KQ036871	CQ029031 KQ49488 CQ029031 WXTK195034	KQ49488	KQ54185	CQ034939 WXTK195034
年	1786	1787	1788	1789	1790
年　號	乾隆 51 年	乾隆 52 年	乾隆 53 年	乾隆 54 年	乾隆 55 年
總人口數	18,556,103	19,018,802	19,495,724	19,926,094	20,401,394
民　口			18,328,295	18,702,205	19,054,881
軍　口			1,167,429	1,223,889	1,346,513
總戶數			3,664,333	3,702,631	3,741,325
民　戶			3,436,481	3,470,550	3,504,562
軍　戶			227,852	232,081	236,763
民戶／省%			93.78%	93.73%	93.67%
軍戶／省%			6.22%	6.27%	6.33%
戶均人口			5.32	5.38	5.45
民口／省%			94.01%	93.86%	93.40%
軍口／省%			5.99%	6.14%	6.60%
年增加人口	467,028	462,699	476,922	430,370	475,300
年增長率	2.65%	2.49%	2.51%	2.21%	2.39%
資料來源	JIANG394	FA409965	CQ039164	CQ042767	CQ048419 CQ046390

年	1791	1794	1795	1812	1819
年　號	乾隆 56 年	乾隆 59 年	乾隆 60 年	嘉慶 17 年	嘉慶 24 年
總人口數	20,871,875	22,344,936	22,917,325	27,370,098	28,806,900
民　口					
軍　口					
總戶數					
民　戶					
軍　戶					
民戶／省%					
軍戶／省%					
戶均人口					
民口／省%					
軍口／省%					
年增加人口	470,481	491,020	572,389	261,928	205,257
年增長率	2.31%	2.30%	2.56%	1.05%	0.73%
資料來源	JIANG396	JIANG397	JIANG397	LIANG262	JIANG398
年	1820	1824	1825	1829	1830
年　號	嘉慶 25 年	道光 4 年	道光 5 年	道光 9 年	道光 10 年
總人口數	29,072,246	29,971,655	30,092,336	31,256,851	31,470,260
民　口	26,734,036				
軍　口	2,338,210				
總戶數	4,314,737				
民　戶	4,023,156				
軍　戶	291,581				
民戶／省%	93.24%				
軍戶／省%	6.76%				
戶均人口	6.74				
民口／省%	91.96%				
軍口／省%	8.04%				
年增加人口	265,346	224,852	120,681	291,129	213,409
年增長率	0.92%	0.76%	0.40%	0.95%	0.68%
資料來源	JYT344～352	JIANG399	JIANG400	JIANG400	JIANG401

年	1831	1832	1833	1834	1835
年　號	道光 11 年	道光 12 年	道光 13 年	道光 14 年	道光 15 年
總人口數	31,613,664	31,748,717	31,934,957	32,139,265	32,337,276
民　口					
軍　口					
總戶數					
民　戶					
軍　戶					
民戶／省%					
軍戶／省%					
戶均人口					
民口／省%					
軍口／省%					
年增加人口	143,404	135,053	186,240	204,308	198,011
年增長率	0.46%	0.43%	0.59%	0.64%	0.62%
資料來源	JIANG401	JIANG402	JIANG402	JIANG403	JIANG403
年	1836	1837	1838	1839	1840
年　號	道光 16 年	道光 17 年	道光 18 年	道光 19 年	道光 20 年
總人口數	32,523,769	32,697,088	32,869,029	33,040,747	33,195,716
民　口					
軍　口					
總戶數					
民　戶					
軍　戶					
民戶／省%					
軍戶／省%					
戶均人口					
民口／省%					
軍口／省%					
年增加人口	186,493	173,319	171,941	171,718	154,969
年增長率	0.58%	0.53%	0.53%	0.52%	0.47%
資料來源	JIANG404	JIANG404	JIANG405	JIANG405	JIANG406

年	1841	1842	1843	1844	1845
年　號	道光 21 年	道光 22 年	道光 23 年	道光 24 年	道光 25 年
總人口數	33,305,538	33,232,910	33,302,610	33,366,319	33,420,020
民　口					
軍　口					
總戶數					
民　戶					
軍　戶					
民戶／省%					
軍戶／省%					
戶均人口					
民口／省%					
軍口／省%					
年增加人口	109,822	-72,628	69,700	63,709	53,701
年增長率	0.33%	-0.22%	0.21%	0.19%	0.16%
資料來源	FA980	FA980	JIANG407	JIANG408	JIANG408
年	1846	1847	1848	1849	1850
年　號	道光 26 年	道光 27 年	道光 28 年	道光 29 年	道光 30 年
總人口數	33,474,997	33,539,037	33,606,753	33,673,666	33,738,176
民　口					
軍　口					
總戶數					
民　戶					
軍　戶					
民戶／省%					
軍戶／省%					
戶均人口					
民口／省%					
軍口／省%					
年增加人口	54,977	64,040	67,716	66,913	64,510
年增長率	0.16%	0.19%	0.20%	0.20%	0.19%
資料來源	JIANG409	JIANG409	FA988	FA988	JIANG411

年	1873	1893	1913	1933	1953
年　號	同治 12 年	光緒 19 年	民國 2 年	民國 22 年	
總人口數	18,800,000	19,700,000	21,800,000	27,300,000	27,789,693
民　口					
軍　口					
總戶數					
民　戶					
軍　戶					
民戶／省%					
軍戶／省%					
戶均人口					
民口／省%					
軍口／省%					
年增加人口	-649,486	45,000	105,000	275,000	24,485
年增長率	-2.51%	0.23%	0.51%	1.13%	0.09%
資料來源	PERKINS	PERKINS	PERKINS	LIUYEH	HO94

資料代碼：CQ：乾隆軍機檔，其後數字為檔案編號。

　　　　　FA：北京第一歷史檔案館，其後數字為該館檔案編號。

　　　　　HO：Ping-ti Ho, *Studies on the Population of China, 1368～1953*, Cambridge, Massachusetts: Harvard University, 1959，其後數字為該書頁數。

　　　　　JIANG：姜濤，《中國近代人口史》（杭州：浙江人民出版，1993），其後為該書頁數。

　　　　　JYT：《嘉慶重修一統志》（1820），其後為卷數。

　　　　　KQ：數字 6 碼者為台北故宮原有的檔案編號；數字 5 碼者為《宮中檔乾隆朝奏摺》（台北：故宮博物院，1982～88）。前 2 碼為冊數，後 3 碼為頁數。

　　　　　LIANG：梁方仲，《中國歷代戶口、田地、田賦統計》（上海：上海人民出版，1980），其後數字為該書頁數。

　　　　　LIUYEH：Ta-chung Liu and Kung-chia Yeh, *The Economy of the Chinese Mainland: National Income and Economic Development, 1933～1959.*（Princeton, New Jersey: Princeton University Press, 1965），p. 178.

　　　　　PERKINS：D. H. Perkins, *Agricultural Development in China, 1368～1968.*（Chicago: Aldine Publishing Company, 1969），p. 212.

　　　　　WXTK：《清朝文獻通考》（台北：臺灣商務印書館，1987），前二碼為卷數，後四碼為頁數。

說明：本表大部份資料為王業鍵先生提供。

四、聚於漢口的商品

來源地		商　　品
外地（省＼府州縣）	本　省	
江　蘇　　淮　安		鹽：上梁鹽、曬盤黑鹽
四　川	襄陽府、鄖陽府、德安府	穀：包穀、大麥、小麥、小米、黃荳、菉荳、紅荳、黑荳、飯荳、芝麻
陝　西		
湖　南		
廣　東		海錯、燕窩、海參、魚翅、蟶虷、鮑魚、鱉魚、時蝦、青螺。山珍：香蕈、蘑菇、筍、木耳、石耳果、龍眼、荔枝、橄欖、南棗、松子、核桃、落花生。飴：冰糖、洋糖、結白糖。
福　建		
外　洋		胡椒、蘇木、烏木、沉香
福　建	通山、崇陽	茶：六安、武彝、松羅、珠蘭、雲霧、毛尖遠
安　徽　　徽州、六安州		
	多本地窖造	酒：金橘、佛手、女貞、百益、竹葉青、狀元紅、桂花、燒煤溜、柴酒
江　蘇　　江　南		酒：木瓜、惠泉、若露、百花、橘酒
浙　江		酒：紹興
山　西		酒：汾酒
河　南		牛、豕、山羊、綿羊
湖　南　　辰　州		桐油、白蠟
山　西		青油、木油
陝　西		
	荊　州	藥：天南星、半夏
	京　山	藥：倉朮
	黃陂、孝感	藥：桔梗
	興　國	藥：玉竹、五加皮
	蘄　州	藥：艾
	所在俱產、非盡來自他郡	藥：車前子、金銀花、益母草、何首烏
江　西		藥：其他
雲　南		
貴　州		
山　西		
陝　西		

關　東			參
			布：徽布、楚布 （布色：毛藍、京青、洋青、墨青） （布紋：斗紋）
江　蘇	蘇州、松江		紙布、假高麗布
		黃陂、孝感	布：小布
		沔陽、巴河、監利	布：沔陽青、巴河青、監利梭
湖　南	祁　陽	通　城	葛
湖　南	瀏　陽		夏布
江　西	宜　黃		
江　蘇	江寧、蘇州		紗：鄧紗羅、秋羅、哆囉麻、細寧紬、宮紬、徐綾、莊綾、汴綾、沈紬、紡紬、綿綢、湖縐、大絹、絲布、綿紬、繭紬 緞：頁緞、洋緞、羽毛緞、廣緞、大呢、嗶嘰紗、羽縐 （花樣：洋蓮、棋壁、穿蓮、八寶、百蝶、玉堂富貴） （製造：朝衣、蟒袍、補褂、霞帔、擺帶、帕頭、錦繡屏幛、華燈綵圍、席椅墊）
浙　江	杭州、湖州		
河　南	汴　梁		
		荊　州	絹布
陝西口外			皮：青狐、海狐、海龍、吉祥豹、烏雲豹、紫貂、天馬、銀鼠、黑白羊皮、絨氈、栽毛、氆氌
浙　江	杭　州		紙：絹箋、松箋
江　蘇	松　江		
湖　南			紙：竹連紙、切邊紙、表青紙、
陝　西	（興安府）白　河	穀　城	紙：油紙、銀皮紙
		興　國	金榜紙、卷連紙、改連紙
浙　江	湖　州		筆硯
安　徽	徽　州		
雲　南			銅：白銅、黃銅、紅銅、點銅、錫鐵
貴　州			
四　川			
湖　南	辰　州		硃沙：銀硃
貴　州			木：柏、椶、楠、杉
		長　寧	木：小杉
湖　南	瀏　陽		木：小溪木、中溪木
湖　南	益　陽		木：松
		通　州	

四　川	建　州		木：花紋材板
湖　南			竹（大）
		興　國	竹：小金竹、烏啼竹
四　川			炭
湖　南			煤枯
		應　城	石膏
湖　南			菸：衡菸
山　東			菸：濟寧菸
甘　肅			菸：水菸
海　外			菸：鼻菸
或外來		或土產	桃、李、櫻桃、黃梅、枇杷、林禽、蘋果、梨、栗、胡桃；棗、柿、石榴、葡萄、佛手、柑橘、山藥、慈菇、冬筍、萊菔子
		漢鎮、沿江所產	鱘、鯉、鰉、時魚

資料來源：章學誠，《湖北通志檢存稿》（1791～1801），收於《章氏遺書》（吳興劉氏嘉業堂刊本），卷24，頁22～26。

參考書目

壹、檔案、實錄、典章、文集、調查報告、方志

一、奏　摺

1. 中國第一歷史檔案館，《康熙朝漢文硃批奏摺彙編》，北京：檔案出版社，1984～5 年。

2. 中國第一歷史檔案館，《康熙朝滿文朱批奏折全譯》，北京：中國社會科學出版社，1996 年。

3. 國立故宮博物院圖書文獻處文獻股，《宮中檔康熙朝奏摺》，台北：國立故宮博物院，1976 年。

4. 中國第一歷史檔案館，《雍正朝漢文硃批奏摺彙編》，南京：江蘇古籍出版社，1986 年。

5. 國立故宮博物院圖書文獻處文獻股，《宮中檔雍正朝奏摺》，台北：國立故宮博物院，1979 年。

6. 國立故宮博物院圖書文獻處文獻股，《宮中檔乾隆朝奏摺》，台北：國立故宮博物院，1983 年。

7. 國立故宮博物院圖書文獻處文獻股，《宮中檔嘉慶朝奏摺》，台北：國立故宮博物院，1995 年。

8. 琴川居士編，《皇清奏議》（1796～1820），都城國史館編者排印本，台北：中央研究院史語所傅斯年圖書館藏線裝書。

二、實　錄

1. 《清實錄》第 3 冊（順治朝），北京：中華書局，1985 年。

2. 《清實錄》第 4～6 冊（康熙朝），北京：中華書局，1985 年。

3. 《清實錄》第 7～8 冊（雍正朝），北京：中華書局，1985 年。

4. 《清實錄》第 9～27 冊（乾隆朝），北京：中華書局，1985 年。

5. 《清實錄》第 28～33 冊（嘉慶朝），北京：中華書局，1986 年。

6. 《清實錄經濟史資料——順治～嘉慶朝——農業編》，北京：北京大學出版社，1989 年。

三、典章、文集

1. 包世臣，《齊民四術》，收於包氏《安吳四種》，中央研究院史語所傅斯年圖書館藏線裝書。

2. 屈大均，《廣東新語》，北京：中華書局，1985 年。

3. 吳中孚，《商賈便覽》（1792 年序），中央研究院近代史研究所郭廷以圖書館藏影印本。

4. 清高宗敕撰，《清朝文獻通考》，台北：臺灣商務印書館，1987 年。

5. 徐光啓撰，石聲漢校注，《農政全書校注》，上海：上海古籍出版社，1979 年。

6. 劉獻廷，《廣陽雜記》，北京：中華書局，1957 年。

7. 賀長齡輯，《清朝經世文編》，台北：文海出版社，1979 年。

8. 碧溪鶴和堂輯定，《士商便覽·示我周行》（寶善堂藏板），台北：中央研究院史語所傅斯年圖書館藏善本書。

9. 葉夢珠，《閱世編》，收於《上海掌故叢書》，第一集，台北：學海出版社，1968 年。

10. 賴盛遠輯，《示我周行》（乾隆 39 年靈蘭堂藏板，1774），影印本（原書藏日本內閣文庫）。

11. 魏源，《魏源集》，北京：中華書局，1976 年。

12. 嚴如熤，《三省邊防備覽》（1822），揚州：江蘇廣陵古籍刻印社，1991 年。

四、調查報告

1. China: Imperial Maritime Customs, *Decennial Reports, 1882～1891.*

2. 五島利一，《湖北の棉花》，橫濱：正金銀行調查課，1937 年。

3. 東亞同文會編，《支那經濟全書》（《中國經濟全書》）第 8 輯（東亞同文會出版，明治 41 年，1907 年），台北：南天書局有限公司影印，1988 年。

4. 橫濱正金銀行調查課編，《湖北の棉花》，漢口：橫濱正金銀行，1936 年。

5. 佚名，《湖北省之土地利用與糧食問題》，台北：成文出版社有限公司，1977 年。

6. 金陵大學農學院農業經濟系調查編纂,《豫鄂皖贛四省之棉產運銷》(《豫鄂皖贛四省農村經濟調查報告》第 7 號),南京:金陵大學農業經濟系,1936 年 6 月(日文版爲鐵村大二譯編,《河南・湖北・安徽・江西四省棉產運銷》,東京:生活社,1936 年)。

五、方　志

1. 《大冶縣志》(嘉靖 19 年刊本,1540),趙鼐修,冷儒宗纂,東京:東洋文庫,微捲。

2. 《大冶縣志》(康熙 22 年刊本,1683),陳邦寄修,胡繩祖纂,台北:國立故宮博物院藏善本書。

3. 《大冶縣志》(同治 6 年刊本,1867),胡復初修,黃曷杰纂,台北:臺灣學生書局,1969 年。

4. 《大冶縣志續編》(光緒 10 年刊本,1884),林佐修,陳龗纂,台北:成文出版社有限公司,1970 年。

5. 《公安縣志》(成化間修,1465～1487;嘉靖 22 年重刊本,1543),魏奇、梁善纂修,鄒廷濟重刊,美國國會圖書館攝製北平圖書館善本書,微捲。

6. 《公安縣志》(康熙 60 年刊本,1721),楊之騈纂修,台北:中研院史語所傅斯年圖書館線裝書。

7. 《公安縣志》(同治 13 年修,1874;1937 年重印本),周承弼等修,王慰等纂,台北:成文出版社有限公司,1970 年。

8. 《天門縣志》,湖北省天門市地方志編纂委員會編,武漢:湖北人民出版社,1989 年。

9. 《巴東縣志》(嘉靖 29 年序刊本,1550),楊培之纂修,見《天一閣藏明代方志選刊續編》第 62 冊,上海:上海書店,1990 年。

10. 《巴東縣志》(康熙 22 年刊本,1683),齊祖望纂修,台北:國立故宮博物院藏,善本書。

11. 《巴東縣志》(同治 5 年修,1866;光緒 6 年重刊本,1880),廖恩樹修,蕭佩聲纂,台北:成文出版社有限公司,1975 年。

12. 《石首縣志》(乾隆 1 年刊本,1736),張坦等重修,成師呂等纂,台北:中研院史語所傅斯年圖書館線裝書。

13. 《石首縣志》(乾隆 60 年刊本,1795),王維屏修,徐祐彥纂,台北:國立故宮博物院藏善本書。

14. 《石首縣志》(同治 5 年刊本,1886),朱榮實纂修,台北:國立故宮博物院藏善本書。

15. 《光化縣志》(正德 10 年修,1515),收於王德毅主編,《天一閣藏明代方志選刊》第 16 冊,台北:新文豐出版公司,1985 年(或上海:上海

古籍書店，1982 年重印本，第 55 冊）。

16. 《光化縣志》（光緒 10 年修，1884；1933 年重印本），鐘銅山等修，段映斗等纂，台北：成文出版社有限公司，1970 年。

17. 《夷陵州志》（弘治 8 年序刊本，1495），劉本信修，見《天一閣藏明代方志選刊續編》第 62 冊，上海：上海書店，1990 年。

18. 《安陸府志》（康熙 6 年刊本，1667），張尊德修，王吉人纂，台北：國立故宮博物院藏善本書。

19. 《德安安陸郡縣志》（康熙 5 年修，1666），高聯捷修，沈會霖纂，台北：國故宮博物院藏善本書。

20. 《安陸縣志》（道光 23 年刊本，1843），王履謙修，李廷錫纂，台北：成文出版社有限公司，1975 年。

21. 《安陸縣志補正》（同治 11 年刊本，1872），陳廷鈞纂，台北：成文出版社有限公司，1975 年。

22. 《江夏縣志》（乾隆 59 年刊本，1794），陳元京修，汪知松纂，台北：國立故宮博物院藏善本書。

23. 《江夏縣志》（同治 8 年修，1869；光緒 7 年重刊本，1881），王庭楨修，彭崧毓纂，台北：成文出版社有限公司，1975 年。

24. 《江陵志》（康熙年間寫本），不著撰人，台北：國立故宮博物院藏善本書。

25. 《江陵志餘》（順治年間刊本），孔伯靡撰，上海鴻文書局石印巾箱本，台北：中研院史語所傅斯年圖書館善本書。

26. 《江陵縣志》（乾隆 59 年刊本，1794），崔龍見修，黃義尊纂，台北：臺灣學生書局，1970 年。

27. 《江陵縣志》（光緒 2 年寶興館刊本，1876），蒯正昌等續修，劉長謙等纂，台北：中研院史語所傅斯年圖書館線裝書。

28. 《竹山縣志》（乾隆 50 年，1785），常丹葵修，鄧光仁纂，台北：成文出版社有限公司，1975 年。

29. 《竹山縣志》（嘉慶 10 年刊本，1805），茹棻修，范繼昌纂，台北：國立故宮博物院藏善本書。

30. 《竹山縣志》（同治 4 年刊本，1865），周士楨修，台北：成文出版社有限公司，1975 年。

31. 《竹谿縣志》（同治 6 年重刊本，1867），陶壽嵩等修，楊兆熊纂，台北：中研院史語所傅斯年圖書館線裝書。

32. 《利川縣志》（同治 4 年刊本，1865），何蕙馨纂修，台北：國立故宮博物院藏善本書。

33. 《利川縣志》（光緒 20 年刊本，1894），黃世崇纂修，台北：成文出版社
有限公司，1975 年。

34. 《續輯均州志》（光緒 10 年續輯，1884），馬雲龍等修，賈洪詔等纂，台
北：中研院史語所傅斯年圖書館線裝書。

35. 《孝感縣志》（康熙 34 年刊本，1695），梁鳳翔纂修，台北：國立故宮博
物院藏善本書。

36. 《孝感縣志》（光緒 8 年刊本，1882），朱希白修，沈用增纂，台北：成
文出版社有限公司，1975 年。

37. 《續補孝感縣志》（光緒 5 年刊本，1879），不著修纂人，台北：國立故
宮博物院藏善本書。

38. 《沙市志略》，王百川撰，唐祖培校補，台北：藝文印書館，1973 年。

39. 《沔陽志》（嘉靖 10 年修，1531），童承敘等纂修，收於王德毅主編，《天
一閣藏明代方志選刊》第 16 冊，台北：新文豐出版公司，1985 年（或
上海：上海古籍書店，1982 年重印本，第 54 冊）。

40. 《沔陽州志》（光緒 20 年刊本，1894），葛振元續修，楊鉅等纂，台北：
中研院史語所傅斯年圖書館線裝書。

41. 《京山縣志》（康熙 12 年重修，1673；康熙 13 年刊重修本，1674），吳
游龍纂修，台北：國立故宮博物院藏善本書。

42. 《京山縣志》（光緒 8 年刊本，1882），沈星標等續修，曾憲福等纂，台
北：中研院史語所傅斯年圖書館線裝書。

43. 《來鳳縣志》（同治 5 年刊本，1866），李勗修，何遠鑒等纂，台北：中
研院史語所傅斯年圖書館線裝書。

44. 《宜昌府志》（同治 3 年刊本，1864），聶光鑾修，王柏心纂，台北：成
文出版社有限公司，1970 年。

45. 《宜城縣志》（康熙 22 年刊本，1683），胡允慶修，台北：國立故宮博物
院藏善本書。

46. 《宜城縣志》（同治 5 年刊本，1866），程啓安修，張炳鐘纂，台北：成
文出版社有限公司，1975 年。

47. 《宜城縣續志》（光緒 9 年修，1883；光緒 23 年補遺，1897），姚德莘纂，
台北：成文出版社有限公司，1975 年。

48. 《宜都縣志》（康熙 36 年刊本，1697），劉顯功纂修，台北：國立故宮博
物院藏善本書。

49. 《宜都縣志》（同治 5 年，1866），崔培元修，龔紹仁纂，台北：成文出
版社有限公司，1975 年。

50. 《房縣志》（同治 4 年刊本，1865），楊廷烈修，台北：成文出版社有限
公司，1976 年。

51. 《承天府志》（萬曆 30 年刊本，1602），孫文龍等纂，漢學研究中心藏，影印本。

52. 《東湖縣志》（乾隆 28 年刊本，1763），林有席修，嚴思濬纂，台北：國立故宮博物院藏善本書。

53. 《東湖縣志》（同治 3 年，1864），金大鏞修，王伯心纂，台北：成文出版社有限公司，1975 年。

54. 《枝江縣志》（乾隆 5 年刊本，1740），王世爵修，鍾彝纂，台北：國立故宮博物院藏善本書。

55. 《枝江縣志》（同治 5 年刊本，1866），查子庚修，熊文瀾纂，台北：成文出版社有限公司，1975 年。

56. 《松滋縣志》（康熙 35 年刊本，1696），陳麟修，丁楚琮纂，台北：國立故宮博物院藏善本書。

57. 《松滋縣志》（同治 8 年刊本，1869），呂縉雲等重修，朱美燮等纂，台北：中研院史語所傅斯年圖書館線裝書。

58. 《武昌府志》（康熙 26 年修，1687；康熙 34 年補，1695），裴天錫等撰，東京：東洋文庫，微捲。

59. 《武昌縣志》（光緒 11 年刊本，1885），鍾銅山修，柯逢時纂，台北：成文出版社有限公司，1975 年。

60. 《長樂縣志》（光緒 1 年補修刊本，1875），李煥春纂修，龍兆霖補纂，鄭郭敦祐再補，台北：中研院史語所傅斯年圖書館線裝書。

61. 《宣恩縣志》（同治 2 年刊本，1863），張金瀾修，張金圻纂，台北：國立故宮博物院藏善本書。

62. 《保康縣志》（同治 5 年抄本，1866），林讓昆等修，楊世霖纂，台北：成文出版社有限公司，1975 年。

63. 《南漳縣志集鈔》（嘉慶 20 年刊本，1815），胡正楷纂修，台北：中研院史語所傅斯年圖書館線裝書。

64. 《南漳縣志集鈔》（同治 4 年增刊嘉慶 20 年本，1865），胡心悅增纂，台北：中研院史語所傅斯年圖書館線裝書。

65. 《南漳縣志》，湖北省南漳縣地方志編纂委員會編，北京：中國城市經濟社會出版社，1990 年。

66. 《南漳縣志》（1922 年重刊本），向承煜等纂修，台北：成文出版社有限公司，1975 年。

67. 《咸寧縣志》（康熙 6 年刊本，1667），何廷韜修，王禹錫等纂，台北：中研院史語所傅斯年圖書館線裝書。

68. 《咸寧縣志》（光緒 8 年刊本，1882），陳樹南修，錢光奎纂，台北：成文出版社有限公司，1976 年。

69. 《咸豐縣志》（同治 4 年刊本，1865）張梓修，張光杰纂，台北：成文出版社有限公司，1975。

70. 《奉賢縣志》（光緒 4 年刊本。1878），韓佩金等修，張文虎等纂，台北：成文出版社有限公司，1970。

71. 《建始縣志》（道光 21 年，1841），袁景輝纂修，台北：成文出版社有限公司，1975 年。

72. 《建始縣志》（同治 5 年，1866），熊啓詠撰，台北：成文出版社有限公司，1975 年。

73. 《施南府志》（同治 10 年，1871），松林修，何遠鑒纂，台北：成文出版社有限公司，1976 年。

74. 《施南府志續編》（光緒 11 年刊本，1885），王庭楨修，雷春召纂，台北：成文出版社有限公司，1976 年。

75. 《夏口縣志》（1920 年刊本），侯祖畬修，呂寅東等纂，台北：中研院史語所傅斯年圖書館線裝書。

76. 《恩施縣志》，（嘉慶 13 年刊本，1808），張家鼎纂修，台北：國立故宮博物院藏善本書。

77. 《恩施縣志》（同治 3 年修，1864；1933 年鉛字重印本），多壽等纂，台北：成文出版社有限公司，1975 年。

78. 《荊州府志》（嘉靖 11 年刊本，1532），孫存修，朱寵瀼纂，美國國會圖書館攝製北平圖書館善本書，微捲。

79. 《荊州志》（萬曆 22 年序刊本，1594），余嘉會修，楊景淳纂，漢學研究中心藏，影印本。

80. 《荊州府志》（乾隆 22 年刊本，1757），葉仰高修，施廷樞纂，台北：國立故宮博物院藏善本書。

81. 《荊州府志》（光緒 6 年刊本，1880），倪文蔚等修，顧嘉蘅等纂，台北：成文出版社有限公司，1970 年。

82. 《荊門州志》（乾隆 19 年刊本，1754），舒成龍修，李法孟等纂，台北：中研院史語所傅斯年圖書館線裝書。

83. 《荊門直隸州志》（嘉慶 14 年宗陸堂刊本，1809），王樹勳修，廖士琳纂，台北：國立故宮博物院藏善本書。

84. 《荊門直隸州志》（同治 7 年刊本，1868），恩榮修，張圻、王甲曾纂，台北：中研院史語所傅斯年圖書館線裝書。

85. 《崇陽縣志》（乾隆 17 年刊本，1752），曹學詩纂修，台北：國立故宮博物院藏善本書。

86. 《崇陽縣志》（同治 5 年刊本，1866），高佐廷修，傅燮鼎纂，台北：臺灣學生書局，1970 年。

87. 《通山縣志》（康熙 4 年修鈔本，1665），任鍾麟修，余廷誌纂，台北：通山旅臺同鄉會影印，1974 年。

88. 《通城縣志》（康熙 11 年刊本，1672），丁克揚纂修，台北：國立故宮博物院藏善本書。

89. 《麻城縣志》（康熙 9 年刊本，1670），屈振奇修，王汝霖纂，台北：國立故宮博物院藏善本書。

90. 《麻城縣志》（光緒 3 年刊本，1877；光緒 8 年重訂，1882），陸祐勤等重修，余士珩等重纂，台北：中研院史語所傅斯年圖書館線裝書。

91. 《麻城縣志前編》（1935 年鉛印本），余晉芳纂，台北：成文出版社有限公司，1975 年。

92. 《麻城縣志續編》（1935 年鉛印本），余晉芳纂，台北：成文出版社有限公司，1975 年。

93. 《棗陽縣志》（同治 4 年，1865），張聲正重修，史策先纂，台北：中研院史語所傅斯年圖書館線裝書。

94. 《棗陽縣志》（1923 年鉛印本），梁汝澤等修，王榮先纂，台北：臺灣學生書局，1969 年。

95. 《棗陽志》，湖北省棗陽市地方志編纂委員會編，北京：中國城市經濟社會出版社，1990 年。

96. 《欽定大清一統志》（乾隆 29 年欽定，1764；乾隆 49 年志），和珅等撰，《景印文淵閣四庫全書》第 474～483 冊，台北：台灣商務印書館，1983 年。

97. 《湖北通志》（嘉慶 9 年刊本，1804），吳熊光等修，陳詩等纂，台北：中研院史語所傅斯年圖書館線裝書。

98. 《湖北通志》（宣統年間修，1909～1911；1921 年重刊本），張仲炘、楊承禧等撰，台北：京華書局，1967 年。

99. 《湖北通志未成稿》，章學誠撰，收於王宗炎編，劉承幹校訂，《章氏遺書》（吳興劉氏嘉業堂刊本，1922）第 20 冊，台北：中研院史語所傅斯年圖書館線裝書。

100. 《湖北通志檢存稿》，章學誠撰，收於王宗炎編，劉承幹校訂，《章氏遺書》（吳興劉氏嘉業堂刊本，1922）第 14～17 冊，台北：中研院史語所傅斯年圖書館線裝書。

101. 《湖廣通志》（雍正 11 年刊本，1733），邁柱監修，夏力恕等纂，《景印文淵閣四庫全書》第 531～534 冊，台北：臺灣商務印書館，1983 年。

102. 《湖廣圖經志書》（嘉靖 1 年刻本，1522），薛綱原修，吳廷舉續修，收於《日本藏中國罕見地方志叢刊》，北京：書目文獻出版社，1991 年。

103. 《湖廣總志》（萬曆 19 年刊本，1591），徐學謨纂修，台北：中研院史語

所傳斯年圖書館善本書。

104. 《雲夢縣志》（康熙 10 年修鈔本，1671），陳夢舟修，余世安、張奎華纂，台北：國立故宮博物院藏善本書。

105. 《雲夢縣志略》（道光 20 年刊本，1840），呂錫麟重修，程懷璟等纂，台北：中研院史語所傅斯年圖書館線裝書。

106. 《雲夢縣志略》（光緒 8 年刊本，1882），吳念椿等修，程壽昌等纂，台北：成文出版社有限公司，1970 年。

107. 《黃安鄉土志》（宣統 1 年刊本，1909），陳湋纂修，台北：國立故宮博物院藏善本書。

108. 《黃安縣志》（同治 8 年刊本，1869），朱錫綬等重修，張家俊等纂，台北：中研院史語所傅斯年圖書館線裝書。

109. 《黃州府志》（弘治 13 年修，1500），盧濬等纂修，收於王德毅主編，《天一閣藏明代方志選刊》第 16 冊，台北：新文豐出版公司，1985 年（或上海：上海古籍書店，1982 年重印本，第 53 冊）。

110. 《黃州府志》（乾隆 14 年刊本，1749），王勍修，靖道謨纂，東京：東洋文庫，微捲。

111. 《黃州府志》（光緒 10 年刊本，1884），英啟修，鄧琛纂，台北：成文出版社有限公司，1976 年。

112. 《黃岡縣志》（萬曆 36 年朱印本，1608；光緒 16 年重刊，1890），茅瑞徵等纂修，台北：中研院史語所傅斯年圖書館線裝書。

113. 《黃岡縣志》（乾隆 54 年刊本，1789），王正常纂，台北：國立故宮博物院藏善本書。

114. 《黃岡縣志》（道光 28 年刊本，1848），俞昌烈續修，謝炌等纂，台北：中研院史語所傅斯年圖書館線裝書。

115. 《黃岡縣志》（光緒 8 年刊本，1882），戴昌言修，劉恭晃纂，台北：臺灣學生書局，1969 年。

116. 《黃陂縣志》（嘉靖 35 年刊本，1556），俞貢等纂修，美國國會圖書攝製北平圖書館善本書，微捲。

117. 《黃陂縣志》（康熙 5 年修鈔本，1666），楊廷蘊修，台北：國立故宮博物院藏善本書。

118. 《黃陂縣志》（同治 10 年刊本，1871），劉昌緒修，徐贏纂，台北：成文出版社有限公司，1976 年。

119. 《黃陂縣志稿》（1923 年鉛印本），金國均纂，台北：成文出版社有限公司，1975 年。

120. 《黃梅縣志》（乾隆 54 年重刊本，1789），薛乘時修，沈元寅纂，台北：國立故宮博物院藏善本書。

121. 《黃梅縣志》（光緒 2 年續修，1876），覃瀚元等續修，袁瓚等纂，台北：中研院史語所傅斯年圖書館線裝書。

122. 《當陽縣志》（康熙 9 年刊本，1670），婁肇龍修，楊州彥纂，台北：國立故宮博物院藏善本書。

123. 《當陽縣志》（同治 5 年刊本，1866；1935 年鉛字重印本），阮恩光修，王柏心纂，台北：臺灣學生書局，1969 年。

124. 《當陽縣補續志》（光緒 15 年刊本，1889），李元才修，李葆貞纂，台北：成文出版社有限公司，1970 年。

125. 《鄖西縣志》（乾隆 38 年刊本，1773），張道南纂修，台北：國立故宮博物院藏善本書。

126. 《鄖西縣志》（嘉慶 9 年刊本，1804），孔繼幹纂修，台北：國立故宮博物院藏善本書。

127. 《鄖西縣志》（同治 5 年刊本，1867），程光第重修，葉年菜等纂，台北：中研院史語所傅斯年圖書館線裝書。

128. 《鄖西縣志》（1936 年石印本），郭治平纂修，台北：成文出版社有限公司，1975 年。

129. 《鄖陽府志》（萬曆間刊本，1573～1620），周紹稷纂，台北：臺灣學生書局，1987 年。

130. 《湖廣鄖陽府志》（康熙 24 年刻本，1685），劉作霖、楊廷耀纂修，見中國科學院圖書館選編，《稀見中國地方志彙刊》第 36 冊，北京：中國書店，1992 年。

131. 《湖廣鄖陽府志》補一卷（康熙刻本），江闓纂修，見中國科學院圖書館選編，《稀見中國地方志彙刊》第 36 冊，北京：中國書店，1992 年。

132. 《鄖陽府志》（嘉慶 2～14 年間刊本，1797～1809），王正常修，謝攀雲等纂，台北：中研院史語所傅斯年圖書館線裝書。

133. 《鄖陽府志》（同治 9 年刊本，1870），吳葆儀等修，王嚴恭等纂，台北：成文出版社有限公司，1970 年。

134. 《鄖臺志》（萬曆 18 年刊本，1590），裴應章修，彭遵古等纂，台北：臺灣學生書局，1987 年。

135. 《鄖縣志》（同治 5 年刊本，1866），定熙修，崔詰纂，台北：臺灣學生書局，1969 年。

136. 《嘉魚縣志》（正統 14 年刊本，1449），莫震纂修，美國國會圖書攝製北平圖書館善本書，微捲。

137. 《重修嘉魚縣志》（乾隆 55 年刻本，1790），汪雲銘修，方承保、張宗軾等纂，收於中國科學院圖書館選編，《稀見中國地方志彙刊》第 35 冊，北京：中國書店，1992 年。

138. 《嘉慶重修一統志》，穆彰阿等修，台北：藝文印書館，線裝書。

139. 《漢口叢談》（道光 2 年刊本，1822），范鍇輯，中研院史語所傅斯年書館藏，線裝書。

140. 《漢川縣志》（同治 12 年刊本，1873），德廉等修，林祥瑗等纂，台北：中研院史語所傅斯年圖書館線裝書。

141. 《漢川圖記徵實》（光緒 21 年刊本，1895），田宗漢，台北：中研院史語所傅斯年圖書館線裝書。

142. 《漢陽府志》（嘉靖 25 年修，1546），賈應春修，朱衣纂，《天一閣藏明代方志選刊》第 16 冊，台北：新文豐出版公司，1985 年（或上海：上海古籍書店，1982 年重印本，第 56 冊）。

143. 《漢陽府志》（萬曆 41 年刊本，1613），馬御內、秦聚奎等纂，漢學研究中心藏，影印本。

144. 《漢陽府志》（乾隆 12 年刊本，1747），陶士偰修，劉湘煃纂，台北：中研院史語所傅斯年圖書館線裝書。

145. 《漢陽縣志》（乾隆 13 年刊本，1748），劉嗣孔修，劉湘煃纂，收於中國科學院圖書館選編，《稀見中國地方志彙刊》第 36 冊，北京：中國書店，1992 年。

146. 《續輯漢陽縣志》（同治 7 年刊本，1868），黃式度、王庭楨等輯，王柏心等纂，台北：中研院史語所傅斯年圖書館線裝書。

147. 《漢陽縣志》（光緒 9 年刊本，1883），張行簡纂，台北：成文出版社有限公司，1975 年。

148. 《監利縣志》（同治 11 年刊本，1872），林瑞枝等修，王柏心纂，台北：臺灣學生書局，1969 年。

149. 《蒲圻縣志》（乾隆 3 年刊本，1738），王雲翔修，李日瑚纂，台北：國立故宮博物院藏善本書。

150. 《蒲圻縣志》（道光 16 年刊本，1836），勞光泰修纂，台北：成文出版社有限公司，1975 年。

151. 《蒲圻縣志》（同治 5 年刊本，1866），顧際熙等纂修，台北：中研院史語所傅斯年圖書館線裝書。

152. 《遠安縣志》（順治 18 年刊本，1661），安可願修，曾宗孔纂，台北：國立故宮博物院藏善本書。

153. 《遠安縣志》（同治 5 年刊本，1866），鄭燡林等修，秦述先等纂，台北：成文出版社有限公司，1975 年。

154. 《廣濟縣志》（乾隆 58 年刊本，1793），黃壋修，陳詩纂，台北：國立故宮博物院藏善本書。

155. 《廣濟縣志》（同治 11 年木活字本，1872），朱榮實等重修，劉燡等纂，

台北：中研院史語所傅斯年圖書館線裝書。

156. 《德安府志》（正德 12 年序，1517；嘉靖間刊本），馬崙等纂修，漢學研究中心藏，影印本。

157. 《德安府志》（康熙 24 年刊本，1685），萬年觀修，傅鶴祥纂，台北：國立故宮博物院藏善本書。

158. 《德安府志》（光緒 14 年刊本，1888），賡音佈等修，劉國光等纂，台北：成文出版社有限公司，1970 年。

159. 《潛江縣志》（康熙 33 年刊本，1694），劉煥修，朱載震纂，台北：中研院史語所傅斯年圖書館線裝書。

160. 《潛江縣志》（光緒 5 年刊本，1879），劉煥纂修，史致模續刊，台北：成文出版社有限公司，1970 年。

161. 《穀城縣志》（同治 6 年刊本，1867），承印等修，黃定鏞等纂，台北：中研院史語所傅斯年圖書館線裝書。

162. 《興山縣志》（光緒 10 年，1884），黃世崇修，台北：成文出版社有限公司，1975 年。

163. 《興國州志》（嘉靖 33 年刊藍印本，1554），林愛民纂修，美國國會圖書館攝製北平圖書館善本書，微捲。

164. 《興國州志》（雍正 13 年刊本，1735），高鑒、魏鈿纂修，台北：國立故宮博物院藏善本書。

165. 《興國州志》（光緒 15 年刊本，1889），陳光亨原修，王鳳池、劉鳳綸續纂修，台北：中研院史語所傅斯年圖書館線裝書。

166. 《興國州志補編》（光緒 30 年刊本，1903）劉鳳綸纂修，台北：中研院史語所傅斯年圖書館線裝書。

167. 《興都志》（嘉靖 21 年朱絲欄鈔本，1542），吳悌修，顧璘等纂，台北：中研院史語所傅斯年圖書館善本書。

168. 《隨州志》（康熙 6 年刊本，1667），劉霈修，何潘等纂，台北：國立故宮博物院藏善本書。

169. 《隨州志》（同治 8 年刊本，1869；1931 年重印本），文齡等修，史第先等纂，台北：學生書局，1969 年。

170. 《隨州志》，湖北省隨州市地方志編纂委員會編，北京：中國城市經濟社會出版社，1988 年。

171. 《隨志》（嘉靖 18 年刊本，1539）任德、顏木纂，美國國會圖書館攝製北平圖書館善本書，微捲。

172. 《隨志》，佚名，上海：上海倉聖明智大學，1916 年。

173. 《應山縣志》（嘉靖 19 年修，1540），收於王德毅主編，《天一閣藏明代

方志選刊》第 16 冊，台北：新文豐出版公司，1985 年（或上海：上海古籍書店，1982 年重印本，第 55 冊）。

174. 《應山縣志》（康熙 12 年刊本，1673），周祐纂修，台北：國立故宮博物院藏善本書。

175. 《應山縣志》（同治 10 年刊本，1871），周道源修，吳天錫纂，台北：國立故宮博物院藏善本書。

176. 《應城縣志》（雍正 4 年刊本，1726），李可寀纂修，台北：國立故宮博物院藏善本書。

177. 《應城縣志》（光緒 8 年刊本，1882），陳豪等修，王承禧等纂，台北：中研院史語所傅斯年圖書館線裝書。

178. 《襄陽府志》（萬曆 12 年序，1584；萬曆 17 年補，1589），收於中國科學院圖書館選編，《稀見中國地方志彙刊》第 36 冊，北京：中國書店，1992 年。

179. 《襄陽府志》（乾隆 25 年刊本，1760），陳鍔重纂修，台北：中研院史語所傅斯年圖書館線裝書。

180. 《襄陽府志》（光緒 11 年刊本，1885），恩聯修，王萬芳纂，台北：成文出版社有限公司，1976 年。

181. 《襄陽縣志》（同治 4 年始修，1865；同治 10 年繼修，1871；同治 13 年刊本，1874；1930 年寶彙堂重印本），楊宗時、吳耀斗修，李士彬、崔淦纂，台北：臺灣學生書局，1969 年。

182. 《鍾祥縣志》（乾隆 3 年修，1738；乾隆 6 年刊本，1741），高世榮修，李蓮纂，台北：國立故宮博物院藏善本書。

183. 《鍾祥縣志》（乾隆 60 年刊本，1795），張琴修，杜光德纂，台北：國立故宮博物院藏善本書。

184. 《鍾祥縣志》（同治 6 年刊本，1867），孫福海修，劉建侯纂，台北：中研院史語所傅斯年圖書館線裝書。

185. 《鍾祥縣志》（1937 年鉛印本），熊道琛修，李權纂，台北：臺灣學生書局，1969 年。

186. 《歸州全志》（嘉靖 28 年序刊本，1549），王錫修，見《天一閣藏明代方志選刊續編》第 62 冊，上海：上海書店，1990 年。

187. 《歸州志》（嘉靖 43 年修，1564），鄭喬修，見《天一閣藏明代方志選刊續編》第 62 冊，上海：上海書店，1990 年。

188. 《歸州志》（乾隆間寫本），不著撰人，台北：國立故宮博物院藏善本書。

189. 《歸州志》（同治 5 年，1866），金思訓修，陳鳳鳴纂，台北：成文出版社有限公司，1975 年。

190. 《歸州志》（光緒 8 年，1882），李炘輯，沈雲駿補纂，台北：成文出版

社有限公司，1975 年。

191. 《羅田縣志》（嘉靖 21 年修，1542；1925 年鉛印本），祝珝修，蔡元偉纂，收於《天一閣藏明代方志選刊續編》第 62 冊，上海：上海書店，1990 年。

192. 《羅田縣志》（康熙 56 年修鈔本，1717），張琳修，李郜士纂，台北：國立故宮博物院藏善本書。

193. 《蘄水縣志》（乾隆 59 年刊本，1794），高舉修，徐養忠纂，台北：國立故宮博物院藏，善本書。

194. 《蘄水縣志》（光緒 6 年刊本，1880），多祺續修，郭光庭等纂，台北：中研院史語所傅斯年圖書館線裝書。

195. 《蘄州志》（嘉靖 8 年修，1529；嘉靖 15 年補刊本，1536），甘澤纂，收於王德毅主編，《天一閣藏明代方志選刊》第 16 冊，台北：新文豐出版公司，1985 年（或上海：上海古籍書店，1982 年重印本，第 55 冊）。

196. 《蘄州志》（乾隆 20 年刊本，1755），錢鍪修，周茂建等纂，台北：中研院史語所傅斯年圖書館線裝書。

197. 《蘄州志》（光緒 8 年修，1882；光緒 10 年校定重刊本，1884），封蔚礽修，陳廷揚等纂，台北：中研院史語所傅斯年圖書館線裝書。

198. 《鶴峰州志》（乾隆 6 年刊本，1741），毛峻德纂修，台北：國立故宮博物院藏善本書。

199. 《鶴峰州志》（道光 2 年刊本，1822），吉鍾穎修，洪先燾纂，台北：國立故宮博物院藏善本書。

200. 《鶴峰州志續修》（同治 6 年刊本，1867），徐澍楷修，雷春沼纂，台北：國立故宮博物院藏善本書。

201. 《鶴峰州志續修》（光緒 11 年刊本，1885），長庚等修，陳鴻漸纂，台北：國立故宮博物院藏善本書。

貳、近人研究論著

一、中　文

（一）論　文

1. 王永年，〈論晚清漢口市的發展和演變〉，《江漢論壇》1988 年第 4 期。

2. 王社教，〈明代雙季稻的種植類型及分布範圍〉，《中國農史》1995 年第 3 期。

3. 王業鍵、黃瑩玨，〈清中葉東南沿海的糧食作物分布、糧食供需及糧價分析〉，收於王業鍵，《清代經濟史論文集》（台北：稻鄉出版社，2003 年），（二），頁 79～117。

4. 王業鍵，〈書評：Myers, Ramon H., *The Chinese Peasant Economy*〉，《香港中文大學中國文化研究所學報》第 4 卷第 2 期，1971 年。

5. 王業鍵，〈清代經濟芻論〉，《食貨月刊》復刊，第 2 卷第 11 期，1973 年 2 月。

6. 王業鍵，〈書評：Rawski, Evelyn Sakakida, *Agricultural Change and the Peasant Economy of South Chin*〉，《香港中文大學中國文化研究所學報》第 6 卷第 1 期，1973 年。

7. 王業鍵、黃翔瑜、謝美娥，〈十八世紀中國糧食作物的分布〉，收於王業鍵，《清代經濟史論文集》（台北：稻鄉出版社，2003 年），（一），頁 73 ～101。

8. 王業鍵、黃國樞，〈十八世紀中國糧食供需的考察〉，收於《近代中國農村經濟史論文集》，台北：中央研究院近代史研究所，1989 年。

9. 石泉、張國雄，〈江漢平原的垸田興起于何時〉，《中國歷史地理論叢》1988 年第 1 期。

10. 何炳隸，〈美洲作物的引進、傳播及其對中國糧食生產的影響〉，《大公報在港復刊三十周年紀念文集》（下），香港：大公報編輯部，1978 年。

11. 吳宏岐，〈龔勝生《清代兩湖農業地理》讀後〉，《中國歷史地理論叢》1996 年第 4 期。

12. 吳建雍，〈清前期榷關及其管理制度〉，《中國史研究》1984 年第 1 期。

13. 宋平安，〈明清時期漢口城市經濟體系的形成與發展〉，《複印報刊資料‧F7‧經濟史》1989 年第 8 期。

14. 李華，〈清代湖北農村經濟作物的種植和地方商人的活躍〉，《中國社會經濟史研究》1987 年 2 月。

15. 李伯重，〈「桑爭稻田」與明清江南農業生產集約程度的提高〉，《中國農史》1985 年第 1 期。

16. 李伯重，〈天、地、人的變化與明清江南的水稻生產〉，《中國經濟史研究》1994 年第 4 期。

17. 李伯重，〈明清江南種稻農戶生產能力初探〉，《中國農史》1986 年第 3 期。

18. 周兆銳，〈清代前期湖北省經濟布局研究〉，《湖北大學學報》（哲學社會科版）1989 年第 2 期。

19. 徐凱希，〈近代湖北植棉業初探〉，《中國農史》1991 年第 2 期。

20. 張建民，〈「湖廣熟，天下足」述論——兼及明清時期長江沿岸的米糧流通〉，《中國農史》1987 年第 4 期（又見《明清史》1988 年第 2 期）。

21. 張建民，〈清代江漢——洞庭湖區堤垸農田的發展及其綜合考察〉，《中國農史》1987 年第 2 期。

22. 張建民,〈清代兩湖堤垸水利經營研究〉,《中國經濟史研究》1990 年第 4 期。

23. 張家炎,〈明清江漢平原的移民及其階段性人口增長〉,《中國社會經濟史研究》1992 年第 1 期。

24. 張家炎,〈明清江漢平原的農業開發對商人活動和市鎮發展的影響〉,《中國農史》1995 年第 4 期。

25. 張家炎,〈明清長江三角洲地區與兩湖平原農村經濟結構演變探異——從「蘇湖熟,天下足」到「湖廣熟,天下足」〉,《中國農史》1996 年第 3 期。

26. 張家炎,〈清代江漢平原水稻生產詳析〉,《中國農史》1991 年第 2 期。

27. 張國雄,〈明時期兩湖外運糧食之過程、結構、地位、考察——「湖廣熟,天下足」研究之二〉,《中國農史》1993 年第 3 期。

28. 張國雄,〈「湖廣熟,天下足」的內外條件分析〉,《中國農史》,1994 年第 3 期。

29. 張國雄,〈江漢平原垸田的特徵及其在明清時期的發展演變〉,《農業考古》1989 年第 1 期。

30. 張國雄,〈江漢平原垸田的特徵及其在明清時期的發展演變〉(續),《農業考古》1989 年第 2 期。

31. 張國雄,〈清代江漢平原水旱災害的變化與垸田生產的關係〉,《中國農史》1990 年第 3 期。

32. 張國雄、梅莉,〈明清時期江漢——洞庭平原的人口變化與農業經濟的發展〉,《中國歷史地理論叢》1989 年第 4 期。

33. 張國雄、梅莉,〈明清時期兩湖移民的地理特徵〉,《中國歷史地理論叢》1991 年第 4 期。

34. 張麗芬,〈湖南省米糧市場產銷研究:1644～1937〉,台北:國立台灣大學歷史研究所碩士論文,1990 年。

35. 從翰香,〈試述明代植棉和棉紡織業的發展〉,《中國史研究》1981 年第 1 期。

36. 曹樹基,〈玉米和番薯傳入中國路線新探〉,《中國社會經濟史研究》1988 年第 4 期。

37. 曹樹基,〈玉米、番薯在中國傳播中的一些問題〉,《清史論叢》第 7 輯,1986 年 10 月。

38. 梅莉,〈明清湖北農業區域特徵分析〉,《中國歷史地理論叢》1993 年第 4 期。

39. 梅莉,〈歷史時期湖北的植棉業〉,《農業考古》1991 年第 1 期。

40. 許檀，〈明清時期農村集市的發展〉，《中國經濟史研究》1997 年第 2 期。

41. 郭松義，〈玉米、番薯在中國傳播中的一些問題〉，《清史論叢》第 7 輯，1986 年 10 月。

42. 郭松義，〈清代糧食市場和商品糧數量的估測〉，《中國史研究》1994 年第 4 期。

43. 陳樹平，〈玉米和番薯在中國傳播情況研究〉，《中國社會科學》1980 年第 3 期。

44. 華林甫，〈唐代粟、麥生產的地域布局初探〉（續），《中國農史》1990 年第 3 期。

45. 程鵬舉，〈古代荊江北岸堤防考辨〉，《歷史地理》第 8 輯，1990 年 7 月。

46. 紫燕，〈《清代兩湖農業地理》評介〉，《中國農史》1997 年第 2 期。

47. 劉盛佳，〈武漢市歷史地理的初步研究〉，《歷史地理》第 10 輯，1992 年 7 月。

48. 鄧亦兵，〈清代前期內陸糧食運輸量及變化趨勢〉，《中國經濟史研究》1994 年第 3 期。

49. 譚天星，〈清前期兩湖地區農業經濟發展的原因及其影響〉，《中國農史》1990 年第 1 期。

50. 譚天星，〈清前期兩湖地區糧食產量問題探討〉，《經濟史》1987 年第 12 期。

51. 譚天星，〈簡論清前期兩湖地區的糧食商品化〉，《中國農史》1988 年第 4 期。

52. 關文發，〈試論清代前期漢口商業的發展〉，收於葉顯恩編，《清代區域社會經濟研究》，北京：中華書局，1992 年。

（二）專　書

1. 牛平漢，《清代政區沿革綜表》，北京：中國地圖出版社，1990 年。

2. 全漢昇，《中國經濟史論叢》，第二冊，香港：新亞研究所，1972 年。

3. 朱國宏，《人地關係論 —— 中國人口與土地關係問題的系統研究》，上海：復旦大學出版社，1996 年。

4. 何炳棣，《中國歷代土地數字考實》，台北：聯經出版事業公司，1995 年。

5. 吳承明，《中國資本主義與國內市場》，北京：中國社會科學出版社，1985 年。

6. 吳量愷，《清代經濟史研究》，武昌：華中師範大學出版社，1991 年。

7. 李文治，《中國近代農業史資料》，第一輯，北京：三聯書店，1957 年。

8. 李伯重，《唐代江南農業的發展》，北京：農業出版社，1990 年。

9. 周兆銳，《湖北省經濟地理》，北京：新華出版社，1988 年。

10. 徐新吾，《鴉片戰爭前中國棉紡織手工業的商品生產與資本主義萌芽問題》，揚州：新華書店，1981 年。

11. 徐新吾主編，《江南土布史》，上海：上海社會科學院出版社，1992 年。

12. 張海鵬、張海瀛主編，《中國十大商幫》，合肥：黃山書社，1993 年。

13. 張國雄，《明清時期的兩湖移民》，西安：陝西人民教育出版社，1995 年。

14. 郭蘊靜，《清代商業史》，瀋陽：遼寧人民出版社，1994 年。

15. 陳春聲，《市場機制與社會變遷——十八世紀廣東米價分析》，廣州：中山大學出版社，1992 年。

16. 黃宗智，《華北的小農經濟與社會變遷》，香港：牛津大學出版社，1994 年。

17. 黃宗智，《長江三角洲小農家庭與鄉村發展》，香港：牛津大學出版社，1994 年。

18. 彭雨新，《清代土地開墾史》，北京：農業出版社，1990 年。

19. 彭雨新、張建民，《明清長江流域農業水利研究》，武漢：武漢大學出版社，1992 年。

20. 湖北省社會科學歷史研究所，《湖北簡史》，武漢：湖北教育出版社，1994 年。

21. 趙岡、陳鍾毅，《中國棉業史》，台北：聯經出版事業公司，1977 年。

22. 劉石吉，《明清時代江南市鎮研究》，北京：中國社會科學院出版社，1987 年。

23. 劉秀生，《清代商品經濟與商業資本》，北京：中國商業出版社，1993 年。

24. 鄭昌淦，《明清農村商品經濟》，北京：中國人民大學出版社，1989 年。

25. 謝國楨，《明代社會經濟史料選編》，上冊，福州：福建人民出版社，1980 年。

26. 羅斯托著，饒餘慶譯，《經濟發展史觀》，香港：今日世界出版社，1965 年。

27. 蘇雲峰，《中國現代化的區域研究，1860～1916：湖北省》，台北：中央研究院近代史研究所，1981 年。

28. 冀朝鼎著，朱詩鰲譯，《中國歷史上的基本經濟區與水利事業的發展》，北京：中國社會科學出版社，1981。

29. 龔勝生，《清代兩湖農業地理》，武漢：華中師範大學出版社，1996 年。

30. 《農業辭典》，南京：江蘇科技出版社，1980 年。

31. 《中國大百科全書‧農業》I，北京：中國大百科全書出版社，1990 年。

二、英　文

（一）論　文

1. Elvin, Mark, "Rawski, Evelyn Sakakida, Agricultural Change and the Peasant Economy of South China," *The Journal of Asian Studies*, 32. 1（November 1972）: 141〜142.

2. Fan, I-chun, "Long-distance Trade and Market Integration in the Ming-Ch'ing Period, 1400〜1850," A Dissertation of Ph. D., Stanford University, 1992.

3. Feuerwerker, Albert, "Chinese Economic History in Comparative Perspective," in Paul S. Ropp ed., *Heritage of China: Contemporary Perspectives on Chinese Civilization*. Berkeley and Los Angeles, CA: University of California Press, 1990.

4. Liu, Ts'ui-jung, "Dike Construction in Ching-chou: a Study Based on the 'T'i-fang chih' Section of the Ching-chou fu-chih," *Papers on China*. 23（1970. 7）: 1〜4.

5. Wang, Yeh-chien "Food Supply and Grain Prices in the Yangtze Delta in the Eighteenth Century," in Yung-san Lee and Ts'ui-jung Liu ed., *The Conference on Modern Chinese Economic History*.（Taipei: The Institute of Economics, Academia Sinica, 1989）, II, pp. 423〜424.

6. Wang, Yeh-chien, "Review: Man and Land in Chinese History: An Economic Analysis by Kang Chao," *Harvard Journal of Asiatic Studies*, 50. 1（1990）: 407〜409.

7. Wong, R. Bin and Peter C. Perdue, "Grain Markets and Food Supplies in Eighten-Century Hunan," in Thomas G. Rawski and Lillian M. Li ed., *Chinese History in Economic Perspective*, Berkeley and Los Angeles, CA: University of California Press, 1992.（Reprinted by SMC Publishing INC., Taipei, 1993）

（二）專　書

1. Brandt, Loren, *Commercialization and Agricultural Development in East-Central China*. Cambridge: Cambridge University Press, 1989.

2. Chuan, Han-sheng and Richard A. Kraus, *Mid-Ch'ing Markets and Trade: An Essay in Price History*. Cambridge, Massachusetts: Harvard University Press, 1975.

3. Dyson,Tim, *Population and Food: Global Trends and Future Prospects*. North Yorkshire: J&L Composition Ltd, 1996.

4. Faur, David, *The Rural Economy of Pre-Liberation China*. Hong Kong: Oxford Uniersity Press, 1989.

5. Ho, Ping-ti, *Studies on the Population of China, 1368〜1953*. Cambridge, Massachusetts: Harvard University Press, 1959.

6. Liu, Ta-chung and Kung-chia Yeh, *The Economy of the Chinese Mainland: National Income and Economic Development, 1933～1959.* Princeton, NJ: Princeton University Press, 1965.

7. Liu, Ts'ui-jung, *Trade on the Han River and its Impact on Economic Development, c. 1800～1911.* Taipei: Institute of Econimics, Academia Sinica, 1980.

8. Myers, Ramon H., *The Chinese Peasant Economy.* Cambridge Mass.: Harvard University Press, 1970.

9. Perdue, Peter C. *Exhausting the Earth: State and Peasant in Hunan, 1500～1850.* Cambridge Mass.: Harvard University, Council on East Asian Studies, 1987.

10. Perkins, Dwight H., *Agricultural Development in China, 1368～1968.* Chicago: Aldine Publishing Company, 1969.

11. Rawski, Evelyn Sakakida, *Agricultural Change and the Peasant Economy of South China.* Cambridge Mass.: Harvard University Press, 1972.

12. Rowe, William T., *Hankow: Commerce and Society in a Chinese City, 1706～1889.* Stanford: Stanford UinversityPress, 1984.（Reprinted by Taipei: SMC Publishing Inc., 1987）

13. Wang, Yeh-chien, *Land Taxation in Imperial China, 1750～1911.* Cambridge, Massachusetts: Harvard University Press, 1973.

三、日 文

（一）論 文

1. 山本進，〈清代長江中上流域の商業網〉，《歷史學研究》第 689 號，1996 年 10 月。

2. 山本進，〈清代湖廣の水稻業と棉業〉，《史林》第 70 卷第 6 號，1987 年 11 月。

3. 山本進，〈清代四川の地域經濟──移入代替棉業の形成と巴縣牙行〉，《史學雜誌》第 100 卷 12 號，1991 年 12 月。

4. 山本進，〈清代華北の市場構造〉，《名古屋大學東洋史研究報告》17，1993 年 3 月。

5. 山田賢，〈中國史における人の移動と社會變容〉，收於社會經濟史學會編，《社會經濟史學の課題と展望》，東京：有斐閣，1992 年。

6. 北村敬直，〈清初における河南孟縣の綿花について〉，收於小野和子編，《明清時代の政治とと社會》，京都：京都大學人文科學研究所，1983 年。

7. 加藤繁，〈清代村鎮定期市〉，收於氏著《支那經濟史考證》，東京：東洋文庫，1953 年。

8. 佐佐波智子，〈一九世紀末、中國における開港場、內地市場間關係——漢口を事例として〉，《社會經濟史學》第 57 卷第 5 號，1991 年 12 月。

9. 吳金成著，中村智之譯，〈明末洞庭湖周邊の垸堤の發達とその歷史的意義〉，《史朋》第 10 號，1979 年 4 月。

10. 則松彰文，〈雍正朝における米穀流通と米價變動——蘇州と福建の連關を中心として〉，《東洋史論集》第 14 期，1985 年。

11. 森田明，〈清代湖廣における治水灌溉の展開〉，《東方學》第 20 輯，1960 年 6 月。

12. 藤井宏，〈新安商人の研究〉，《東洋學報》第 36 卷第 1～3 號，1953 年。

(二) 專　書

1. 山田賢，《移住民の秩序》，名古屋：名古屋大學出版會，1995 年。

2. 川勝守，《明清江南農業經濟史研究》，東京：東京大學出版會，1992 年。

3. 北村敬直，《清代社會經濟史研究》，京都：朋友書店，1981 年。

4. 西嶋定生，《中國經濟史研究》，東京：東京大學出版會，1975 年。

5. 重田德，《清代社會經濟史研究》，東京：岩波書店，1975 年。